ence

Eine Übersichtskarte der Provence mit der eingezeichneten Route finden Sie in der vorderen Umschlagklappe.

Alphons Schauseil

Provence

VISTA ☀ POINT VERLAG

Inhalt

Segler vor dem Hafen von St.-Tropez

Der Herbst naht, die Weide wird dürr ▷

I Die Vergangenheit ist Teil von heute – Landeskunde

Sie ist in aller Munde, in aller Welt Inbegriff und Verheißung von Lebenskunst und Kräuterduft, von deftigem Genießen und Nichts-als-Mensch-Sein. Trotz Athen und Rom ist sie auch so etwas wie die Wiege des Abendlandes, schneiden sich hier doch die Wege unserer frühen Zivilisationen, ließen diese Kulturen hier ihre Abdrücke zurück, die uns deshalb so anrühren, weil sie in dieser prallen Landschaft nicht museale Fossilien wurden, sondern weiter einbezogen sind in das Hier und Heute.

Wo diese Provence anfängt und aufhört, das läßt sich so leicht nicht bestimmen und schon gar nicht in klare Grenzen fassen. Nicht einmal das Provenzalische, diese schöne, runde und vokalreiche Sprache, gibt Anhalt dafür – das im Alltag mehr und mehr vom Französischen überlagerte *occitan*, das Südfranzösische, reicht weit über die Rhône hinaus und auch über das Languedoc, dem es seinen Namen gab. Dies war einst die

Grau und weiß sind die Camargue-Pferde

Porquerolles bietet vielen Booten Schutz

Sprache der Troubadoure, und Dante überlegte, ob er seine Divina Commedia nicht in Provenzalisch schreiben sollte. Bis hinauf nach Bordeaux, Limoges und Clermont-Ferrand wollen heute noch die Lippen nicht so recht das andere Französisch, die *Langue d'oil*, formen. Nein, im Midi, in Südfrankreich, redet man *ave' l'assent*, spricht man genüßlich die Endungen aus, die man im Norden verschluckt. Da ist ein Apfel eben eine pomme, so wie man's schreibt, und keine pomm'. Zum Essen gehören Brot und Wein, aber nicht als pẽ und vẽ, sondern als päng und väng. Dieser Kult des Idioms wird am deutlichsten hörbar in Marseille, aber auch noch auf dem Markt von Nizza gehört er dazu, obwohl da schon das Italienische mitschwingt.

Also, in welche Provence führt dieses Buch, was kann, was sollte man hier entdecken? Westwärts, zur Schwesterlandschaft Languedoc hin, zieht die Rhône einen Strich, der aber nicht so genau genommen werden will: Wie könnte man Les Saintes-Maries-de-la-Mer von Arles trennen, wie Beaucaire von Tarascon, wie Villeneuve-lès-Avignon von Avignon? Vom Norden her ist im Rhônetal nach dem Engpaß von Donzère der Ort Bollène die Pforte, obwohl sich daneben Grignan und Valréas noch höher schieben. An der Route Napoléon, im Tal der Durance, bewacht Sisteron den Eingang, im Süden erspart das Mittelmeer jede Diskussion, nur nach Osten hin verliert sich die Provence in eine Landschaft, die ihr über weite Strecken wie ein Zwilling gleicht.

Dort hat sich eigentlich nur entlang der Küste ein ganz anderer Charakterzug entwickelt: Was heute als Côte d'Azur, als französische Riviera zu einem fast durchgehenden Siedlungsstreifen verschmolzen ist, zu einer immensen Boom-City, war vor 100 Jahren so idyllisch-provenzalisch wie die entlegensten Bergnester, zu denen dieses Buch Wege weist. Dörfer, die vielleicht nur durch die Epochen der Landflucht in ihrer alten

Intensivkultur: Sonnenblumen ...

... und Lavendel unter Obstbäumen

Substanz überlebten und der an der Küste ungehemmten Spekulation entgingen. Fast unverändert blieb dort eigentlich nur das verrückt-verruchte Saint-Tropez in seinem alten Kern. Dort, in den engen Gassen, an einem frühen Morgen oder in den stillen – den schönsten! – Monaten, ist es noch ganz und gar Provence, zum Wasser hin aber den größten Teil des Jahres ein Rummelstück Riviera. Und vielleicht machen ihn diese beiden Komponenten zum schönsten und beliebtesten Ort der Côte. Dem manchmal schon mit Kalifornien verglichenen Küstenstrich wird für den, der Zeit hat und noch ein paar Tage Abwechslung sucht, ein eigenes Kapitel gewidmet.

Die Provence bietet soviel Erlebenswertes, Erlebbares, daß man sie Stück für Stück angehen sollte, weil ein Urlaub allein nicht ausreicht. Da ist das Rhônetal mit der Camargue, einem Schwemmland, teils salzig, da von dem kaum merkbaren Gezeitenhub des Mittelmeers noch gerade geflutet. Zum Teil unter Naturschutz gestellt mit einem reichen Tierleben, vor allem den berühmten, gar nicht scheuen rosa Flamingos. Schon lange trocken und sehr steinig ist die Große Crau zwischen dem Delta und dem brackigen Étang de Berre. Auch dort wird aber jetzt gezielt bewässert wie schon seit Römerzeiten in der Kleinen Crau zwischen Arles und den Alpilles.

Dieser Kalk-Gebirgsrücken ist die erste von mehreren natürlichen Bastionen, die fast alle in etwa von West nach Ost und zueinander parallel verlaufen. Nur die kleine Montagnette schiebt sich schräg von Südwesten nach Nordosten zwischen Tarascon und Avignon wie weiter nördlich auch die spitzigen Dentelles de Montmirail. Diese weißen Berge, die kleinen wie die großen, sind die magischen Zentren der Provence, umwabert von Legenden. Vor allem aber die sich weiter östlich von der Küste her nordwärts

Logenplatz vor dem Dorfladen

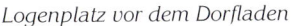

Von Forts bewacht: die Einfahrt zum alten Hafen von Marseille

staffelnden Züge des Massif de la Sainte-Baume, der Montagne Sainte-Victoire, der Montagne du Luberon und des Mont Ventoux. Die höchsten Punkte dieser vier »heiligen« Berge liegen alle in einer Linie – bei einem Abstand von insgesamt über 100 Kilometern.

Zwischen Luberon und Sainte-Victoire schlägt die Durance mit ihren fruchtbaren Ablagerungen einen weiten Bogen. Marseille wird gerahmt von den niedrigen Zügen der Chaîne de l'Estaque und der Chaîne de l'Étoile, die aber unwirtlich sind wie Hochgebirge. Auch an der Küste ostwärts erhebt sich nochmals schroffer Kalk – wie alle diese weißen Gebirge einst aus einem Urmeer hochgepreßt. Das sind die Calanques, schmale Einschnitte, die ein Paradies sowohl für Wassersportler wie für alpine Kletterer sind.

In dieser Landschaftsstruktur, nah dem Meer und mit vielen Nischen, nisten Zeugen einer reichen Vergangenheit. Da wurzeln auf den kelto-ligurischen *oppida* die griechi-

sche und die römische Antike. Schon früh entwickelte sich hier das Christentum, mit der goldenen Legende einer direkten Evangelisierung durch Lazarus, Maria Magdalena und Martha. Da ist die Bedeutung als Handelskreuz zwischen Italien und Spanien, dem Norden und dem Mittelmeer, aber auch als Pilgerweg nach Compostela. Da klingt die höfische Kultur der Minnesänger an. Der Glaube auch an einen Hort des Übersinnlichen, Seherischen: Nostradamus wirkte hier. Die häretischen Waldenser fanden hier eine Heimstatt – bis sie niedergemetzelt wurden. Die Gegenpäpste hinterließen Spuren eines genußreichen, feudalen Lebens. Und all das ist integriert in das Leben von heute.

Vielleicht macht eben das die Provence aus: So stark und selbstverständlich greifen Vergangenheit und Gegenwart ineinander, so unverändert gelassen seit Jahrtausenden scheint die Zeit zu pulsen, daß diesem Leben auch die Artefakten der Neuzeit nicht viel anhaben können. Der gigantische Raffinerie- und Hafenkomplex von Fos am Rand der Camargue. Die im Sommer drangvoll enge, dröhnende Autoroute du Soleil. Die Nuklear-Zentren von Pierrelatte, Marcoule und Cadarache. Die Atom-Raketen auf dem Plateau d'Albion aber sind verschwunden.

Unbeirrt davon scheint das Dasein, so wie es Alphonse Daudet, Frédéric Mistral, Jean Giono, Marcel Pagnol und Henri Bosco beschrieben haben. Ein Leben, das sich seinen Rhythmus noch aus den Jahreszeiten holt, mit dem Plausch von Fenster zu Fenster seine Zäsuren setzt, den Zeiger anhält mit einer Partie *boule* oder *pétanque*. Nur der Siesta macht der Tourismus allmählich den Garaus, denn die Fremden bleiben wach und wollen auch mittags ihr Geld ausgeben. Aber wie sehr vermißt der Provenzale nach dem Mittagessen, etwas schwer vom Wein, den Gang ins Schlafgemach. Wo hinter schräggestellten Fensterläden, auf kühlen, roten Kacheln das weißbezogene Bett wie eine Geliebte wartet.

Auch das Erbe der Troubadoure hält diese Landschaft zusammen, die Lust der Menschen am Schwadronieren und Parlieren, mit der allein schon für sich sprechenden Geste. Im Zusammenspiel von Mund und Hand und Kopfbewegung ist in der Provence fast jeder ein Poet. Das Licht, das Zirpen der Grillen, den Duft von Lavendel, Thymian und Rosmarin haben auch die Nachbarregionen im Midi.

Verwaltungsmäßig geht das sowieso ineinander über. Das Département Bouches-du-Rhône greift an der Küste bis La Ciotat, es schließt Aix und die Montagne Sainte-Victoire ein, aber nicht mehr stromauf Avignon. Das gehört zum Vaucluse mit den Gebirgszügen des Mont Ventoux und Luberon, dazu einer nördlichen Enklave schon im Département Drôme. Nordöstlich entzieht sich mit Manosque, Forcalquier und Digne das weit hinaufreichende Département Haute-Provence dem Rahmen dieses Buches. Darunter hängt bis zur Küste zwischen Toulon und Le Trayas das Département Var. Der Fluß gleichen Namens mündet bei Nizza ins Meer, aber das wiederum gehört – etwas verwirrend – zu den Alpes-Maritimes, wie auch Cannes, Antibes, Villefranche und Menton. Die französische Regionalisierung hat dieses Gebiet schließlich unter dem Technokraten-Kürzel PACA (Provence-Alpes-Côte d'Azur) zusammengefaßt. Aber wie könnte man Arles und Cannes den gleichen Hut aufsetzen, Marseille und Menton?

Die Provence, mit ein wenig mehr als zwei Millionen Einwohnern, davon gut die Hälfte bei Marseille, ist eine dem Wirtschaftsfaktor Tourismus weit geöffnete Landschaft und hat ihm viel zu danken. Aber sie besitzt mit der Doppeluniversität Aix/Marseille auch ein über ihre Grenzen hinausstrahlendes Zentrum für Lehre, Wissenschaft und Forschung. Marseille ist mit dem Komplex von Fos der größte Hafen Frankreichs.

Die klimatischen Vorzüge in diesem »Garten Frankreichs« werden für einen intensiven, export-orientierten Anbau von Frühgemüse und Obst genutzt – das Wasser wird von den Bergen her schon seit der Römerzeit kanalisiert, nun auch von der Durance weitergepumpt –, Zypressen und Röhricht schützen vor dem Mistral. Mit Melonen aus Cavaillon ließ sich schon Alexandre Dumas honorieren; die Kirschen aus der Gegend um Apt wandern kandiert in alle Welt, der Spargel von Lauris kommt gleich nach dem spanischen auf den Markt, in Châteaurenard wird Grünzeug und Obst für ganz Europa umgeschlagen. Was man mit Mandeln und Oliven alles machen kann, zeigen die Märkte. Vom provenzalischen Wein wird noch die Rede sein. An der Rhônemündung wird bergeweise Salz gewonnen, und die Reisernte beträgt jährlich rund 120 000 Tonnen, ein Fünftel des französischen Bedarfs. In der Großen Crau wird dreimal im Jahr Heu geschnitten, das von Pferdezüchtern begehrt ist. Die berühmten Périgord-Trüffeln stammen heute zu einem großen Teil aus dem Tricastin und Venaissin bei Carpentras – so kommt die Provence oft auf Umwegen schon zu uns, bevor wir sie zum erstenmal betreten. ❖

II Provincia – Provence
Aus dem Meer geboren

Provence und Province. Nur ein Buchstabe macht im Französischen diese Landschaft zur Provinz der Provinzen. Heute gebirgig, war sie einst Meeresboden. War begehrter Landfall für Seeleute und Händler, wurde zum Puffer der römischen Zivilisation gegen die Welt der Barbaren. Provincia Gallia Narbonensis – dieser Titel gab ihr den Namen. Aber sie war auch Königreich, Sitz des Papsttums und Zankapfel von Dynastien und unbotmäßigen Grafen. Hort eines regionalen Parlamentarismus, Zuflucht von religiös und politisch Verfolgten, Schauplatz von Tragödien. Immer aber auch eine Art Paradies für Menschen, deren Kunst und Können sich nur im milden Klima des Midi entfalten mögen.

Die Vorgeschichte – bis 600 v. Chr.

In der Ur- und Altzeit war das Gebiet der heutigen Provence noch Wasser, eine Passage, das sogenannte Tethysmeer, zwischen Landmasse um das Massif Central und dem Tyrrhenischen Kontinent dort, wo nun die Balearen, Korsika und Sardinien liegen. Die im Lauf der Jahrmillionen abgetragenen, den Sund verflachenden Sedimente im Isthmus der späteren Durance werden im Tertiär durch die Auffaltung der Pyrenäen zu Ost-West-orientierten, parallelen Gebirgszügen emporgehoben: Sainte-Baume, Sainte-Victoire und Alpilles, Luberon, Mont Ventoux, Montagne de Lure und Les Baronnies. Das gegenwärtige Mittelmeer bildet sich. Aber als rhodanischer Golf reicht es noch lange bis in die Höhe von Lyon. Erst im Quartär bahnt sich dort durch die Ablagerungen die Rhône ihren Lauf zum Meer. Etwa 800000 v. Chr. nimmt sie die Durance auf, die sich bis dahin westlich der heutigen Camargue ins Meer warf. Der Zusammenfluß entwickelt allmählich sein verzweigtes Delta, aber erst um 5000 v. Chr. entsteht die in ihrer Entwicklung noch kaum abgeschlossene Schwemmlandschaft der Camargue.

Aus dieser Epoche – etwa ab 6000 v. Chr. – ist auch bereits eine Zivilisation der Neusteinzeit nachgewiesen. Die ersten Töpfer, die Herzmuscheln *(cardium)* für ihre Impresso-Keramiken verwenden, sind zugleich Landwirte – man fand ihre Gefäße bei Courthézon in der Nähe von Orange und zwischen den Estaque-Bergen und dem Étang de Berre. Um 3500 v. Chr. entstehen erste Dörfer, in der Bronzezeit von 1800 bis 800 v. Chr. gehören die Siedler ligurischen Volksstämmen an, die sich bis etwa 400 v. Chr. nach und nach mit keltischen Einwanderern vermischen. Die Römer sprechen später von den Stämmen der Albici, Cavares, Dexivates und Vulgientes. Saint-Blaise am Golf von Fos und Entremont bei Aix erreichen das Ausmaß von Kleinstädten.

15

Griechen und Römer – 600 v. Chr. bis 300 n. Chr.

Um 600 v. Chr. gründen Griechen aus dem kleinasiatischen Phokäa ein Handelskontor Massilia (Marseille) und von dort aus Niederlassungen bei Arles, Avignon, Cavaillon sowie in Hyères, Antibes und Nizza. Sie treiben Handel mit der Urbevölkerung, führen den Wein ein, pflanzen Olivenhaine. Von Marseille aus dringen ihre Kapitäne bis zum Senegal, in die Ostsee und nach Island vor. Platon entwirft die Verfassung der Stadtrepublik. Gegen ihren wachsenden Einfluß erheben sich die Salyer oder Saluvier, wie jetzt die kelto-ligurischen Völkerschaften genannt werden. Rom eilt 125 v. Chr. der bedrängten Stadt zu Hilfe, die neun Jahrzehnte zuvor im Zweiten Punischen Krieg sein Bundesgenosse war. Hannibal quert die Provence im Jahr 218 v. Chr. Für die Römer ist dies zugleich eine günstige Gelegenheit, in Gallien Fuß zu fassen. Aber erst nach einem erbitterten Krieg sind die Einheimischen vorerst »befriedet« und eine transalpine römische Provinz erstreckt sich zwischen Aix und Narbonne (Gallia narbonensis). 104 v. Chr. läßt Konsul Marius – ein in Marseille noch heute gebräuchlicher Name – einen schiffbaren Kanal von Arles bis zur Bucht von Fos bauen. Im Zwist zwischen Cäsar und Pompeius setzt Massilia auf die falsche Karte und wird 49 v. Chr. aus Arles von Cäsar ausgehebelt, der dort anschließend eine starke Veteranenkolonie schaffen läßt, aus der wiederum vier Jahrhunderte später die Verwaltungshauptstadt ganz Galliens wird. Marseille, nur noch Stadt, verliert an Einfluß auf das Hinterland. Ein Ansturm der Teutonen wird schon 102 n. Chr. in der Schlacht von Aquae Sextiae (Aix) abgewehrt.

Frühes Christentum – bis Ende des 5. Jahrhunderts

Sieht man von den Legenden um eine unmittelbare Christianisierung der Provence durch Jesu Jünger ab, so bleibt ihr doch eine Schlüsselrolle bei der frühzeitigen Bekehrung der Völker im späteren Frankreich. Belegt ist die Existenz des heiligen Trophime, der bereits 60 n. Chr. heidnische Statuen bei Arles zerschlagen haben soll, vermutlich jedoch nicht vor dem 3. Jahrhundert von Rom her eintraf und zusammen mit Genesius das religiöse Zentrum der Alyscamps schuf. Konstantin der Große, als er noch Gegenkaiser zu Galerius in Rom war, berief 314 die erste Bischofssynode in seine Lieblingsstadt Arles ein – aber nicht ihr verlieh er seinen Namen, sondern der neuen Hauptstadt Konstantinopel. Etwa ab 400 waren die Bischöfe von Arles auch Metropoliten, später sogar päpstliche Vikare für ganz Gallien. 416 gründet der Mönch Cassien die Abtei Saint-Victor in Marseille. Als »letztes Bollwerk der Römer« und des Christentums wird Arles 471 von den Westgoten eingenommen, fünf Jahre später bricht das Weströmische Reich zusammen.

Eroberer, Grafen und Könige – 500 bis 1274

Nach einem Zwischenspiel ostgotischer Herrschaft wird die Provence 536 Teil des expandierenden Reichs der Franken, die unter Chlodwig um 500 den katholischen Glauben angenommen hatten. Dann aber fallen im 8. Jahrhundert Sarazenen ein, sie halten sich, obwohl ihnen der fränkische Hausmeier Karl Martell die Provence wieder entreißt, noch bis Ende des 10. Jahrhunderts im küstennahen Gebirge.

Schon 855 wurde nach der Teilung des Frankenreichs im Vertrag von Verdun ein Regnum Provinciae oder Niederburgund geschaffen, das als größeres Burgund, auch arelatisches Reich genannt, an den deutschen König fiel, der aber nur eine lockere

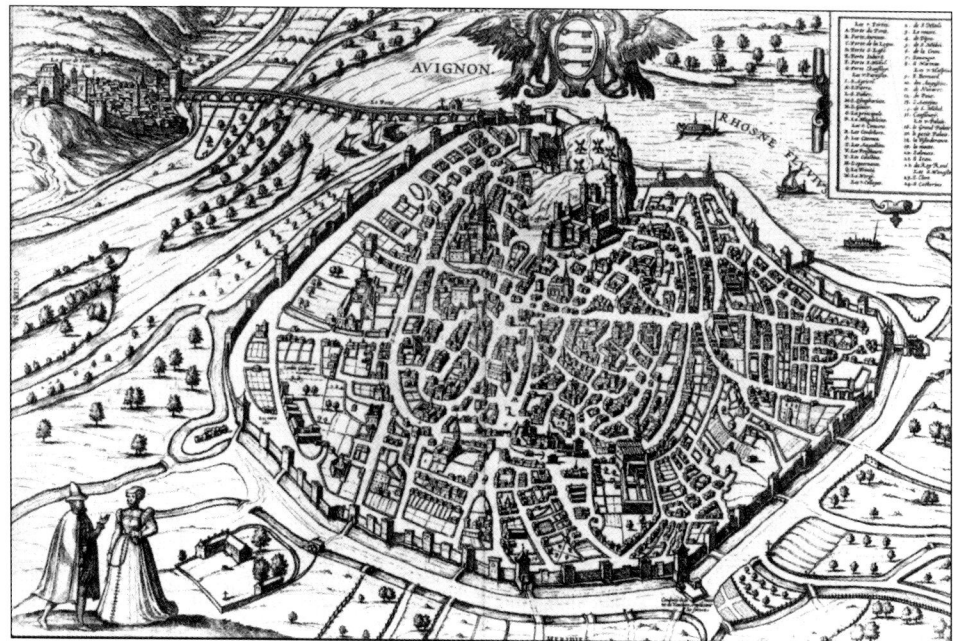

Das alte Avignon: Die Mauern stehen noch, die Brücke endet heute im Fluß

Oberherrschaft ausübte. Auch Friedrich I. Barbarossa, in zweiter Ehe mit Beatrix, der Erbin von Hochburgund vermählt, begnügte sich mit einer mehr symbolischen Krönung 1178 in Arles. Die wahren Herrscher der Provence waren seit dem 10. Jahrhundert ihre Grafen, die teils zum Haus Barcelona-Aragon gehörten, teil zum Haus Anjou. Zunächst einigt der katalanische Prinz Raimond Bérenger die Provence. Durch die Heirat seiner Tochter und Erbin mit Charles I. von Anjou fällt das Gebiet an diese Dynastie. 1274 wird das Comtat Venaissin an das Papsttum abgetreten.

Päpste, Pest und Parlamente – bis zur Französischen Revolution

Von 1309 an besucht Papst Klemens V. wiederholt Avignon. Ab 1316 residieren dann dort bis 1430 insgesamt sieben Päpste und zwei Gegenpäpste. Petrarca trifft in Avignon die schöne, aber für ihn unerreichbare Laura, sie inspiriert ihn zu seinen *canzoniere*. In den Jahren ab 1347 dezimiert die Pest die Bevölkerung. Aber dann setzt ein neuer kultureller Aufschwung ein. 1409 wird die Universität von Aix gegründet, der »gute König« René, ein mystischer Monarch ohne Reich, fördert als Graf der Provence Künste, Handel und Landwirtschaft. Sein Neffe und Erbe vermacht die Grafschaft jedoch König Ludwig XI. in Paris. Die *états* (Stände) treten in Aix zusammen und ratifizieren diese Union.

Aus der ersten ständischen Volksvertretung wird 1501 ein von Frankreich eingesetztes »Parlament« mit politischen und juristischen Befugnissen für die Region. Doch 1539 legt Paris der Provence das Französische als Verwaltungssprache auf. Im Luberon werden 1545 die Waldenser niedergemetzelt, 1567 rund 200 katholische Priester und Notabeln

Vera loquor, nec falsa loquor, sed munere cœli
qui loquitur DEUS est, non ego
NOSTRADAMVS.

Nostradamus (1503–66) in seiner Studierstube

bei Nîmes ermordet. Nostradamus aus Saint-Rémy veröffentlicht seine Prophezeiungen (Centurien).

Die dem Haus Nassau gehörende Enklave des Prinzentums von Orange fällt im Vertrag von Utrecht an Frankreich. Nochmals wütet um 1720 die Schwarze Pest. 1771 wird das Parlament von Aix aufgelöst. Während der Französischen Revolution spielt Graf Mirabeau, in Aix vom Dritten Stand in die Generalstände gewählt, eine kurze, aber bedeutende Rolle in der Pariser Nationalversammlung und als Präsident des Jakobinerklubs. Frankreich verleibt sich auch die päpstlichen Territorien von Avignon und des Comtat Venaissin ein.

Vom Dampfschiff zur Atomkraft: 1800 bis heute

Die Grand Rhône, der Hauptarm, hatte etwa um 1710 ihr heutiges Bett gefunden. 1800 wird Marseille Präfektur des Mündungs-Départements Bouches-du-Rhône, 1829 nimmt eine Dampfschifflinie den Verkehr stromauf von Arles nach Lyon auf. Ein Kanal führt Wasser in die Region von Carpentras und revolutioniert dort die

Oliven werden geerntet, zerkleinert und zu Öl gepreßt

Landwirtschaft. 1860 erreicht die Eisenbahn durch das Rhônetal von Paris her die Provence. In diese Zeit fällt ein Erneuerungsversuch der provenzalischen Sprache und Literatur durch Frédéric Mistral und seine Freunde vom Bund der Félibrige, Paul Cézanne aus Aix malt mit Renoir und Monet in Marseille und L'Estaque, dann bis zu seinem Tod (1906) mehr und mehr seinen Heimatberg, die Montagne Sainte-Victoire. 1923 wird der Flughafen Marignane am Étang de Berre eröffnet, ab 1933 beginnt die Zähmung der Rhône mit Staustufen, Kraftwerken und Kanälen. Im Zweiten Weltkrieg gehört die Provence zunächst zur freien Zone Frankreichs, dem État Français, und dient kurzfristig politisch und rassisch Verfolgten als Zuflucht. 1942 wird sie jedoch auch besetzt, bis im August 1944 die Alliierten zwischen Saint-Raphaël und Saint-Tropez landen.

In den ersten Nachkriegsjahren zieht es viele Provenzalen aus den Dörfern in die Stadt. Nach 1962 verlassen andererseits französische Siedler, die *pieds noirs*, das unabhängig gewordene Algerien und lassen sich in der Provence nieder. 1965 beginnen die Arbeiten am Hafen- und Industriekomplex Fos-sur-Mer, es entstehen nukleare Forschungs- und Aufarbeitungsanlagen, strategische Atomraketen werden installiert. 1970 wird die Autobahn Paris–Marseille fertiggestellt. Seit 1981 sind die beiden Städte auch durch den Hochgeschwindigkeitszug TGV miteinander verbunden, für den inzwischen eine eigene, abkürzende Trasse bis nach Nizza entsteht. ✳

So sah Cézanne die Montagne Ste.-Victoire 1902/04

III ROUTENVORSCHLÄGE FÜR DIE PROVENCE

Arles, Camargue und die Bergkette der Alpilles
Route: Arles – Camargue – Eygalières – Les Baux – Glanum –
St.-Rémy – Barbentane bzw. Avignon (325/345 km)

1. Programm: Das antike Arles

1. Programm: Das antike Arles

Vormittag Vom Rond Point des Arènes, Nordseite, zum Rundgang in das römische **Amphitheater** (Arènes). Danach in das nur wenige Schritte südwärts gelegene **Antike Theater.** Über die schmale, dem Theaterterrain sich anschmiegende Rue du Cloître zur Place de la République mit dem römischen **Obelisk.** Durch das Vestibül des daneben liegenden **Rathauses** (Hôtel de Ville) links abbiegend zur **Ancienne Chapelle des Jésuites** auf der Rue Balze. Abstieg in die **Kryptoportiken** des Forums. Mittagspause auf der **Place du Forum.**

Nachmittag Durch die Rue de la Place, Rue du Sauvage und Rue Dominique Maïsto zu den **Thermen des Konstantin.** Auf dem Rhônedeich stromauf zur **Place Lamartine,** stadtein durch die Porte de la Cavalerie zur Place Voltaire und auf der Rue Tardieu zur östlichen Arenaseite zum Platz vor der Kirche **Notre-Dame de la Major.** Die Rue de la Madeleine führt über die Place de la Redoute und die Rue Barrère zur Montée Vauban; abwärts zur großen Straßenkreuzung und darüber hinweg in die Avenue des Alyscamps und zur **Allée des Tombeaux.** Auf dem Rückweg durch den **Jardin d'Été** und Apéritif in einem der Grands Cafés des **Boulevard des Lices.**

2. Programm: Arles

Vormittag Eventuell früher **Marktbesuch** am Mittwoch oder Samstag. Besichtigung der **Kathedrale** und des **Klosters St.-Trophime**, über die Rue de la République zum **Muséon Arlaten.**

Nachmittag Besuch des **Espace van Gogh** im einstigen Hospital, von dort über die Place du Forum, Rue de l'Hôtel und Rue Maïsto zum **Musée Réattu** in der Rue du Grand Prieuré, danach durch die Rue Reattu, Rue Vernon und die Rue des Arènes zur Sammlung der **Fondation van Gogh** am Rond Point des Arènes. Bummel über den Boulevard Clemenceau Richtung Rhône und Besuch des **Musée des l'Arles Antique.**

Abstecher: Wer erst einmal genug von Museen hat und lieber ein Stück Umgebung mit den Augen van Goghs erleben möchte, findet zwischen Rhône und dem Canal de Marseille au Rhône an der Straße D 35 Richtung Port-St.-Louis einen Hinweis zum **Pont Langlois**, seinem Zugbrückenmotiv. Die Schleusenbrücke ist lediglich ein originalgetreuer Nachbau, aber als Fotomotiv taugt sie allemal.

3. Route: Arles – La Capelière – Salin-de-Giraud – Les Stes.-Maries-de-la-Mer – Arles (165 km)

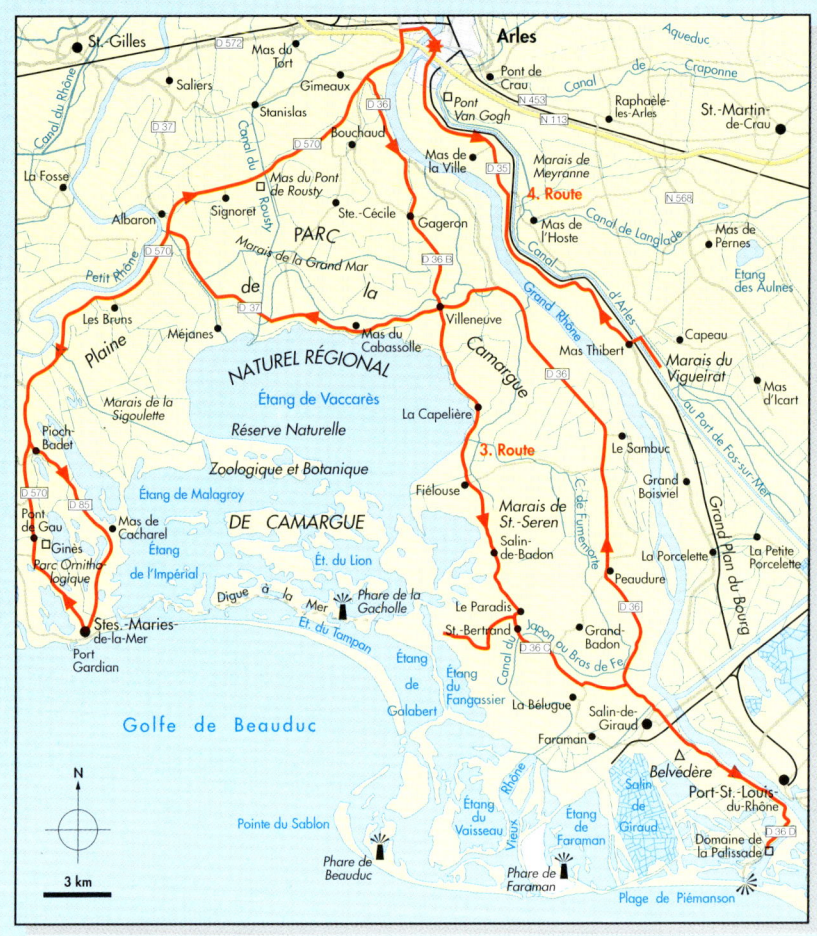

Vormittag Wegen der dann besonders günstigen Vogelbeobachtungen so früh wie möglich von Arles aufbrechen, die Reservate sind in etwa einer halben Stunde über die D 36, D 36 B und D 36 C zu erreichen. Zunächst **La Capelière**, dann bei **Le Paradis** meerwärts in die **Brackwasserlagunen**, wo die Flamingos leben. Weiter und auf die D 36 D abbiegend zu den Meeressalz-Gewinnungsbecken von **Salin-de-Giraud**, zum Aussichtshügel Belvédère und weiter zum Beobachtungspfad der **Domaine de la Palissade**.

3. Route: Arles – La Capelière – Salin-de-Giraud – Les Stes.- Maries-de-la-Mer – Arles (165 km)

Nachmittag Auf der D 36 und D 37 um den **Étang de Vaccarès** herum via Albaron über die D 570 nach **Pioch Badet** mit dem Musée Tsigane. Dann nach **Les Stes.- Maries-de-la-Mer** mit der Wallfahrtskirche und dem Heimatmuseum Baroncelli. Auf der Rückfahrt nach Arles zum Informationszentrum von **Ginès** mit dem **Parc Ornithologique du Pont de Gau**. Weiter über die D 750 zum Musée Camarguais im **Mas du Pont de Rousty**. Rückkehr nach Arles.

Abstecher: Von Albaron aus zweigt die D 37 nach **St.-Gilles** ab. Dort nahmen einst über die Petit Rhône mehrere Kreuzzüge ins Heilige Land ihren Ausgang. Von der religiösen Bedeutung zeugt noch die mehrfach zerstörte und restaurierte Abteikirche. Ihre Portalfront, um deren Datierung die Kunsthistoriker uneins sind, gilt als größtes Skulpturensemble des Languedoc – St.-Gilles gehört nicht mehr zur Provence. Der Umweg nach Arles beträgt nur 12 km.

4. Route: Arles – Marais du Vigueirat – Arles (40 km)

Tagestour Von Arles auf der D 35 bis nach Mas Thibert, links auf die D 24 und kurz hinter dem Canal de Fos-sur-Mer rechts ab bis zur **Domaine de l'Etourneau**. Führung durch das Naturreservat **Marais du Vigueirat**. Über die D 35 Rückkehr nach Arles.

Gar nicht scheu: Nutrias im Sumpfgebiet der Camargue

5. Route: Arles – Fontvieille – Eygalières – Maussane-les-Alpilles – Les Baux-de-Provence (65 km)

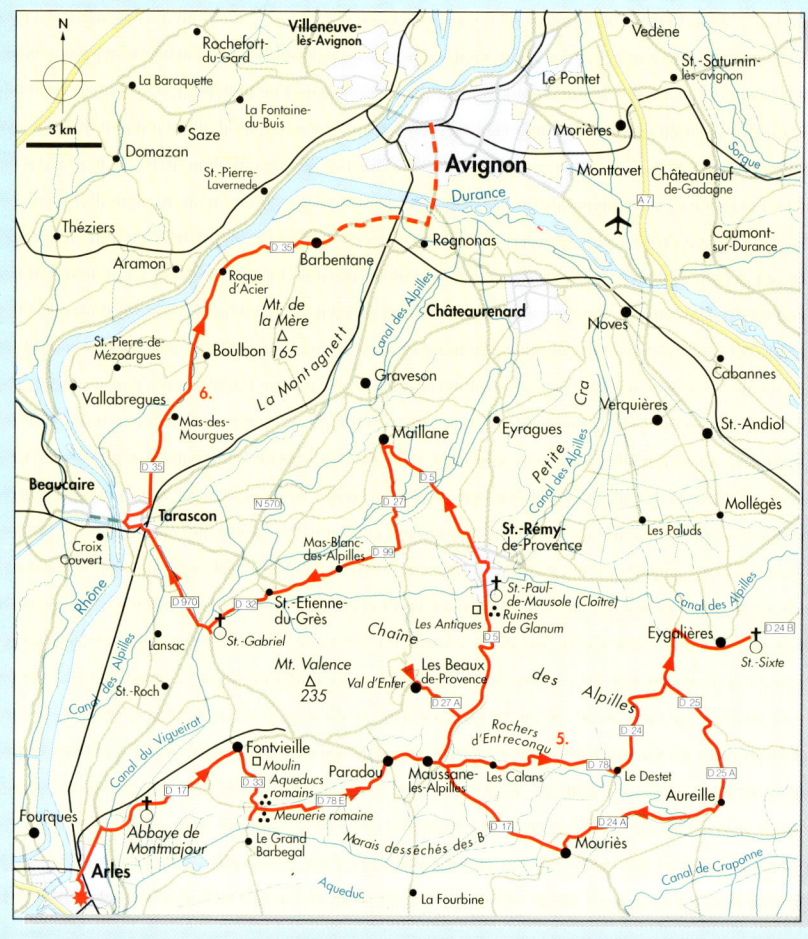

Vormittag Auf der D 17 über **Montmajour** nach Fontvieille und über die D 33 zum **Moulin de Aphonse Daudet**. Zu den römischen **Aquädukten** von Barbegal an der D 78 E, weiter nach Maussane und über die D 78, D 24 und D 24 B zur **Kapelle St.-Sixte** bei Eygalières.

Nachmittag Auf der D 24, D 25 A und D 17 über Mouriè nach **Maussane-les-Alpilles** und von dort über die D 5 und D 27 A nach **Les Baux-de-Provence**. Orts- und Zitadellen-Besichtigung, kleiner Ausflug ins **Val d'Enfer**.

6. Route: Les Baux – Glanum – St.-Rémy-de-Provence – Maillane – Tarascon – Barbentane – event. bis Avignon oder Villeneuve-lès-Avignon (55 km/75 km)

Vormittag Von Les Baux erreicht man über die D 27 A und D 5 die römischen Monumente **Les Antiques** und die Ausgrabungen der antiken Stadt **Glanum**. Weiter zum Kloster **St.-Paul de Mausole**, wo 1889 van Gogh weilte. Dann auf der D 5 nach **St.-Rémy-de-Provence**, dort Bummel zum einstigen Geburtshaus von Nostradamus und Besichtigung des Archäologischen Museums.

Nachmittag Über die D 5 nach **Maillane**, Besuch von Mistrals Wohnhaus und Grabstätte. Über die D 27, D 99 und D 32 zur Kapelle **St.-Gabriel**. Auf der D 970 geht es nach **Tarascon**, dort Besichtigung der Schloßanlage. Eventuell Abstecher nach **Beaucaire**, dann auf der D 35 über Boulbon nach **Barbentane** bzw. Avignon oder Villeneuve-lès-Avignon.

Informationen

13200 Arles

 Office de Tourisme
Esplanade Charles de Gaulle (am Blvd. des Lices)
✆ 04 90 18 41 20, Fax 04 90 18 41 29

 An der Nordseite der **Place de la Major** ist auf der Brüstung über den Dächern eine Orientierungstafel angebracht, die auf viele Ziele verweist.

 Hôtel Jules César
Boulevard des Lices (neben dem Office de Tourisme)
✆ 04 90 93 43 20, Fax 04 90 93 33 47
1. Nov.–21. Dez. geschl.
In einem ehemaligen Karmeliterkloster (7. Jh.) mit prachtvollem Kreuzgang, Garten, Swimmingpool und Nobel-Restaurant Lou Marquès (s. u.). FFFF
(Auflösung der F-Zeichen s. S. 212 bzw. hintere innere Umschlagklappe.)

 Grand Hôtel Nord-Pinus
14, place du Forum

✆ 04 90 93 44 44, Fax 04 90 93 34 00
Im provenzalisch-spanischem Ambiente dieses zentral gelegenen Hotels fühlen sich Toreros und Medienstars wohl. An der Bar hockten schon Picasso und Hemingway. FFFF

 Hôtel d'Arlatan
26, rue du Sauvage
✆ 04 90 93 56 66, Fax 04 90 49 68 45
Einst Stadtpalais der Grafen von Arlaten de Beaumont mit Bauabschnitten vom 4.–17. Jh., alte provenzalische Möbel, schöner Innenhof, Garage. FFF

 Hôtel L'Atrium
1, rue Emile Fassin (Blvd. des Lices hinter dem Office de Tourisme)
✆ 04 90 49 92 92, Fax 04 90 93 38 59
Nüchtern-modern, Zufahrt günstig, Pool, Brasserie, Panoramaterrasse. FFF

Auberge de la Fenière
An der N 453, von Arles 7,5 km Richtung Salon
13280 Raphèles-les-Arles

✆ 04 90 98 47 44, Fax 04 90 98 48 39
1. Nov.–20. Dez. geschl.
Eine provenzalische Herberge, trotz
Straßennähe ruhig (Relais de Silence).
Restaurant. FF

Hôtel Calendal
22, place Pomme
✆ 04 90 96 11 89, Fax 04 90 96 05 84
Gemütliches, ruhiges Haus zwischen
Arena und Antikem Theater. Kleiner
Garten. F–FF

Hôtel le Cloître
16, rue du Cloître
✆ 04 90 96 29 50, Fax 04 90 96 02 88
5.–31. Jan. geschl.
Altes Stadthaus zwischen Antikem Theater
und Place de la République. Einige
Zimmer mit Sicht auf das Kloster St.-
Trophime.
F–FF

Hôtel L'Amphithéâtre
Place de la Bastille/Rue Diderot
✆ 04 90 96 10 30, Fax 04 90 93 98 69
Als Gast dieses reizvollen alten Hauses
wohnt man wie an einem provenzalischen
Dorfplatz. F

Hôtel St.-Trophime
16, rue de la Calade
✆ 04 90 96 88 38, Fax 04 90 96 92 19
Schönes Stadthaus in einer schmalen
Einbahnstraße zwischen Arena und Place
du Forum. F

Hôtel de la Poste
2, rue Molière
✆ 04 90 96 03 30, Fax 04 90 49 80 28
Einfaches, südliches Hotel gleich neben
dem Espace van Gogh.
F

Jugendherberge/Auberge de la
Jeunesse
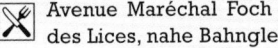
Avenue Maréchal Foch (südl. des Blvd.
des Lices, nahe Bahngleis)

✆ 04 90 96 18 25, Fax 04 90 96 31 26
In den Weihnachtsferien geschl.
Mit Restaurant.

Gîtes Ruraux: Vermittlung von etwa 20
ländlichen Mietwohnungen in der
Camargue und der Crau sowie von Stadt-
Appartements; zentrale Reservierung
unter ✆ 04 90 59 18 05, Fax 04 90 59 16 75
(Domaine de Vergon B.P. 26, 13370
Mallemort).

Camping à la Ferme: Zelten oder Campen auf einem Bauernhof mit Verpflegung
bieten:

Mas d'Artaud
Route d'Eygulières
Pont de Crau (an der N 453, 2 km südöstlich von Arles)
✆ 04 90 49 73 42

Mas St.-Claude
13558 St.-Martin-de-Crau (N 453, 12 km
Richtung Salon)
✆ 04 90 50 63 28

Für die **antiken Stätten und Museen** von
Arles lohnt es sich, an der Kasse der
zuerst besuchten Stätte ein billet global zu
lösen, das sich schon bei nur drei Visiten
rentiert und mehrere Tage gültig ist.
Ermäßigung gibt es für Gruppen über
5 Personen und für Studenten.

Amphitheater (Arènes)
Rond Point des Arènes
April–Sept. tägl. 9–19, sonst 10–16.30 Uhr
Im 1. Jh. n. Chr. erbaut, finden hier heute
vor allem Stierkämpfe (corridas) und
provenzalische Stierspiele (courses) statt.
Vorverkauf und Reservierungen:
Direction des Arènes d'Arles
Plaza de Toros
✆ 04 90 96 03 70, Fax 04 90 96 64 31
oder Tageskarten im Bureau de location
Rond Point des Arènes
✆ 04 90 96 03 70, Fax 04 90 96 64 31

Informationen

Théâtre Antique
Rue du Cloître
April–Sept. tägl. 9–19, sonst 10–16.30 Uhr

Ancienne Chapelle des Jésuites
Rue Balze
April–Sept. tägl. 9–19, sonst 10–16.30 Uhr
Zugang zu den **Kryptoportiken** des römischen Forums aus dem 1. Jh. v. Chr.

Thermen des Konstantin
Place Constantin
April–Sept. tägl. 9–12 und 14–19, Okt.–März tägl. 10–12 und 14–16.30 Uhr
Teilweise erhaltene Anlage aus dem 4. Jh.

Notre-Dame de la Major
Romanische Kirche mit gotischem Chor und Fassade aus dem 17. Jh.

Kathedrale und Kloster St.-Trophime
April–Sept. tägl. 9–19, sonst 10–16.30 Uhr

Muséon Arlaten
Rue de la République
Juni–Aug. tägl. 9.30–13 und 14–18.30, Sept.–Mai tägl. 9.30–12.30 und 14–18.30 Uhr (Okt.–März bis 17 Uhr); Okt.–Juni Mo geschl.
Heimatmuseum, Volkskunst.

Espace van Gogh
Place du Dr. Félix Rey
Garten tägl. 7.30–19.30 Uhr
Von 1572 bis 1974 war dieses Hôtel Dieu das Hospital der Stadt. In dem restaurierten und erweiterten Bau sind außer Ausstellungssälen eine Mediathek, eine Artothek, Ateliers für Maler und Arbeitsräume für Literaturübersetzer sowie Nebenstellen der Universität Aix-Marseille unter einem Dach vereint.

Musée Réattu
Rue du Grand Prieuré
Mitte Juni–Sept. tägl. 9–19, April–Mitte Juni tägl. 9–12.30 und 14–19, sonst 10–12 und 14–16.30 Uhr (März/Okt. bis 17.30 Uhr)

Vor allem Werke arlesischer Maler (18.–20. Jh.).

Fondation van Gogh
26, rond Point des Arènes (Hôtel Luppé)
Im Sommer tägl. 10–19, im Winter tägl. 10.30–12.30 und 14–17.30 Uhr
Sammlung moderner Kunst.

Musée de l'Arles Antique
Chemin de Barriol/Avenue de la 1 ère D.F.L.
April–Sept. tägl. 9–19, sonst 9.30–12 und 13.30–18 Uhr
Vom Boulevard des Lices auf die Rhône zu über den Boulevard Georges Clemenceau, am kirchenähnlichen Tour de l'Ecorchoir links unter der Schnellstraßenbrücke hindurch und an der ausgegrabenen, aber noch nicht zugängigen Hälfte des **Circus Maximus** entlang. Hier wurde der auf der Place de la République aufgestellte Obelisk gefunden.

Markt
Jeden Mittwochvormittag auf dem Boulevard Émil Combes vom Boulevard des Lices bis zur Place Lamartine. Am ersten Mittwoch jeden Monats Trödel und Antiquitäten auf dem Boulevard de Lices. Jeden Samstagvormittag Wochenendmarkt auf dem Boulevard des Lices und dem Boulevard Clémenceau.

Boutique Le Cloître
1, rue Jean Jaurès/Ecke Rue du Cloître
Große Auswahl an provenzalischen Krippenfiguren, aber auch Artikel aus Olivenholz und *scourtins*, runde, nach Art der alten Olivenölfilter geflochtene Teppiche.

Les Olivades
2, rue Jean Jaurès (gegenüber Boutique du Santon)
Provenzalische Stoffe für Kleidung und Wohnen.

Souleiado
Rue Jean Jaurès/Ecke Boulevard des Lices

27

Filiale einer weiteren, in der gesamten Provence und auch schon im Ausland vertretenen Marke provenzalischer Textildrucke.

 L'Arlésienne
12, rue du Président Wilson
Auch hier gibt es bedruckte Stoffe, dazu aber auch die farbenfrohen Kostüme und die *coiffes* der schönen Arlésienne in traditioneller Art.

 Camille
Boulevard Clemenceau (nahe Esplanade des Lices)
Bunte Hemden, Samtwesten und die absatzhohen Stiefel der *gardians* (Cowboys) – beliebt auch bei Freizeit-Provenzalen.

 Antiquités Dervieux
12, rue Vernon (zwischen Rhône und Arena)
Ein Geschäft wie ein Museum. Auf zwei Etagen eine Riesenauswahl alter Kostbarkeiten. Wechselnde Ausstellungen.

 Café la Nuit
Place du Forum
So wie es van Gogh 1888 malte, so sieht nun dieses Nachtcafé wieder aus. Für Snacks und Menüs von früh bis spät. F

 Lou Marquès
Boulevard des Lices (im Hôtel Jules César)
© 04 90 93 43 20
Ein nobler Hauch von Fin de Siècle – aber noch schöner als unter den Lüstern sitzt man im kleinen Sommergarten. Klassisch-provenzalische Küche. FFF–FFFF

 Le Vaccarès
Place du Forum (Eingang rückseitig Rue Favorin)
© 04 90 96 06 17
Hier sollte man rechtzeitig einen der Tische auf dem schmalen Balkon über der Place du Forum reservieren. Und dann gilt es, die herrlichen Gerichte zu genießen, zu denen sich der Patron bei seinem

Einkauf auf den Märkten der Umgebung inspirieren ließ. FF–FFF

 L'Olivier
1 bis, rue Réattu
© 04 90 49 64 88
Verwinkelt, unter Gewölben und geweißten Balken, mit alten Kacheln und Kamin – so originell speist man auch in der Provence nicht überall. Das billigste Menü ist ein lokaler Renner, à la carte zaudert man ob all der Verlockungen. F–FFF

 Brasserie Nord-Pinus
Rue du Palais (am Forum)
© 04 90 93 70 32
Wie das Grand Hôtel ein Ort der Erinnerung an vergangene Epochen des Savoir-vivre. Ausgesuchte Weine auch glasweise oder im Krug. FF

 La Paillote
28, rue du Docteur Fanton
© 04 90 96 33 15
Provenzalische Gerichte wie Aïoli, Tintenfisch oder mit Lavendelhonig glasiertes Lamm. Preiswerte Regionalweine. FF

 La Côte d'Adam
12, rue de la Liberté
© 04 90 49 62 29
Eine Folge kleiner Räume mit Terrasse an einer Fußgängergasse nahe dem Forum. F

 Vitamine
16, rue du Docteur Fanton
© 04 90 93 77 36
Für Vegetarier und Gesundheitsfans: 45 verschiedene Salate stehen zur Auswahl auf der Karte. F

 Le Rhum'Antique
10, place Clair
Piano Bar.

 Cargo de Nuit
7, avenue Sadi Carnot
Musik-Café.

Informationen

Feste/Veranstaltungen in Arles:

Die **Feria** zu Ostern beginnt meist mit einer provenzalischen *course royale* am Palmsonntag in der Arena. Ostern selbst steht traditionsgemäß eine spanische *corrida* auf dem Programm.

Die Cowboys der Camargue, die *gardians*, haben ihren Festtag, **La Fête des Gardians**, am 1. Mai. Dann ist die Stadt von bunten Trachten und Pferdegetrappel erfüllt. Ein Umzug bewegt sich vom Boulevard de Lices zu einer Messe vor Notre-Dame de la Major. Nachmittags wetteifern die *gardians* in der Arena mit spannenden Reiterspielen. Den Sieger küren und ehren – wie einst bei den Troubadouren – »die schönen Damen«.

Am Freitag der ersten Juliwoche gibt es den nächtlichen Umzug **La Pégoulado** mit Trachten und Fackeln, am Sonntag darauf ein **Kostümfest** im Antiken Theater.

Im Juli beginnen auch die **Sommerfestspiele** mit Theaterstücken, Konzerten und Tanz im Antiken Theater und im Hof des Erzbischöflichen Palastes (Cour de l'Archevêché) zwischen Kirche und Kloster St.-Trophime.

Auch die **Rencontres Internationales de la Photographie** mit Workshops und Ausstellungen finden im Juli statt.

Es folgt das Weltmusiktreffen **Rencontres du sud** in der dritten Juliwoche und die **Woche der Mittelmeerstimmen** in der ersten Augustwoche mit einem **Nachtmarkt** am Rhôneufer, mit Handwerksbetrieben und Straßentheater.

Mitte September wird mit viel Folklore das **Reisfest**, eine Art Erntedank, begangen und dabei alle drei Jahre eine Reiskönigin gewählt. Diese *reino* muß umfassende Kenntnisse des traditionellen und zeitgenössischen Lebens der Provence nachweisen, damit sie als »Botschafterin« der Stadt tätig sein kann.

Kurz gekrallt – dann nichts wie weg

Informationen

Dezember bis Mitte Januar findet eine **Internationale Krippenschau** mit provenzalischen Santons im Kloster St.-Trophime statt.
Informationen zu allen Festivals:
Comité permanent des Fêtes d'Arles
35, place de la République
☎ 04 90 96 47 00

 La Capelière
An der D 36 B
☎ 04 90 97 00 97
Tägl. außer So 9–12 und 14–17 Uhr
Büro und Beobachtungspfad der Réserve Naturelle de la Camargue.

 VTT (Vélo Tout Terrain)
Route du Vaccarès
Mas St.-Bertrand (bei Le Paradis)
☎ 04 42 48 80 69
Fahrradvermietung.

 Domaine de la Palissade
Route de la Mer (an der D 36 D)
13129 Salin-de-Giraud
☎ 04 42 86 81 28
Mitte Juni–Aug. tägl. 9–19, Sept.–Mitte Juni außer Sa/So 9–17 Uhr
Infozentrum und verschiedene Naturlehrpfade.

 Musée Tsigane
Pioch Badet (an der D 570)
Tägl. 10–20 Uhr
In stilechtem Wohnwagenmilieu; bei traditioneller Bewirtung mit Kaffee oder Tee werden Fragen nach dem Leben der Zigeuner – auch auf deutsch – beantwortet.

 Hostellerie du Pont de Gau
Route d'Arles (D 570)
 Pont de Gau
☎ 04 90 97 81 53, Fax 04 90 97 98 54
In einem *mas* (Landhaus) im Grünen. Hotel (F) und Camargue-Restaurant mit mehreren Menüs.
F–FFF

13460 Les Stes.-Maries-de-la-Mer

 Office du Tourisme
5, avenue van Gogh, B.P. 16
☎ 04 90 97 82 55, Fax 04 90 97 71 15

 Église des Stes.-Maries
Mai–Mitte Sept. tägl. 8–12 und 14–19, Mitte Sept.– April tägl. 8–19 Uhr (Nov.–März bis 18 Uhr); Zugang zur Aussichtsterrasse tägl. 9.30–12 und 14–18 Uhr
Schlichter romanischer Bau (12. Jh.), im 14. und 15. Jh. wehrhaft erweitert.

 Musée Baroncelli
Rue Victor Hugo (in der einstigen Mairie)
Tägl. 10–12 und 14–18 Uhr. Heimatmuseum.

 Le Brûleur de Loups
Avenue Gilbert Leroy (am Deich)
☎ 04 90 97 83 31
Gutes Fischlokal, großer Saal, Ausblick auf Meer und Strand. FFF

 Le Velociste
7, avenue de la République
☎ 04 90 97 83 26. Fahrradvermietung.

Feste/Veranstaltungen in Les Stes.-Maries-de-la-Mer:

Die berühmten **Prozessionen** mit den Statuen der Heiligen finden am 24. und 25. Mai (Fest der Maria Jakobäa) sowie an dem 22. Okt. nächstgelegenen Sonntag statt. Beim ersten Fest – Anlaß für eine Wallfahrt der Zigeuner aus Provence und Languedoc – wird von ihnen zunächst die reich geschmückte und vielfach bekleidete Reliquienfigur der schwarzen Sara bis ins Wasser des Mittelmeers getragen, am Nachmittag holt man die beiden Marien-Statuen aus der *chapelle haute*, der höhergelegenen Kapelle, in den Chor der Kirche. Am zweiten Tag trägt man auch sie, dicht umringt von Gitans und Gitanes, Gardians und Arlésiennes, zum Strand.

Zum Fest gehören Stierspiele, Reiter-vorführungen, das öffentliche Brand-marken von jungen Stieren *(ferrades)* und Tänze *(farandoles)*. Nicht ganz so bunt ist der Festtag der Maria Salome im Herbst.

 Parc Ornithologique du Pont de Gau
An der D 570
✆ 04 90 97 82 62
Febr.–Nov. tägl. ab 8 Uhr bis Sonnen-untergang.
Hier kann man die Vogelarten der Ca-margue beobachten.

 Centre d'Information de Ginès
Pont de Gau (D 570)
Tägl. 9–12 und 14–18 Uhr; 1. Okt.–31. März Fr geschl.

 Mas du Pont de Rousty/Musée Camarguais
Route D 570 (ca. 10 km von Arles)
✆ 04 90 97 10 82
1. April–30. Sept. tägl. 9–18 (Juli/Aug. bis 19 Uhr), sonst 10–17 Uhr; Di geschl.
Ausstellung zur Geschichte und Tradition der Camargue.

 Reitausflüge in die Camargue sind eine interessante Form, der reichen Tierwelt dieser Landschaft besonders nahe zu kommen. Die kleinen Pferde sind auch für Anfänger geeignet (dem Guide Bescheid sagen). Ausritte stundenweise, halbtägig oder für einen oder mehrere Tage. Die zahlreichen Veranstalter haben sich auf einheitliche Preise geeinigt und geben ein Faltblatt (auch mit deutschem Text) mit dem Titel »Association Camarguaise de Tourisme Equestre« heraus.

 Les Marais du Vigueirat
Domaine de l'Étourneau, Mas Thibert
✆ 04 90 98 70 91
Führungen: Fr–So April–Sept. 8.30–12.30 und 16–20, Okt.–März 10–16 Uhr
Anmeldung auch durch das Office de Tourisme in Arles.

 L'Abbaye de Montmajour
Route de Fontvieille (an der D 17)
April–Okt. 9–19, sonst 9–12 und 14–17 Uhr
Der Komplex hat Bauabschnitte aus dem 12., 14. und 15. Jh., die im 19. Jh. z. T. restauriert wurden. Die im 18. Jh. errichten Anbauten ließ man zerbröckeln. Besuchsdauer etwa 45 Min.

 Moulin de Daudet
13990 Fontvieille (an der D 33)
In der Saison tägl. 10–18 Uhr
Original erhaltenes Mahlwerk. Sammlung von Erinnerungsstücken an Daudet.

 Chapelle St.-Sixte
Am östl. Ortsrand von Eygalières
Romanische Kapelle aus dem 12. Jh.

 Les Magnanarelles
Avenue Vallée des Baux
 13520 Maussane-les-Alpilles
✆ 04 90 54 30 25, Fax 04 90 54 50 04
Preiswertes Hotel/Restaurant. F

13520 Les Baux-de-Provence

 Office Municipal de Tourisme
Ilôt Post Tenebras Lux (Hôtel de Manville)
✆ 04 90 54 34 39, Fax 04 90 54 51 15

 L'Oustaù de Baumanière
Am Eingang zum Val d'Enfer
 ✆ 04 90 54 33 07, Fax 04 90 54 40 46
Eins der am höchsten eingestuften Restaurants Frankreichs, vom legendenumwobenen Raymond Thulier geschaffen (FFFF). Zimmer, Appartements, Swimmingpool, Boutiquen, Ausritte. FFFF

 La Riboto de Taven
Im Vallon de la Fontaine
 ✆ 04 90 54 34 23, Fax 04 90 54 38 88
Verwunschen; sehr gutes Restaurant. FFFF

 Mas d'Aigret
An der D 27 A (östlich vom Ort)

Informationen

 ℭ 04 90 54 33 54, Fax 04 90 54 45 98
Zum Teil in den Fels gehauenes Hotel mit
Pool zu Füßen der Burgruine. FFF–FFFF

 Bautezar Le Musée
Grand Rue. ℭ 04 90 54 32 09
Hübsches, kleines Haus mit Blick über das
Vallon de la Fontaine. FF

 Musée Yves Brayer
Hôtel des Porcelets (16. Jh.), neben der
Kirche St.-Vincent
April–Sept. tägl. außer Di 10–12.30 und
14–18.30 Uhr, sonst bis 17.30 Uhr
Zeitgenössische Malerei.

 Musée Lapidaire
Maison de la Tour-de-Brau (14. Jh.)
Ostern–Okt. tägl. durchgehend geöffnet
Ausstellung zur Geschichte von Les Baux.
Das Globalbillett gilt auch für den Besuch
der Ville Morte, des Hôtel des Porcelets
und der Cathédrale d'Images im Val d'Enfer.

 Cathédrale d'Images
Val d'Enfer, D 27
Tägl. 10–19 Uhr
Audiovisuelle Kulturdokumentation in den
Steinbrüchen von Les Baux.

 Les Antiques
An der D 5 südlich von St.-Rémy
Sehenswerte römische Monumente.

 Ausgrabungsfeld von Glanum
An der D 5 südlich von St.-Rémy
ℭ 04 90 92 23 79
April–Sept. tägl. 9–19, sonst 9–12 und
14–17 Uhr
Globalbillett, das auch für das Musée
Archéologique in St.-Remy gültig ist.

 Cloître St.-Paul-de-Mausole
An der D 5 bei St.-Rémy
Tägl. 8–12 und 14–18 Uhr
Romanische Kirche mit sehenswertem
Kreuzgang. Psychiatrische Anstalt, van
Gogh war 1889/90 hier Patient.

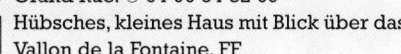

13210 St.-Rémy-de-Provence

 Office de Tourisme
Place Jean-Jaurès
ℭ 04 90 92 05 22, Fax 04 90 92 38 52

 Musée Archéologique
Place Favier (im Hôtel de Sade)
Führungen tägl. 10 und 11 Uhr, in der
Hauptsaison auch 14, 15, 16 und 17 Uhr;
Jan.–25. März geschl.
Bemerkenswerte Sammlung der Funde
von Glanum.

 Centre d'Art Présence Van Gogh
Rue Estrine (Hôtel L'Estrine)
Tägl. außer Mo 10.30–12.30 und
14.30–18.30 Uhr; Jan.–März geschl.
Dokumentation und wechselnde Aus-
stellungen zu Leben und Werk van
Goghs.

 Markt
Mi und Sa vormittag in der Altstadt von St.-
Remy; Ende Juli dreitägiger Markt (Wein,
provenzalische Produkte, Kunsthandwerk).

Feste/Veranstaltungen in St.-Rémy:

Fête de la Transhumance: Pfingstmon-
tag »simulieren« rund 2 000 Schafe,
Widder und Ziegen den Aufbruch auf die
höheren Futterweiden wie einst.
Carreto dis ase: Am 1. Mai wird ein blu-
mengeschmückter Wagen mit Trommlern
und Flötenspielern von 20–30 Eseln durch
die Stadt gezogen.
Carreto Ramado: Am 15. Aug. werden
20–40 Pferde nach sarazenischer Art vor
den mit Regionalprodukten beladenen
Wagen der Landwirtschaft gespannt.

 Muséon Frédéric Mistral
13910 Maillane (an der Hauptkreuzung)
April–Sept. tägl. 9.30–11.30 und 14.30–
18.30, sonst 10–11 und 14–16.30 Uhr
Wohnräume des Dichters.

Informationen

 Chapelle St.-Gabriel
An der D 33
Romanischer Bau (12. Jh.) mit antikisierender Fassade.

13150 Tarascon

 Office de Tourisme
59, rue des Halles
℡ 04 90 91 03 52, Fax 04 90 91 22 96

 Château de Tarascon
Boulevard du Roi Réne
℡ 04 90 91 01 93
April–Sept. tägl. 9–19, sonst 9–12 und 14–17 Uhr; Führungen
Lange als Gefängnis mißbraucht, davon zeugen noch Graffiti.

 La Maison de Tartarin
55 bis, boulevard Itam
Im Sommer tägl. außer So/Fei 10–12 und 14.30–19, sonst 10–12 und 13.30–17 Uhr; 15. Dez.–15. März geschl.
Für den, der Daudets Buch gelesen und geliebt hat.

 Hôtel Les Doctrinaires
Quai Général de Gaulle, 30300 Beaucaire
℡ 04 66 59 23 70, Fax 04 66 59 22 26
Am Kanalhafen in einem Kollegium aus dem 17. Jh. FF

13570 Barbentane

 Hôtel St. Jean
1, le Cours. ℡ 04 90 95 50 44
Mo geschl. außer Juli/Aug.
Einfaches Haus im Ort. F

 Castel Mouisson
D 34 Richtung Rognonas
℡ 04 90 95 51 17, Fax 04 90 95 67 63
Mitte März–Ende Okt. geöffnet
Provenzalisches Haus, ruhig gelegen, Swimmingpool, kein Restaurant. F

Zinnenreiches Schloß von Tarascon

 Château de Barbentane
℡ 04 90 95 51 07
Ostern–1. Nov. 10–12 und 14–18 Uhr, Mi außer im Juli/Aug. geschl.; im Winter nur So geöffnet; Führungen
Der elegante, reich ausgestattete Bau gleicht eher einem der Herrenhäuser um Paris. Italienischer Garten.

30400 Villeneuve-lès-Avignon

 La Magnaneraie
37, rue Camp-de-Bataille
 ℡ 04 90 25 11 11, Fax 04 90 25 46 37
Herrenhaus mit Park im rückwärtigen Ort. Gutes Restaurant. FFFF

 Les Cèdres
39, boulevard Pasteur
 ℡ 04 90 25 43 92
Teilweise in einer Louis-XIV.-Villa zwischen uralten Zedern untergebracht und mit Swimmingpool ausgestattet. FF

 L'Atelier
5, rue de la Foire
℡ 04 90 25 01 84, Fax 04 90 25 80 06
Schönes, altes Haus mit Patio; gemütliche Zimmer. F–FF

Hotels und Restaurants in Avignon s. S. 70 f.

Arles, Camargue und die Bergkette der Alpilles

1

1. Programm   Arles – das Herz der Provence

Natürlich kann man von Norden her schon 50 Kilometer früher bei der Abfahrt von Bollène in die Provence »einsteigen«. Aber wer zum erstenmal in diese Landschaft fährt, sollte doch mit **Arles** beginnen. Hier wird er in kurzer Zeit tief in die Geschichte und Kultur eingeführt, und dieses Wissen ist wie ein goldener Schlüssel zu all den anderen Stationen. Arles, mit rund 50 000 Einwohnern, ist zudem überschaubar und einprägsam durch die Fixpunkte der Antike. Man wird schnell heimisch hier.

Vielleicht weckt Sie Taubengurren vom Dach, die Gassen bündeln die geschäftigen Geräusche des Alltags erst allmählich. Und die Besichtigungsstätten öffnen nicht vor neun Uhr. Doch Frühaufstehen macht hier Spaß, Zeit für ein zweites Frühstück an einem Boulevard bleibt immer noch. Los geht's also mit den ältesten Überresten einer Stadt, die sich stolz »das kleine Rom Galliens« nannte: Als Verwaltungsmetropole löste Arles Ende des 4. Jahrhunderts Trier an der Mosel ab.

Das Antike Theater wurde allerdings schon ein halbes Jahrtausend früher erbaut, und das **Amphitheater**, die römische Arena, stammt vom Ende des 1. Jahrhunderts. Beide liegen dicht beieinander, beide waren im Laufe der Zeit von Häusern geradezu überwuchert wor-

Gardians, Razeteurs und Arlésiennes in der Arena

den. In dem außen 136 mal 107 Meter messenden Oval – Eingang auf der Nordseite – drängten sich im Mittelalter schließlich über 200 Häuser um zwei Kapellen – ein Stadtviertel für sich. Erst der Dichter von »Carmen« und »Colomba«, Prosper Mérimée, im Hauptberuf Inspektor der französischen Nationalmonumente, sorgte dafür, daß die Stätte um die Mitte des vorigen Jahrhunderts wieder freigelegt wurde. Auf den von der Zeit und dem Zugriff auf schon behauene Steine verstümmelten Rängen können immer noch bis zu 12 000 Menschen zum Beispiel einer spanischen *corrida* folgen – die populären Stierkämpfe scheinen nahtlos anzuknüpfen an die blutigen Gladiatorenkämpfe, die schon um das Jahr 400 vom Christentum abgeschafft wurden. Damals faßte die

Arena, die eine der größten des Römischen Reiches war, gar 20 000 Zuschauer.

Wie eine Krone überragen die beiden aus jeweils 60 Arkaden zusammengefügten Etagen die roten Ziegeldächer der Stadt. Das ahnt man bereits auf dem Weg über die Rue de l'Amphithéâtre oder die Rue Voltaire zum Portal, ganz deutlich sieht man es vom anderen Ufer der Rhône vom Quai Saint-Pierre im Vorort Trinquetaille, wo die Antike unter banalen Bauten verschwunden ist. Für Frédéric Mistral war denn auch dieser älteste Teil von Arles mit der Arena, auf einem nur 25 Meter hohen Kalkhügel errichtet, eine »verehrte, majestätische Königin«. Der Hügel zwingt den Strom zu einem letzten Knick, bevor er dem Meer entgegenstrebt.

Arelate – der vermutlich aus dem Keltischen stammende, alte Name des Orts bedeutet: »eine Stadt in Nachbarschaft von Sümpfen«. Schon früh sollen hier Schiffbauer und Kapitäne gesiedelt haben. Cäsar machte sich ihr Geschick zunutze, als er im Jahr 49 v. Chr. Marseille belagerte: Er ließ von den Einheimischen innerhalb von 30 Tagen zwölf schnelle, kleine Kriegsschiffe, *naves longae*, bauen, die bei seinem Sieg über die letzten Anhänger seines Erzrivalen Pompeius in Massilia ausschlaggebend waren. Vom Niedergang Marseilles profitierte dann auch Arles.

Ganz oben über die mit schweren Steinplatten verbundenen Bögen des Amphitheaters flanierend – die Türme sind Reste mittelalterlicher Befestigungen –, in den Zacken der Krone hüpfend und kletternd, nimmt man Arles am besten in sich auf, schafft man sich ein Orientierungszentrum für die nächsten Stunden. Denn ein Teil der Straßen, Gassen und Plätze folgt noch dem römischen Bebauungsplan. Tiberius Claudius Nero legte diese Colonia Julia Paterna

Blick auf Arles vom anderen Rhôneufer

Arelate Sextanorum auf Geheiß Cäsars mit den Veteranen der VI. Legion an. Dem in Nord-Süd-Richtung verlaufenden *cardo maximus* entspricht die Rue de l'Hôtel de Ville, der Ost-West-Achse *decumanus* in etwa die schmale Rue de la Calade, die auf dem Rond Point des Arènes mündet und auf deren Südseite das **Antike Theater** liegt.

Ein lauschiger Eingang im hohen Eisengatter führt seitlich ins Proszenium. Das Halbrund des Zuschauerraumes, die *cavea* hat einen Durchmesser von 102 Metern – einst stiegen die auf drei Arkaden gestützten Ränge bis zur Höhe des sogenannten Rolandturmes an, wie ein letzter Bogen zeigt. Dieser Turm war erst *porticus*, dann Teil des mittelalterlichen Verteidigungswerkes. Doch das unter Augustus um 25 v. Chr. errichtete Theater diente im Laufe der Christianisierung als Steinbruch für den Bau von Kirchen und Klöstern und verschwand schließlich unter religiösen und profanen Bauten. Es wurde erst in der ersten Hälfte des 19. Jahrhunderts wieder freigelegt. Die beiden einzig noch erhaltenen Säulen der ehemaligen Szenenwand sind pathetisch anklagende Ausrufezeichen – ursprünglich stand hier eine gleichhohe Mauer, in der an die 100 kleinere Säulen in drei Etagen Nischen mit Skulpturen rahmten –, ganz oben aber wachte in heroischer Nacktheit ein Monumentalstandbild des Augustus. Die ebenfalls unbekleidete, aber kleine »Venus von Arles«, wohl eine der Nischenfiguren, wurde 1651 beim Graben eines Brunnens entdeckt und dem Sonnenkönig Ludwig XIV. als weiteres Prunkstück für sein Versailles geschenkt.

Die nahe Place de la République war das Zentrum der römischen Metropole, hier erinnert der **Obelisk** auf dem Brunnen an eine weitere Stätte altrömischer Vergangenheit: Die zehn Meter hohe Granitnadel kennzeichnete einst die halbe Länge der *spina,* der Längsachse,

Wasserspeier am Obelisk

um die sich die Streitwagen im Circus Maximus Wettrennen lieferten. Die lange Zeit in der ehemaligen Kirche Sainte-Anne neben dem Hôtel de Ville, dem Rathaus, ausgestellten wichtigsten antiken Funde, darunter auch eine Replik der dem Pariser Louvre übereigneten Original-Venus, sind nun in einem größeren Rahmen im neuen Musée de l'Arles Antique zu sehen, das am Ende des zur Hälfte freigelegten, sich weit unter die Stadt hinziehenden Circus Maximus errichtet wurde (siehe 2. Programm).

Vom Obeliskenbrunnen durch das Vestibül des **Hôtel de Ville** mit einem erstaunlichen Plattgewölbe sind es links herum nur wenige Schritte bis zur **Acienne Chapelle des Jésuites**, einer einstigen Jesuitenkapelle aus dem 17. Jahrhundert in der Rue Balze. Eine Treppe führt im Kirchenschiff hinab in die römischen **Kryptoportiken**. Der Zweck dieser im 1. Jahrhundert v. Chr.

in U-Form angelegten, unterirdischen Galerien bleibt ziemlich unklar. Sie waren ursprünglich nur auf der Südseite in eine leichte Erhebung eingelassen und durch Luken erhellt, öffneten sich jedoch mit zwei Toren nordwärts auf den *decumanus* und trugen auf ihren Bögen das Forum.

Die intime **Place du Forum** entspricht nicht ganz dem antiken Versammlungsplatz, aber hier läßt sich der kurze, an Eindrücken reiche und deshalb recht anstrengende Vormittagsrundgang abschließen. Zwischen den Autos, die sich in Arles noch durch die engsten Gassen fädeln, jonglieren die Ober von fünf Bars und Restaurants mit Wein und Bier, Snacks und *plat du jour* (Tagesgericht) zu den bunten Tischen unter den Sonnenschirmen. Über die nicht gerade stille Oase wacht Frédéric Mistral auf einem mit Gardian-Dreizacks umgitterten Podest, und hinter seinem Rücken sind

in die Fassade des Hotels Nord-Pinus Reste eines Tempels einbezogen, der im 2. Jahrhundert durch die Nordgalerie der Kryptoportiken hindurch errichtet wurde.

Hat sich die Vormittagsvisite in einem Rechteck von nur 400 mal 200 Metern bewegt, so verlangt der Nachmittag längeres Ausschreiten, obwohl er zu weniger Stätten führt. Am Nordende des *cardo maximus*, der Rhône zu, liegen die **Thermen** des Gegenkaisers Konstantin, der später »der Große« genannt werden sollte. Das Volk bezeichnete das Badehaus des Herrschers als »Palast« – tatsächlich sind selbst die Reste einer einst weit größeren Anlage noch eindrucksvoll. Im 4. Jahrhundert schufen die römischen Architekten hier nach neuen technischen Erkenntnissen grandiose Gewölbe aus Ziegeln und Kalkbruchsteinen. Das noch erhaltene *caldarium*, die Warmzone der Bäder, mündete in ein

Fast dörflich zeigt sich dieser Altstadtwinkel von Arles

Schwimmbecken unter einer hohen Abside, die von großen Bogenfenstern erhellt wurde.

So nah am Ufer der Grand Rhône, die sich hinter einem Promenadendeich versteckt – vermutlich schämt sie sich ihrer schmutzigen Fluten, aus denen doch hier und da ein Angler winzige Fischlein zieht –, sollte man ein Stück stromauf bummeln. Bis zur **Place Lamartine**. Hier mietete 1888 Vincent van Gogh auf der Suche nach »einer stärkeren Sonne« eine Wohnung. Er wollte daraus einen Treff für Künstler und Freunde machen. »Ich wohne nun in einem kleinen, gelben Haus, mit einer grünen Tür und grünen Fensterläden, das Innere ist weiß gekälkt; an den Wänden sehr bunte, japanische Zeichnungen; der Fußboden ist rot gekachelt. Das Haus liegt ganz und gar in der Sonne, der Himmel darüber ist von einem tiefen Blau ...« Das »gelbe Haus«, das er zu einem »Haus der Freunde« machen wollte, wurde 1944 bei einem Bombardement zerstört, wie auch die Eisenbahnbrücke, die hier den Fluß überspannte – steinerne Löwen bewachen heute noch immer die Brückenköpfe.

Durch die mittelalterliche Stadtmauer und die Porte de la Cavalerie läuft man wieder auf die Arena zu. Links vorbei gelangt man zur **Place de la Major** vor der Kirche **Notre-Dame de la Major**, die im 12. Jahrhundert im romanischen Stil auf den Grundmauern eines römischen Cybele-Tempels begonnen und deren Turm im 17. Jahrhundert vollendet wurde. An der Brüstung links der Kirche erläutert eine Panoramatafel die Aussicht landein bis Montmajour und den Alpilles. Durch die schmale Rue de la Madeleine gelangt man zur stillen Place de la Redoute. Dort etwa mündete mit einer Felsenrinne in den Wällen das römische Aquädukt, das einst Wasser von den Alpilles auf den Hügel von Arles trug – die öffentlichen Toiletten jener Zeit waren

aus weißem Marmor! Über die Rampe der Montée Vauban läuft man hinunter zum Verkehrskreuz Carrefour de la Croisière. Darüber kennzeichnet auf einem Felsen die Tour des Mourgues den einstigen Eckpfeiler des römischen *castrum*. An der Kreuzung beginnt schon südwärts die Avenue des Alyscamps, sie umläuft die Place de la Croisière, auf der ständig mehrere Boule-Partien gleichzeitig ablaufen – eine Bühne provenzalischer Nonchalance und Temperamentsausbrüche. Dem kleinen Kanal folgend und ihn auf einem Schienenbrückchen querend, gelangt man zur **Allée des Tombeaux** der **Alyscamps**. Sie trugen ihren Titel himmlischer Gefilde mit weitaus größerer Berechtigung als heute die Pariser Champs-Élysées. Denn hier wollten lange Zeit Tausende begraben werden.

Diese Hoffnung, dem ewigen Leben hier ein Stück näher zu sein, wurde vom 4. bis zum 13. Jahrhundert geradezu eine Mode, ja Besessenheit, nicht nur in Arles. Die Verblichenen trafen sogar »per Anhalter« ein, von ihren Angehörigen stromauf in gut mit Pech abgedichteten Särgen und Fässern der Rhône übergeben. In Arles entstand damals die Zunft der Leichenfischer, die diese Behälter an Land zogen, um sich darin die mitgegebenen Gold- oder Silberstücke als Lohn für ihre makabren Bemühungen zu sichern. Bis zu 17 Kirchen ragten aus der Nekropolis der Alyscamps, die um eine *cella*, einen Kultraum, mit den Reliquien des römischen Märtyrers Genest oder Genesius entstand, wo aber zunächst auch der erste Bischof von Arles, Saint Trophime, begraben wurde und wo eine Delle in einem Felsen als Knieabdruck Jesu gedeutet wurde, der hier die Seelen dem Teufel entriß.

Die Allee wird beidseitig von Sarkophagen gesäumt, aber nur noch von den allereinfachsten, schmucklosen. Denn hier herrschte nach der religiösen

Inbrunst nicht lange Pietät. Die schönsten Marmorsärge wurden fremden Reisenden großzügig als Gastgeschenk überreicht, andere geplündert, unzählige als Baumaterial verwendet – auch von den Mönchen der Abteien. Schließlich amputierte die Anlage der Eisenbahn und ihrer Reparaturhallen die heilige Stätte – was geblieben ist, ein kurzes Stück bis zur einzig noch verbliebenen Kirche Saint-Honoré, ist jedoch immer noch eindrucksvoll, vor allem in den stillen Monaten, wenn Arles nur sich selbst lebt. Vielleicht empfindet man dann wie lange nach den frühen Christen auch noch der Dichter und Vicomte de Chateaubriand: »Nie habe ich einen Ort gefunden, der mich mehr gelockt hätte, dort zu sterben ...«

Vincent van Gogh und auch Gauguin, der ihn besuchte, haben die Alyscamps gemalt. Dem großen Holländer begegnet man auf dem Rückweg in die Stadt. Nur einige Schritte vom quirligen **Boulevard des Lices** hat in der kleinen Grünanlage des **Jardin d'Été** 1960 der Bildhauer William Earl Singer den Kopf des so lange Verkannten auf einen Stein gesetzt. Erst seit 1989 gibt es mit dem Espace van Gogh eine würdige Gedenkstätte für den Mann, der Arles alljährlich Tausende von Touristen beschert, die nach seinen Spuren suchen. Viel ist davon nicht mehr vorhanden. Einen Besuch in diesem neuen Kulturzentrum im alten Hospital hebt man sich am besten für den nächsten Vormittag auf. Der Rückblick auf soviel frühe Geschichte hat sicher müde und durstig gemacht, und der Boulevard mit seinen Brasserien und Cafés ist trotz des ständig vorüberrauschenden Verkehrs ein guter Ort, um wieder in die Neuzeit zurückzukehren und das bunte Treiben ringsum zu genießen.

Den Cafés gegenüber liegt neben der Ausgrabung eines gallo-römischen Viertels aus dem 6. Jahrhundert v. Chr. das Fremdenverkehrsamt Office de Tourisme. Der Bürgersteig vor den Grands Cafés ist eine Flanierstrecke par excellence. Hier kann man sich in aller Ruhe selbst ein Urteil bilden, ob die Männer von Arles »schlaff und enttäuschend« sind, wie van Gogh fand, der dagegen eine Arlésienne mit wildem Pinselstrich verherrlichte; und ob diese Männer wirklich »nicht an ihre Frauen heranreichen, was Adel und Schönheit betrifft« – so Balzac.

Der schönen Arlésienne begegnete ein Romanheld von Alphonse Daudet hier auf dem Boulevard, und Georges Bizet widmete ihr ein Melodrama. Der berühmte Fotograf der Stadt, Lucien Clergue, schuf mit ihrem erdhaften Körper von Meerwasser umspülte Akte an der Camargue-Küste. Andere nannten ihre Schönheit »griechisch«, und mit ein wenig Glück trifft man sie noch am selben Abend, sogar in ihrem traditionellen Kostüm. Beim Schlendern durch die Gassen, auf dem Weg zum Restaurant oder Hotel kann es geschehen. Da dreht sich in einer der alten Türen der blanke Messingknauf und hinaus tritt sie, auf ein paar Schritte zum Nachbarhaus, zu einer Einladung. Auf ihren Schultern leuchtet das weiße Dreieck des Spitzentuchs, das sich vorne über der *Corsage* zu einer *chapelle* öffnet. Auf dem in der Mitte straff gescheitelten, hinten hochgesteckten Haar thront die kunstvoll gefältete *coiffe*, das winzige Häubchen oder Band aus farbigem Samt. Der dunkle Rock reicht bis zu den flachen Schnallenschuhen. In ihrer Hand ein Fächer. Ganz sicher aber trifft man die schöne Arlésienne an einem Festtag in der Arena oder dem Theater, bei der Sonntagsmesse auf den Stufen zur Kathedrale Saint-Trophime.

Der Tag war lang und eine gute provenzalische Mahlzeit lockt – unter alten Deckenbalken, in einem weißen Gewölbe oder hoch über dem Trubel der Place du Forum.

Arlésienne in Festtracht ▷

2. Programm   Arles: Märkte und Museen

Sollte der Besuch von Arles auf einen Mittwoch oder Samstag fallen, so ist ein früher Gang über den Markt ein Muß. Sicher ist er nur ein Abklatsch von dem im 5. Jahrhundert, als sich hier die Waren aus Afrika und Spanien, Gallien und dem Orient stapelten – damals war die Stadt ja nicht nur wie heute Handelsplatz des Umlandes (mit 77 000 Hektar ist sie die größte Gemeinde Frankreichs), damals war sie eins der wichtigen Wegekreuze zwischen den bekannten Welten.

Der **Mittwochmarkt** zieht sich von der Montée Vauban den ganzen Boulevard Émile Combes entlang bis zur Place Lamartine. Unterhalb der Tour de Mourgues wehen grelle Tücher – hier kaufen die maghrebinischen Gastarbeiter und die Gitanes aus der Camargue. Die Textil- und Bekleidungsstände ziehen sich bis zur halben Strecke hin, weiter hinauf sind dann auf den Tischen die Reichtümer der Provence fotogen arrangiert: Hier glänzen ölig zwei Dutzend Sorten eingemachter Oliven, dort türmen sich Pyramiden der berühmten Speckwurst, der *saucisson d'Arles*, in der Vorsaison liegen grüne, rötliche und bleiche Spargel aller Kaliber neben Erdbeerhügeln, im Sommer gibt es Zucchini aller Formen und Schattierungen, die kleinen, violettgrünen Artischocken zur Bereicherung des *aïoli*. Backwaren sind ausgebreitet, Kenner betasten lebende Hühner, Tauben und Enten und tragen sie dann an schnell zusammengebundenen Füßen in ihre Küche. Die rote Schnittfläche eines Thunfischs ist Blickfang für anderes Mittelmeergetier, und mit einer Zapfpistole wird der Wein des Midi in Flaschen und Kanister gefüllt. Gedränge und Lärm sind enorm – Taschendiebe haben es hier leicht –, aber glücklich

Vom Erzeuger in die Einkaufstasche

schiebt sich alles hin und her, hier ist Kaufen noch Sinnenfreude: sehen, riechen, schmecken, hören – und zugreifen.

Am Wochenende ist kaum ein Durchkommen auf dem Boulevard des Lices, an diesem Vormittag geht es vor allem um den Speisezettel für die Familientafel. Die Auswahl kann schwindeln machen! Vor dem Jardin d'Été wird aber auch Nützliches angeboten, vom Fleischwolf bis zum Sattel für die Gardians, die Cowboys der Camargue. Hier kann man Authentisches ohne Aufpreis als Souvenir erwerben, etwa ein *razet*, die Eisenkralle, mit der beim provenzalischen Stierkampf nach der Kokarde zwischen den Hörnern gegrapscht wird, oder einen *trident*, den kleinen Dreizack, den die Gardians auf ihre Lanzen setzen, um träge Rinder anzustacheln. In den Grünanlagen vor dem Felsenbrunnen wird mit alten Büchern und Rüschen, Briefmarken und Münzen gehandelt.

Mehr Stille bieten die noch ausstehenden Sehenswürdigkeiten von Arles. Wie so manches andere Bauwerk wurde auch die von Abgasen geschwärzte und mit der Zeit bröckelig gewordene Fassade der Kathedrale **Saint-Trophime** gesäubert und sorgsam restauriert – sie wurde von der UNESCO zum Weltkulturerbe erklärt. Die Arbeit, eine wahre Microchirurgie, benötigte Jahre. Nun läßt der helle und gegen neue Beeinträchtigungen versiegelte Stein wieder den ikonographischen Reichtum des Portals erkennen, das vermutlich zwischen 1152 und 1180 vor eine ansonsten schlichte Kirchenfront gesetzt wurde. Die Arbeiten sollen fast vollendet gewesen sein, als sich Friedrich Barbarossa hier am 30. Juli 1178 im Beisein der gesamten provenzalischen Aristokratie zum König von Arelate krönen ließ.

Im Halbrund des Tympanons hebt ein strenger Christus, umgeben von den Symbolen der vier Evangelisten, segnend zwei Finger, im Fries darunter wandern

Farbige Verlockungen

die Auserwählten bekleidet dem Jüngsten Gericht zu, jenseits des Mittelstücks und weiterer Darstellungen werden die abgewiesenen Sünder nackt und in Ketten der Hölle zugeführt. Saint Trophime, dessen Reliquien diese Kirche bewahrt, ist der dritte von links unter den zehn Säulenheiligen darunter. Selbst diese, so meint Frédéric Mistral, seien nicht unempfänglich für die unschuldige Schönheit der jungen und frommen Arlésiennes gewesen: »Die Heiligen aus Stein im Portal segneten sie, als sie vorüberschritt, und von der Kirche bis zu ihrem Haus folgten sie ihr mit den Augen ...«

Das Innere der Kirche ist im Gegensatz zu den anderen, meist asketisch strengen Gotteshäusern der Provence ungewöhnlich üppig ausgestattet, war hier doch

Santons: Krippenfiguren

einer der wichtigen Ausgangspunkte für die Pilgerzüge via Toulouse nach Santiago de Compostela im spanischen Galicien. Zahlreiche Heiligenstatuen, Aubusson-Tapisserien, allegorische Gemälde, skulptierte Sarkophage und eine später anstelle des romanischen Chors hinzugefügte gotische Apsis zeugen von der Bedeutung des Ortes. Die Höhe – 20 Meter – des Tonnengewölbes überrascht, der Eindruck wird durch die Enge des provenzalisch-romanischen Grundrisses noch verstärkt.

Der wuchtige, viereckige Turm, von der Eingangsseite nicht zu sehen, gerät erst beim Besuch des danebenliegenden **Klosters** ins Blickfeld, das sich seinerseits hinter dem einstigen Erzbischöflichen Palais verbirgt. Die Klostergalerien, zwei romanische im Norden und Osten, zwei gotische im Süden und Westen, ergänzen sich zu einem elegan-

ten Kreuzgang und nehmen in dieser Anordnung eine Sonderstellung in der an berühmten Klosterbauten nicht gerade armen Provence ein. Der obere Wandelgang ist eine Oase der Ruhe. Alljährlich im Dezember und Januar ist das Kloster stimmungsvoller Ausstellungsort für eine internationale Krippenschau.

Eine ständige, reiche Auswahl an *santons*, von der winzigsten, bemalten Tonfigur bis zur in Samt und Seide gekleideten und manchmal gar beweglichen Puppengröße, findet man in der **Boutique Le Cloître**, Rue Jean Jaurés/Ecke Rue du Cloître.

Eine wahre Arche Noah einstigen provenzalischen Lebens birgt 200 Meter weiter in der Rue de la République das **Muséon Arlaten**. In einem ehemaligen Adelspalais fand Platz, was der Wiederentdecker und Erneuerer der provenzali-

Kapitell im Kloster St.-Trophime

Kreuzgang und Kirchturm von St.-Trophime ▷

schen Sprache, Frédéric Mistral, an heimatlichen Traditionen zusammentrug. Er verwandte hierfür die Summe, die ihm 1904 mit dem Nobelpreis für Literatur zufiel. Mit seinen Ausstellungsstücken, von den zahlreichen Varianten der arlesischen Tracht über provenzalische Möbel und Gerätschaften, zeitgenössische Stiche, Darstellungen von Legenden und erstmals zusammenfassenden Dioramen, war dieses ethnologische Museum seiner Zeit weit voraus. Es sollte, so der preisgekrönte Barde des *occitan*, »ein Gedicht für die Einfachen, die nicht lesen können«, sein.

Nur ein gutes Jahrzehnt vor der Eröffnung der pädagogischen Schau in Mistrals Museum hatte Vincent van Gogh in dieser in ihrer Geschichte versunkenen, selbstgenügsam gewordenen Stadt nicht Fuß fassen können. Ihn interessierten nicht das Portal von Saint-Trophime, nicht die Legenden um die Alyscamps,

nicht die allenthalben durch die Mauerritzen wuchernde Vergangenheit und auch nicht die Pracht der regionalen Traditionen – er sah nur überall die Farbenkraft seiner Motive, er glaubte in Arles Japan zu finden. Ein schwieriger, nach Freundschaft lechzender Mann mit Beziehungsproblemen, ein Paria, mit dem kaum ein Bürger zu tun haben wollte. Als »grobschlächtig und unangenehm« hatte ihn noch im Jubiläumsjahr 1988 die damals mit 113 Jahren älteste Bürgerin der Stadt in Erinnerung. Doch Arles versucht, gutzumachen.

In seinem durch nichts aufzuhaltenden Schaffensdrang malte er den Garten und die Arkaden des einstigen Hospitals, in dem er damals behandelt wurde, die Maison de Santé. Das seitdem verfallene Bauwerk aus dem 16. Jahrhundert, ist zu einem **Espace van Gogh**, einem facettenreichen Kulturzentrum umgewandelt worden. Anfang 1989 standen Besucher

Espace van Gogh – einst Hospital

Vincent van Gogh. Blick auf Arles, 1889

aus aller Welt bis zu drei Stunden Schlange, um dort, wo Vincent gelitten hatte, eine kleine, kostbare und zeitlich begrenzte Ausstellung seiner Werke zu erleben. Leihgaben allesamt, denn im Besitz der Stadt Arles ist nicht ein einziges der rund 200 Gemälde, die hier und in der näheren Umgebung entstanden. Dennoch wird sich auch weiterhin ein Gang durch den Espace lohnen. Im Arkadenhof mit dem wieder originalgetreu hergerichteten Garten tritt man gleichsam ein in das einzige – neben der Gräberallee und dem Café la Nuit – noch erhaltene Motiv des großen Holländers.

Eine weitere glückliche Verbindung moderner Kunst in alten Mauern wurde im **Musée Réattu** geschaffen, einem Renaissance-Palais, der Großpriorei des Malteser-Ordens, wenige Schritte von den Thermen Konstantins. Hier werden nicht nur Werke des einheimischen Malers Réattu und weiterer provenzalischer Künstler des 18. bis 20. Jahrhunderts gezeigt, sondern vor allem auch 57 Zeichnungen Picassos, der oft nach Arles kam, um dort Stierkämpfen zuzusehen, und der den hier ausgestellten Zyklus zur Jahreswende 1970/71 schuf.

Wieviel van Gogh, der wie kaum ein anderer die Malerei »befreite«, noch den zeitgenössischen Künstlern bedeutet, zeigt eine zur 100-Jahr-Feier ins Leben gerufene Stiftung. Die »Geburt einer Kollektion« der **Fondation van Gogh** vereint im Hôtel Luppé, einem Patrizierhaus an der Arena, Werke, die eine Hommage an Vincent sind, viele auch eine eigene

Vision des van-Goghschen Schaffens. Francis Bacon, Karel Appel, Robert Rauschenberg, David Hockney, Antonio Saura, Ferdinand Botéro, César, der aus Arles stammende Pariser Couturier Christian Lacroix und andere stifteten Arbeiten von hohem Rang.

Schwer zu sagen, wie lange man sich von soviel kreativer Schönheit, Glaubenskraft und Heimatliebe faszinieren lassen will – manch einer wird in den ersten Stationen des zweiten Tages lange verweilen und vielleicht noch einen Teil des Nachmittags brauchen, zumal wenn der Morgen auf dem Markt begann.

Den späten Nachmittag könnte man, vom Boulevard Georges Clemenceau unter der Schnellstraßenbrücke hindurch, mit einem Bummel flußab des Orts zum **Musée de l'Arles Antique** verbringen. Einem modernen Bau am teils in den Komplex einbezogenen Ende des einstweilen nur provisorisch freigelegten **Circus Maximus**. Dabei kommt man vorbei am Zigeunerdorf **El Patio**, das der Gründer der »Gipsy Kings«, Chico Bouchiki, am Rhôneufer eingerichtet hat. Mit einer Bühne und einem Restaurant, wo rund ums Jahr geniale Musiker der Gitanos und Manouches singen und spielen. In den lichten Räumen des Museums sind die schönsten und interessantesten Funde aus der römischen Antike zusammengetragen, von bleiernen Wasserleitungen, kunstvollen Werkzeugen, Hausgerät und Schmuck über Büsten, Statuen bis zu großflächigen Mosaiken, ergänzt durch im Modell rekonstruierte Bauten der Epoche. Zu seinen Glanzstücken gehört die aus dem antiken Theater geborgene Statue des Augustus, die zwei Tänzerinnen flankieren; weiter die einzig erhaltene Marmorkopie eines Votivschildes in Gold, mit dem der römische Senat 27 v. Chr. den Augustus ehrte, dazu Mosaiken vom anderen Rhôneufer und von dort auch ein Sarkophag der »Phädra und des Hypolytus«. Nur im Vatikan gibt es eine noch reichere Sammlung derart künstlerisch vollendeter frühchristlicher Marmor- und Kalksteinsarkophage.

3. Route Flamingos und Flamenco
Durch die Camargue

Diese Etappe bringt nach zwei Tagen Eintauchen in die alte provenzalische Kultur ein erstes Kontrasterlebnis. Es empfiehlt sich, der **Camargue** von Arles aus nicht auf dem schnellsten Weg Richtung Les Saintes-Maries-de-la-Mer anzugehen, sondern am anderen Ufer der Rhône kurz hinter dem Verkehrskreuz von Trinquetaille von der D 570 links ab auf die D 36 und nach 5 km rechts auf die schmale D 36 B einzubiegen. Sie führt, über die D 37 hinweg, schnurstracks zum Natur-Informationszentrum **La Capelière** am zentralen **Étang de Vaccarès**. Man sollte recht früh dort sein, um als einer der ersten Besucher auf dem kleinen Rundgang durch das Teich- und Sumpfgelände aus den Sichtschlitzen der »Miradors« Reiher und andere Wasservögel aus der Nähe beobachten zu können. Dabei begegnet man auch hier und da den gar nicht scheuen, zu einer Landplage gewordenen Nutrias, die Deiche zerstören und den Enten das ausgelegte Futter streitig machen.

Vermutlich hat man, kurz bevor man hier ankommt, auch schon im Étang einzelne Flamingos oder gar ganze Gruppen gesehen, die im flachen Wasser mit ihren Hakenschnäbeln nach Nahrung »harken«, vor allem nach Brackwasserkrabben, denen sie zum Teil die Rosafärbung ihres Gefieders verdanken. Die Réserve Naturelle schützt sie zwar nicht vor Neugier, aber die immerhin stets aufmerksamen Stelzvögel wissen, das ihnen hier keine Gefahr droht. Weiter südwärts zweigt im Weiler **Le Paradis** die Straße meerwärts in die Lagunenlandschaft. Wer ein

Flamingos waten und gründeln gegen den Wind

Tourenrad mit sich führt, sollte hier auf den Sattel umsteigen. So gelangt man bis zum **Phare de la Gacholle** schon auf halbem Weg nach Saintes-Maries-de-la-Mer oder zum südlich gelegenen Leuchtturm von **Faraman**. Teils sind die Pisten jedoch auch mit dem Wagen befahrbar. Vor allem im flachen **Étang du Fangassier** bauen die im März bis zu 20 000 aus Afrika einfliegenden Flamingos, die von den Franzosen *flamant* und von den Einheimischen *becarut* genannt werden, ihre kegelförmigen Schlammnester. Allzunah darf man nicht heran, doch der in einer *cabane* stationierte *gardien* des Regionalen Naturparks nennt gute Beobachtungspunkte. Wer kein eigenes Rad hat, kann ein VTT (Vélo Tout Terrain) im Mas Saint-Bertrand bei Le Paradis mieten.

Auf dem Rückweg gelangt man, an der D 36 D gelegen, nach **Salin-de-Giraud**. Ein verträumter, von Platanen und Akazien beschatteter Ort, der von Viehzucht und Reisanbau, vor allem aber von der Salzgewinnung lebt, wie schon der Name sagt. Etwa zwei Kilometer meerwärts gelangt man auf einen aufgeschütteten Aussichtshügel, den **Belvédère** über den Salinen. In einem riesigen System flacher Becken werden hier durch die allmähliche Konzentration und schließliche Verdunstung des Meerwassers jährlich rund 800 000 Tonnen Seesalz gewonnen, das zu weißen Kegeln gehäuft, auf Abtransport wartet. Eine Tafel erklärt die Gewinnungsprozedur detailliert. Noch ein Stück weiter dem Meer zu bietet auch die **Domaine de la Palissade** einen etwa einen Kilometer langen Naturlehr- und Beobachtungspfad zwischen Grand Rhône und den Salinen an.

Die D 36 Richtung Arles zweigt oberhalb des Étang de Vaccarès links ab auf die D 37. Diese stößt schließlich bei Albaron auf die D 570 Arles – Les Saintes-Maries, zuvor aber zweigt links eine kurze Stichstraße nach **Méjanes**, einem Freizeitpark mit Arenen, Ausritten und einem schienenlosen *petit train*, der ein Stück am Étang entlangfährt. **Albaron**, einst befestigter Platz, ist heute Pumpstation für ein komplexes Entsalzungs- und Bewässerungssystem der Anbauzone Marais de la Grand Mar im Norden des Deltas. In **Pioch Badet** teilt sich die Straße nach Les Saintes-Maries, für den Hinweg empfiehlt sich die D 85 A links. Sie führt ganz zum Schluß, schon in Sichtweite von **Les Saintes-Maries-de-la-Mer**, an flachen Teichen vorbei, in denen fast immer Silberreiher nach Insekten und kleinen Fröschen suchen. Spätestens an der Gabelung der beiden Anfahrtstraßen bei Pioch-Badet beginnt jedoch auch die etwas rummelhafte Camargue. Hier liegt aber auch, an den bunten Wohnwagen zu erkennen, das **Musée Tsigane**, das unter dem Motto »Panorama du Voyage« die tausendjähri-

ge Geschichte der Zigeuner und des »fahrenden Volkes« aufblättert.

Dann reihen sich die Pferche, die Ausritte auf den weißen Camargue-Pferden anbieten. Am Wegesrand werden Wein, Honig, Obst, Gemüse und Souvenirs verkauft. Aber das ist noch gar nichts gegen das, was sich im Zentrum des direkt am Meer gelegenen Wallfahrtsortes der Zigeuner tut. Schon der Parkplatz linker Hand trägt den Namen Place des Gitans, und kaum hat man die Straße überquert, bestürmen junge und alte Gitanes, von der Großmutter bis zur glutäugigen Enkelin, den Neuankömmling, um ihm Glück und Wohlstand aus der Hand zu lesen und ihm versteinerte Schnecken und Muscheln aus dem inzwischen aufgefalteten Urzeitmeer als Talisman zu verkaufen. Dazu erklingt von irgendwoher Gitarrenklang und kehliger Flamenco. Es ist schwer, dem ungestümen Charme der Wahrsagerinnen zu widerste-

Kirche in Les Stes.-Maries-de-la-Mer

hen, aber auch über den Preis für einen Blick in die Zukunft sollte man sich vorab handelseinig werden – Naivität kann teuer werden.

In den von Ständen mit Eßbarem, mit wehenden Kleidern und Tüchern und mit Postkartenständen fast zugestellten Gassen liegt das Besichtigungswerte nicht weit auseinander. Wie eine Festung, und als solche mußte sie oft und vor allem gegen Seeräuber und Sarazenen dienen, wirkt die **Kirche**, die den beiden Heiligen Maria Jakobäa und Maria Salome geweiht ist. Ihre Reliquienstatuen stehen in einer Fensternische der *chapelle haute*, einem wahren Burgfried. In der Krypta werden die vermutlichen Reste der schwarzen Sara, der Schutzpatronin der Zigeuner, in einer Prozessionsfigur verwahrt. Die Kirche steht auf einer Quelle und auf den Grundmauern eines Oratoriums aus dem 6. Jahrhundert. Ihr einziges, romanisches, aber in späteren Epochen verlängertes Schiff ist sehr dunkel. Über dem Altar schwebt die rituelle Nachbildung jener Barke, mit der die heiligen Marien der Legende nach um 40 n. Chr. von einer göttlichen Strömung gelenkt hier gelandet sein sollen: Jakobäa, Schwester der Jungfrau Maria, Salome, Mutter der Apostel Jakob und Johannes, dazu der wiedererweckte Lazarus und seine beiden Schwestern Maria Magdalena und Martha sowie Sara, die getreue Dienerin. Ob der Ort damals, wie im Mittelalter, mehrere Kilometer von der Küste entfernt lag, ist ungewiß, heute muß er sich mit Deichen gegen die nagenden Fluten schützen. Die Nähe des Meeres bewirkt aber, daß man von der Wehrgang-Terrasse der Kirche aus den Eindruck hat, direkt hier seien die Jünger Jesu damals gestrandet.

Winzig ist nur ein paar Schritte seewärts das **Musée Baroncelli** in der schmal zulaufenden, einstigen *mairie*, dem Bürgermeisteramt. Es birgt eine fast rührende, 1942 zusammengetragene

Einst Rathaus, nun Museum

Heimatsammlung mit ausgestopften Bibern, Reihern und Flamingos, mit Möbeln, Trachten und Amphoren. Halsbrecherische Stufen führen hinauf zur Plattform eines Turms, die Aussicht auf Stadt und Kirche, Camargue, Meer und Petit Rhône bietet.

Restaurants gibt es in Hülle und Fülle, aber schöner ist es, wenn man sich ein

51

Fahrrad leiht, ein paar Sandwichs kauft, dazu eine Portion *tellines à la provençale*, kleine, marinierte Dreiecksmuscheln; vielleicht hat man von der Herfahrt auch schon einen leichten Landwein im Wagen – und dann zum Mittagspicknick hinaus auf den Digue de la Mer.

Nachmittags sollte man seine Eindrücke vertiefen und Wissen über diese einzigartige Fluß-Meer-Landschaft erwerben. Da liegt zunächst, nur vier Kilometer landein an der wieder nach Arles führenden D 570 der **Parc Ornithologique du Pont de Gau**, ein zwölf Hektar umfassendes Mischterrain mit Wegen, die eine Beobachtung der wichtigsten Vogelarten der Camargue ermöglichen. Besonders scheue Spezies werden in geräumigen Volieren gehalten; auch einer *manade* (Herde) schwarzer Stiere kann man ungefährdet nahe kommen. Gleich daneben liegt das Informationszentrum von **Ginès** mit einer reichen Schau des Regionalen Naturparks. Zwischen Albaron und Arles zeichnet das **Musée Camarguais** in einer ehemaligen Schäferei des **Mas du Pont de Rousty** ein ausführliches Bild der Geschichte und Traditionen der Camargue – es wurde 1979 mit dem Europäischen Museumspreis ausgezeichnet.

Die in den Wiesen und Marschen leuchtenden *cabanes de roseaux* oder *de gardian*, weißgekälkte Katen mit dunklem Reetdach – nun auch wieder neu gebaut – waren einst die typische Behausung der Camargue-Bewohner. Mit ihrer abgerundeten, einer Kirchenapsis gleichenden Schmalseite stellen sie sich meist dem Mistral entgegen; das Schilfdach ist mit einer ebenfalls geweißten Lehmhaube gegen den Wind gesichert.

Vielleicht bleibt auch noch Zeit zu einem Ausritt auf einem *crin blanc*, einem der in ihrer Hauptbelastungszeit manchmal etwas traurig wirkenden, aber durchweg gut gehaltenen und eigentlich putzmunteren Camargue-Pferde.

4. Route Das Naturreservat Marais du Vigueirat

Naturfreunde, denen die Beobachtungen der Tierwelt Lust auf mehr gemacht haben, können einen weiteren Tag – den braucht man – anhängen, um mit kundiger Führung die Vogelvielfalt eines neu und noch nicht vollends erschlossenen Reservats kennenzulernen. Dazu muß man sich allerdings zuvor im Office du Tourisme d'Arles oder direkt in der Domaine für den Besuch in diesen **Marais du Vigueirat** anmelden. Sie liegen auf dem linken Rhôneufer. Dazu biegt man von Arles her noch vor der Brückenrampe des Nouveau Pont vom Boulevard Georges Clemenceau links in die Avenue Sadi Carnot. Ihre Verlängerung führt als D 35 in Richtung Port-St.-Louis. Wer auch noch das van Gogh'sche Klappbrückenmotiv des **Pont Langlois** anschauen möchte, ein gelungener Nachbau des wegen Verfalls abgerissenen Originals, hat nun dazu Gelegenheit. Nach etwa 3 Kilometern auf der D 35 zweigt links eine ausgeschilderte Straße ab.

Weiter auf der D 35 fährt man in den aus nur wenigen Bauten bestehenden Ort **Mas Thibert** hinein und biegt links auf die D 24 auf den gerade überquerten Rhônekanal hin ab. Wieder rechts abbiegend gelangt man nach einer Weile an ein breites Balkentor, das man direkt wieder schließen muß, damit Pferde und Stiere nicht passieren können. Dahinter fährt man gleich links auf die **Domaine de l'Etourneau** zu, dem Treff für die Führung, die früh um 9 Uhr beginnt und bis zu sechs Stunden dauert. Wanderschuhe, Sonnenschutz, Mückencrème, Trinkwasser und ein Fernglas gehören zur Ausrüstung. Vor allem im Mai, wenn Scharen bunter, fast exotischer Zugvögel hier Station machen und auf den Zäunen sitzen, ist diese Exkursion ein Erlebnis.

Das Reservat umfaßt 950 Hektar meist sumpfiges Gebiet zwischen Grand Rhône

Die weißen Pferde der Camargue

und der Kieselsteppe der Crau. Entsprechend vielfältig sind Flora und Fauna rund ums Jahr. Allein acht Reiherarten nisten hier, Rohrdommeln, Raubvögel und eine große Kolonie von Bienenfressern, die ihre Eier in selbstgegrabene Erdröhren legen. Etwa 30 000 Wasservögel überwintern hier. Auch Wildschweine finden ein ideales Revier. Das Gebiet wurde vom französischen Küstenkonservatorium erworben, mit der Zeit sollen Rundwege geöffnet werden, die man auch ohne Führungen begehen kann.

5. Route Die Südseite der Alpilles
Von Arles über Saint-Sixte zur Raubritterburg Les Baux

Im Nu ist man früh von Arles aus nordwärts Richtung Avignon und rechts auf die D 17 einbiegend an der eindrucksvollen, burgartigen **Abtei von Montmajour**.

Sie war schon von der Orientierungstafel am Kirchplatz von Notre-Dame de la Major aus zu sehen. Auf einer Felseninsel im verlandeten Rhônedelta wurde dort seit dem 10. Jahrhundert nicht nur inbrünstig gebetet, von dort wurde nicht nur Gottes Wort in die Dörfer getragen, hier wurde vor allem die harte Arbeit organisiert, um weit ringsum Sumpfland trockenzulegen und zu fruchtbaren Gärten zu machen. Finanziert wurde das Werk durch den berühmten »Pardon de Montmajour«, einen Ablaß, zu dem bis weit über 100 000 Pilger im Jahr wallfahrteten.

Kurz darauf ist man in **Fontvieille**, einem kleinen provenzalischen Ort wie viele andere – wäre da nicht jenes runde Gemäuer, in dem der Dichter Alphonse Daudet die »Briefe aus meiner Mühle« geschrieben haben will. Genauso war es nicht, aber eine Windmühle wie diese und Gespräche mit den Müllern haben ihn dazu inspiriert. Einige der Novellen schrieb er in »brüderlicher« Unterhaltung mit seinem Freund Paul Arène nieder – sie wurden, 1866 und 1868 von zwei Pariser Zeitungen veröffentlicht, sogleich ein großer Erfolg und seitdem in die Hauptsprachen der Welt und sogar in Esperanto übersetzt. Der **Moulin de Daudet** liegt an der im Ort rechts abbiegenden D 33 gleich links über einem geräumigen Parkplatz auf einem Hügel. Auch er war einmal Meeresgrund, wie die zahlreichen Einschlüsse zeigen. Aus diesem sehr harten Kalkstein, hier noch bis zum Ersten Weltkrieg in offenen Gruben und unterirdischen Galerien gebrochen, wurden viele Gebäude der Provence errichtet, so die Börse in Marseille, aber er wurde auch bis in die Niederlande verschifft. Von der Mühle aus öffnet sich ein weiter Ausblick über die Alpilles, nach Beaucaire und Mont-

majour. Das Erdgeschoß birgt eine kleine Sammlung von Erinnerungsstücken an den Dichter, eine Treppe höher ist das alte, noch bis 1915 betriebene Mahlwerk erhalten, unter dem Dach sind die verschiedenen Winde genannt.

Gut einen Kilometer weiter führt die D 33 und dann links davon abzweigend die D 78 E an die zunächst parallel laufenden **Aquädukte von Barbegal** heran. Der westlich abbiegende der beiden Hochkanäle war Teil des Wasserversorgungssystems, das der antiken Stadt Arles Wasser aus Eygalières zuführte – über eine Strecke von insgesamt 50 Kilometern. Der andere, teils durch eine Felsenscharte geführte Kanal betrieb einen fast schon industriellen Komplex von acht Mahlwerken aus dem 4. Jahrhundert. Die Ruinen dieser in Stufen angelegten römischen **Großmühle** wurden an einem Hang jenseits des Hügels ausgegraben.

Montmajour: Blick vom Turm der Abtei

54

Kapelle St.-Sixte bei Eygalières

(Zugang links von der D 33 Richtung Süden.)

Über die D 78 E geht es nach Paradou und Maussane, berühmt für sein Olivenöl, mit dem viele der besten Köche Frankreichs arbeiten. Gleich hinter dem atmosphärischen Ort biegt man von der D 17 links auf die D 78, die gleich darauf die ganze Schönheit der **Alpilles** offenbart. Links liegen mit den **Rochers d'Entreconque** wie rote Wunden im weißen Fels Bauxit-Steinbrüche. Dem 1821 in den Alpilles entdeckten, begehrten Aluminium-Mineral gab der nahe Ort Les Baux einst seinen Namen. Die Straße schlängelt sich durch Pflanzungen junger Olivenbäume – 1956 zerstörte Frost einen Großteil der jahrhundertealten Bestände – durch Plantagen von Kirsch-, Aprikosen- und Mandelbäumen: Das sollte man einmal im Frühjahr erleben. Als D 24 quert die Straße links bergauf das Massiv, läuft durch Pinienhaine und

führt auf der anderen Seite über die zweite Abzweigung rechts auf der D 24 B nach **Eygalières**.

Das an Quellen reiche *Aqualeria* der Römer war schon seit der Steinzeit Siedlungsplatz. Wie eine Schafherde drängen sich die Häuser des Hügeldorfs um den alten Bergfried und den isolierten Glokkenturm, ein Rundgang lohnt sich. Doch die meisten Besucher zieht es gleich weiter zu der ein Stück außerhalb liegenden **Kapelle von Saint-Sixte**. Sie kann, im 12. Jahrhundert auf den Resten eines heidnischen, den Wassergöttern geweihten Tempel errichtet, mit ihrer im 16. Jahrhundert angebauten Eremitage beileibe nicht mit den meist reich geschmückten Gotteshäusern der Umgebung konkurrieren. Dennoch wurde sie wohl millionenfach auf Postkarten, in Büchern und von Amateurfotografen festgehalten – gilt sie doch mit ihrem einfachen Charme, auf einer flachen

Kuppe, beschattet von Zypressen, umstanden von Mandelbäumen, als Inbild schlichter provenzalischer Religiosität.

Auf dem ebenfalls landschaftlich besonders schönen Straßenabschnitt der D 25 und D 25 A durch den kleinen Ort Aureille geht es weiter über die D 17 via Mouriès zurück nach **Maussane-les-Alpilles,** wo man sich – vielleicht ist gerade Markt – mit Lunchproviant versorgen kann. Denn in Les Baux, dem Ziel der Route, herrscht nun zur Mittagszeit Gedränge um die Tische. Ein guter Zeitpunkt, um sich in Ruhe, mit dem besorgten Picknick in der Tasche oder mit einem noch schnell in den Gassen gekauften Snack, die theatralisch den Ort überragenden Zitadellenruinen anzusehen. Von Maussane sollte man zunächst gut zwei Kilometer der nach Saint-Rémy ausgeschilderten Hauptstraße D 5 folgen. Über die links abzweigende D 27 A und durch die lichten Olivenhaine und die Weingärten von Sainte-Berthe und Mas-de-la-Dame fährt man nach **Les Baux-de-Provence.** Der direkte Weg von Arles her ist längst nicht so eindrucksvoll. Hier nämlich sieht man, welch kühnen Adlerhorst sich die sagenumwobenen »Wölfe des großen Plünderers und Klosterschänders Raymond de Turenne« – so Frédéric Mistral – hoch über der Crau und mit Blick bis zum Meer gebaut hatten. Nur noch die Einbildung und das flirrende Spiel der Sonne bevölkern die aus dem Stein wachsenden Ruinen mit den Schatten einer blutigen Geschichte, die gleichwohl voller Poesie war.

Schon vor dem kleinen Paß de la Vayède stauen sich oft geparkte Wagen, doch meist ist auf dem links in mehreren Terrassen ansteigenden Parkplatz noch Stellraum frei, ein Wächter winkt ein oder weist ab. Erst nach dem Krieg wurde das Dorf Les Baux von Künstlern wieder zu neuem Leben erweckt, sie haben Ruinen renoviert und sich im alten

Gemäuer eingenistet. Das ganze Plateau steht nun unter Denkmalschutz, leider kein Hindernis dafür, daß sich stellenweise zuviel »Touristisches« breitmacht und von der Schönheit der alten Gebäude ablenkt. Drei »Hôtels«, Patrizierhäuser aus der Renaissance, beherbergen Ausstellungsräume, Sammlungen und Stiftungen, im Hôtel de Manville ist zudem das Office de Tourisme untergebracht.

In der **Chapelle des Pénitents Blancs** (17. Jahrhundert) hat der Maler Yves Brayer die Traditionen der Schafhirten und ihrer allweihnachtlichen Mitternachtsmesse festgehalten. Die wird jedoch gegenüber in der romanischen Kirche Saint-Vincent (11. und 12. Jahrhundert) zelebriert, deren Dunkel die schönen Glasfenster von Max Ingrand, ein Geschenk des Prinzen von Monaco, kaum erhellen. Südwärts im Ort gelangt man schließlich zu einer Pforte. Sie führt über das im Tour-de-Brau (14. Jahrhundert) untergebrachte **Musée Lapidaire** mit archäologischen Funden sowie Resten des feudalen Kastells in die *ville morte*, die tote Stadt.

Die erste Schloßburg erbaute bereits vor dem Jahr 1000 Ismard, habgieriger Günstling eines mächtigen Prälaten aus Arles und bereits ein skrupelloser Räuber. Er war einer der Stammväter dieses »Geschlechts von Adlern, das nie Vasall war und mit seinen Flügelspitzen die Kämme aller Höhen streifte« (Mistral). Der Clan soll 79 Lehnsherrschaften in der Provence besessen haben, die Zahl seiner Verschwägerungen und Verfeindungen war Legion. Im Kampf um die Macht wählte er schließlich arrogant die Parole *»à l'azar Bautezar«.* Die Herren der Baux rühmten sich also auf gut Glück und mit Anspielung auf ihren Namen, vom schwarzen der Heiligen Drei Könige abzustammen, und zu ihrem Emblem wählten sie jenen 16strahligen Stern, der die drei Weisen nach Bethlehem geleitet haben soll. Sie waren Männer des ständigen Aufbegehrens, beschützten jene, die »anders« waren gleich ihnen, so auch Häretiker der offiziellen Kirche. *Lux lucet in tenebris* (Im Dunkeln leuchtet Licht), der Leitspruch der Waldenser, ist noch über einem Torbogen eingemeißelt, auch den Leitstern findet man noch.

Die Barone der Baux regierten auch über einen der »Liebeshöfe«, zu denen die Troubadoure des Midi wallfahrteten, um aus dem Munde edler, im *gaisavoir*, der noblen Lebenskunst, beschlagener Damen Lob zu hören. Aber die Grafen warfen zu anderen Zeiten auch lachend Gefangene über die Brustwehr in den Abgrund. Soviel Anmaßung wurde spätestens Richelieu, dem Minister Ludwig XIII., unerträglich. Er nutzte die Abwesenheit des Herrn von Baux, um die Stadt stürmen und mit Pulver und Hacke schleifen zu lassen. Den Titel der Seigneurs des Baux aber schenkte der König den Grimaldis von Monaco.

Auf der Westseite des Felsennests geht es ins grüne **Vallon de la Fontaine**, man kann dort himmlisch und sündhaft teuer speisen. Seine Verlängerung nordwärts, das **Val d'Enfer**, inspirierte als »Tal der Hölle« Dante, es windet sich durch figurenhafte Felsen, die in der Dämmerung wahrhaft furchterregend wirken. Bei Tag aber führen sie noch einmal die herbe Schönheit der Alpilles vor Augen. Nach wenigen hundert Metern auf dieser D 27 zweigt rechts ein Weg zu einem schönen Aussichtspunkt. Läßt man den Wagen dort und wandert nochmals südwärts auf der Piste, erreicht man nach einer Viertelstunde ein in den Fels gehauenes *oppidum*, Festungsrest der kelto-ligurischen Ureinwohner direkt oberhalb von Dorf und Burg Les Baux. Eine großartige Vogelperspektive, von einem Standort, der jedoch bei starken Mistral-Böen höchst riskant ist. Das gleiche gilt beim Erklettern der höchsten Zinnen der Zitadelle

Dorf auf dem Felsen von Les Baux

von Les Baux, Schilder weisen darauf hin. Vielleicht ist noch Zeit, auf dem Rückweg zum Ort im Val d'Enfer die **Cathédrale d'Images** zu besuchen, einen tief in den Felsen hinein geschnittenen, ehemaligen Steinbruch. In den riesigen Hallen werden Kunstwerke und ein alljährlich wechselndes, audiovisuelles Spektakel gezeigt. Damit dürfte man in den späten Nachmittagsstunden angelangt sein. Die Busse mit den Gruppenreisen fahren um diese Zeit zurück, bald hat man das bei der Ankunft so überlaufene Burgdorf fast ganz für sich, jetzt kann man sich bei einem Abendbummel den Details widmen. Zuvor sollte man sich allerdings ein Nachtquartier besorgt haben. In einem der traumschönen Nobelhotels im Vallon de la Fontaine, an der Anfahrt von Maussane her oder gar, mit Weitblick, im Ort selbst. Der Rummel setzt erst am Morgen nach dem Frühstück wieder ein.

6. Route An der Nordseite der Alpilles
Ein antikes Juwel, van Gogh und Tartarin

Die D 5 von Maussane nach Saint-Rémy führt auf die andere, nördliche Seite der **Alpilles**. Gleich hinter dem sanften Paß trifft man auf ein reiches Terrain der Frühgeschichte. Links der Straße fallen **Les Antiques** ins Auge. Ein Mausoleum ragt da, die besterhaltene »Totenlaterne« der römischen Welt. Das um 30 v. Chr. entstandene Bauwerk, auf dem nur ein krönender Pinienzapfen fehlt, ziert jedoch kein Grab, sondern ist von Sextius, Lucius, Marcus, Söhnen des Caius aus der Familie der Julier dem Gedenken an ihre Eltern gewidmet, also den Enkeln des Kaisers Augustus. Der wohl schon frühzeitig verstümmelte, mit seiner Ausschmückung dennoch betrachtenswerte Triumphbogen gleich daneben, aus

Unter Platanen die Zeit verplaudern ...

Ausgrabungen von Glanum

gleicher Zeit und ältester der Provincia Gallia Narbonensis, hat mit seinem Skulpturenschmuck und seiner Ausformung offenbar noch für das Portal von Saint-Trophime in Arles und anderer romanisch-provenzalischer Kirchen gedient. Er war wohl Eingangsportal zu der auf der anderen Straßenseite ausgegrabenen Stadt **Glaṇum**, dem Glanon der Griechen, die ihrerseits auf einem oppidum der kelto-ligurischen Saluvier bauten. Aus allen drei Epochen sind eindrucksvolle Reste erhalten, ein Belvédère gewährt einen Gesamtüberblick. Etwas oberhalb wurden in den Felsen griechische Funde gemacht, die auf das 9. Jahrhundert v. Chr. datiert werden konnten, also auf rund zweihundert Jahre vor Gründung des griechisch-ligurischen Hafens Massalia, dem späteren Marseille.

Auf der Weiterfahrt nach Saint-Rémy-de-Provence liegt kurz vor dem Ortseingang rechts das einstige **Kloster Saint-Paul-de-Mausole**. In dem bereits damals zum Hospital umgewandelten Bau ließ sich Vincent van Gogh nach seiner in Arles verübten Selbstverstümmelung am Ohr ein Jahr lang von Mai 1889 an freiwillig behandeln. Zu den rund 150 Bildern, die er hier malte und die den insgesamt etwa 200 Werken seiner Schaffensperiode von Arles zugerechnet werden, gehören Zypressenlandschaften, die sündhaft hoch ersteigerten Sonnenblumen und Iris, die Sternennacht aber auch Pflasterarbeiter auf dem Ringboulevard von Saint-Rémy.

Der romanische Kreuzgang des Klosters erinnert an Saint-Trophime und Montmajour. Das Kloster leitete seinen Namen von dem nahen Erinnerungsmal der Römerzeit ab, doch wie schon in Arles interessierten van Gogh die antiken Stätten überhaupt nicht als Motiv, die Alyscamps lockten ihn rein wegen eines herbstlichen Farbeffekts.

Ebenfalls noch am Ortsrand von **Saint-Rémy** liegt in einem spitzen Straßenwinkel das Office de Tourisme, vor dem man bequem parken kann. Hier gibt es eine Broschüre, mit deren Hilfe man van Gogh und seinen Motiven folgen kann. Nur wenige Schritte sind es bis zum Platanen-Boulevard Victor Hugo mit seinem oft stürmischen Verkehrsfluß, der sich entgegen dem Uhrzeigersinn rund um den Stadtkern bewegt. Auf dem Bürgersteig der Innenseite trifft man sehr bald auf einen detaillierten Stadtplan. Links geht es über die Gasse Carriero Nosto-Damo in die oasenstille Altstadt und ganz plötzlich steht einem der berühmte Sohn Saint-Rémys gegenüber: Seine Büste wacht an einer Häuserecke über einen aus drei Rohren gespeisten Brunnen.

Und dieser Mann soll unheimlich sein? Etwas schon. Hat er nicht in seiner Studierstube im nahen Salon-de-Provence schon Gorbatschow und Reagan »gesehen«? Für 1985 hatte er vorausgesagt: »Es kommt der Tag, da werden die beiden großen Führer Freunde sein. Ihre Macht ist groß, doch sie wächst noch mehr ...« Geboren wurde Michel de Notredame »zur Mittagszeit« am 14. Dezember 1503 in der Rue Hoche, die in bunter Schrift auch den provenzalischen Namen *Carriero di Barri de l'Espicàu* trägt – das kleine Haus an ihrer engsten Stelle, kurz vor der Kirche Saint-Martin, ist arg zerfallen.

Die Verlängerung der Rue Hoche, die Rue Mireille, führt zur Place Favier, an der im Hôtel de Sade (15.–16. Jahrhundert) das **Musée Archéologique** untergebracht ist mit den reichen Funden aus der frühchristlichen und antiken Stadt Glanum: gallische Begräbnisstelen, Tempelschmuck, Votivaltäre, Sarkophage. Mauerreste von Thermen und eines Baptisteriums im Hof zeigen,

Place Favier in St.-Rémy-de-Provence

daß Saint-Rémy im 4. Jahrhundert die Nachfolge der antiken Stadt antrat. Über die Rue Carnot zurück zum Kreisboulevard, vorbei an der hier fast erdrückend wirkenden klassizistischen Fassade von Saint-Martin aus dem 19. Jahrhundert – nur der Glockenturm ist die Kopie des ein halbes Jahrtausend zuvor errichteten Campanile. Die Place

de la République war einst Sammelplatz für die Transhumanz, den sommerlichen Almauftrieb von Tausenden von Schafen. Aber nicht nur die Wolle wurde hier produziert, auch ihre Ver- und Bearbeitung machte den Ort anderthalb Jahrhunderte lang wohlhabend: Bis 1875 ließ der Anbau der Kardendistel (Weberkarde) eine Tuchindustrie florieren.

Dort, wo gleich hinter dem Parkplatz die Straßen nach Süden zusammenlaufen, erinnert in der Anlage vor der Kapelle Notre-Dame-de-la-Pitié eine Büste an Charles Gounod, der 1863 in Saint-Rémy, inspiriert von einem Werk Mistrals, die Oper »Mireille« komponierte.

Einmal fast um die Altstadt herum und rechts ab auf die D 5 gelangt man

Schön, aber fremd in der Provence: Schloß Barbentane

nach **Maillane**, wo Frédéric Mistral, dessen Lebenswerk die Bewahrung und Wiederbelebung der provenzalischen Sprache und Kultur war, von 1876 bis zu seinem Tod 1914 lebte. Sein Haus, so wie er es hinterließ, ist zu besichtigen, sein Grab entdeckt man etwas südwärts auf dem Friedhof an der D 27. Er ruht unter einer Nachbildung des Pavillons der Reine Jeanne aus dem Vallon de la Fontaine bei Les Baux. Von dort über die D 99 und links ab über die D 32 Richtung Arles gelangt man nahe dem Straßenkreuz zur Kapelle **Saint-Gabriel** aus dem 12. Jahrhundert mit einem offenbar direkt von der Antike inspirierten Portal. In der gallo-römischen Epoche lag hier ein kleiner Handelshafen, den Flöße aus aufgeblasenen Otterbälgen von der Rhône her anliefen.

Zur Flußsenke und nach **Tarascon** ist es nun nicht mehr weit. Der Ort, in dem Alphonse Daudet seine Geschichte vom prahlerischen Sonntagsjäger Tartarin spielen ließ, feiert, sich selbst und den Touristen zur Gaudi, den imaginären Maulhelden ebenso wie den Tatzelwurm Tarasque, der einst im Fluß gehaust haben soll. Das kompakte **Schloß** auf einem Felsen zwischen Rhône und Burggraben fußt auf einem römischen *castrum* und überrascht hinter seinen hohen, abweisenden Mauern durch architektonische Eleganz. Heute eins der besterhaltenen mittelalterlichen Kastelle, war es ein provenzalischer Eckpfeiler gegenüber dem königlichen Beaucaire auf dem anderen Ufer. Der weite Blick von der oberen Terrasse bis nach Arles und Saint-Gilles macht diese einstige Machtposition verständlich –

1794 stieß man von hier oben noch Parteigänger Robespierres in die Tiefe.

Beaucaire seinerseits überwachte die unruhige Provence. Am Flußübergang des antiken Handelsweges von Italien nach Spanien gelegen, entwickelten sich hier ein Hafen und ein Umschlagplatz, ein Babylon, der alljährlich Hunderttausende anzog. Die Marktpreise von Beaucaire waren Leitlinie in ganz Frankreich. Erst der Bau der Eisenbahn auf dem provenzalischen Ufer beendete dieses internationale Dauerspektakel.

Zum Ausklang noch einer Partie Boule im Ort Boulbon am Hang der Montagnette zuschauen? Es ist nicht mehr weit bis zum stillen Nachtquartier in **Barbentane**, aber auch nicht bis **Avignon**, oder zunächst zum ruhigeren **Villeneuve-lès-Avignon**. ⚜

... und gegenüber Schloß Beaucaire

Den Rhôneübergang bewachen Schloß Tarascon ...

Bei St.-Rémy – hier fand van Gogh seine Sonnenblumen ▷

Avignon, die Winzerdörfer um die Dentelles de Montmirail und der Mont Ventoux

Route: Avignon – Châteauneuf-du-Pape – Orange – Dentelles de Montmirail – Vaison-la-Romaine – Mont Ventoux – Carpentras – Fontaine-de-Vaucluse (280/290 km)

1. Programm: Avignon

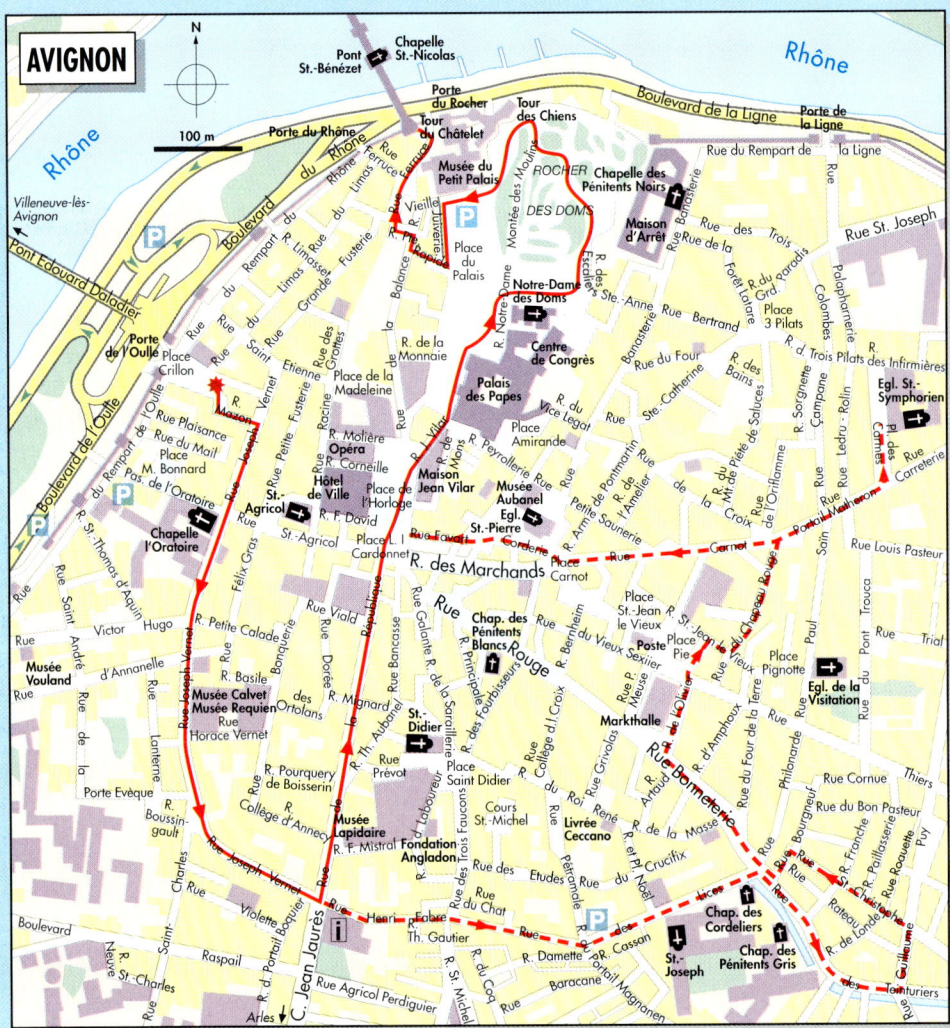

1. Programm: Avignon

Vormittag Stadtbummel durch **Avignon** von der **Place Crillon** über Rue Vernet und Rue de la République zur **Place de l'Horloge**. Besuch des **Palais des Papes** und der Kathedrale **Notre-Dame-des-Doms**. Durch die Gärten des **Rocher des Doms** zum **Musée du Petit Palais** und zum **Pont St.-Bénézet**.

Nachmittag Je nach Interesse zu den Museen **Calvet, Requien, Louis Vouland**, **Musée Lapidaire** oder **Fondation Angladon** mit dem einzigen in der Provence verbliebenen van Gogh-Gemälde. Oder alternativ Bummel zum einstigen **Färberviertel** mit der Rue des Teinturies, dann zur Markthalle, zur Place des Carmes mit der Kirche **St.-Symphorien** und zurück zur Place de l'Horloge.

2. Route: Avignon – Villeneuve-lès-Avignon – Châteauneuf-du-Pape (30 km)

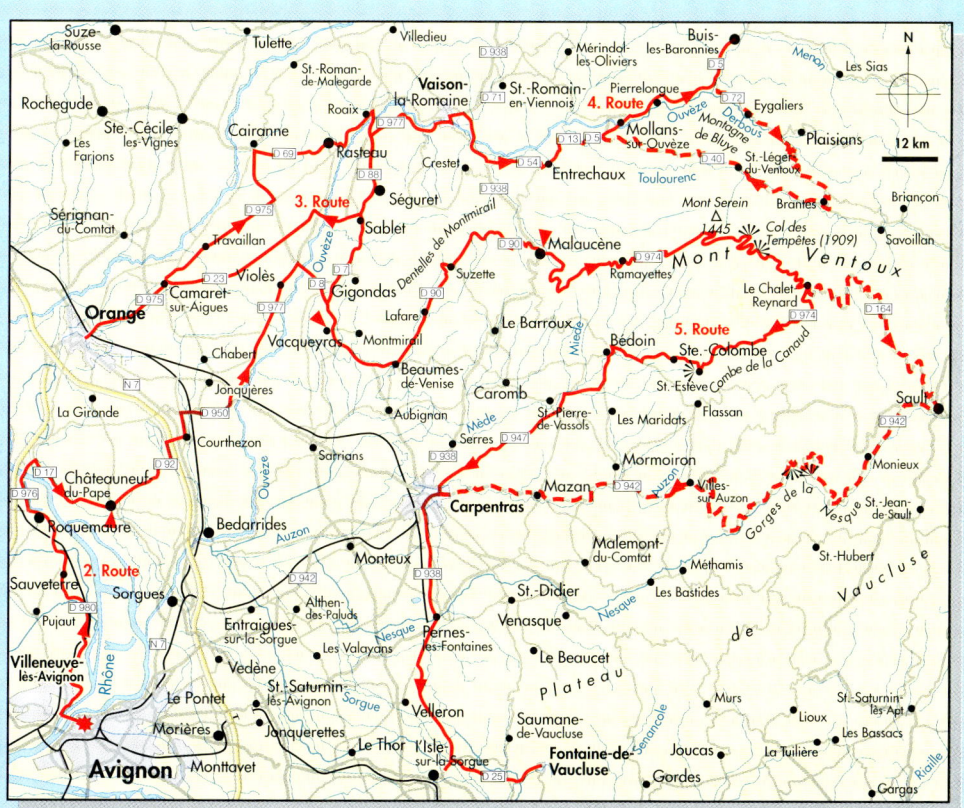

2. Route: Avignon – Villeneuve-lès-Avignon – Châteauneuf-du-Pape (30 km)

Vormittag   Über die Rhône nach **Villeneuve-lès-Avignon** zum Parkplatz unterhalb der Festung oder auf der kleinen Place Jean-Jaurès im Ort. Besichtigung der **Chartreuse** und des **Fort St.-André**. Stromauf über die D 980 nach **Roquemaure**. Rechts wieder über den Fluß und gleich danach wieder rechts auf die D 17 nach **Châteauneuf-du-Pape**.

Nachmittag   Bummel durchs Städtchen und Besuch des **Weinbaumuseums**.

3. Route: Châteauneuf-du-Pape – Winzerdörfer der Dentelles de Montmirail – Orange – Dentelles de Montmirail (ca. 75 km)

Vormittag   Ab Châteauneuf auf der D 92 über die A 7 und N 7 hinweg Richtung **Dentelles de Montmirail**, vielleicht Besuch einiger Weingüter (Hinweise am Weg); dann zur Quartiersuche zu den Winzerdörfern der Dentelles de Montmirail, z. B. in **Vacqueyras**. Mittagessen an dieser Weinstraße oder in Orange.

Nachmittag   Über die D 23 und D 975 nach **Orange**. Besichtigung des **Antiken Theaters** und Blick vom Hügel **St.-Eutrope**, an den es sich lehnt (Aufstieg vom Parkplatz aus). Über die D 93 und D 69 Fahrt durch die Weinorte **Cairanne**, **Rasteau** und **Roaix**. Rückkehr zum Quartier.

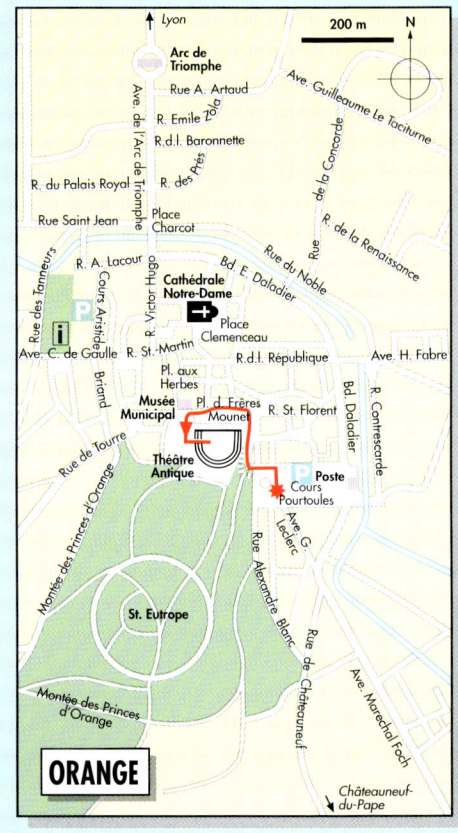

4. Route: Dentelles de Montmirail – Vaison-la-Romaine – Buis-les-Baronnies – Dentelles de Montmirail (ca. 85 km)

Vormittag Vom Quartier an den Dentelles de Montmirail (z. B. ab Vacqueyras) nach **Vaison-la-Romaine**. Besichtigung der römischen Ausgrabungen und Museen.

Nachmittag Von Vaison-la-Romaine zur D 938, dann auf die D 54 abzweigen und auf der D 13 und D 5 über Mollans-sur-Ouvèze nach **Buis-les-Baronnies** und Rückfahrt zu den Dentelles de Montmirail.

Alternative: Auf dem Rückweg von Buis-les-Baronnies fährt man alternativ auf der Nordseite des **Mont Ventoux** über die D 72 nach **Brantes** bzw. auf der D 41 weiter bis nach **Savoillan**. Über die D 40 zurück Richtung Dentelles de Montmirail – ein lohnender Umweg von ca. 30 km. Unterwegs grandiose Aussichtspunkte auf den Mont Ventoux.

5. Route: Malaucène – Mont Ventoux – Bédoin – Carpentras – Fontaine-de-Vaucluse/L'Isle-sur-la-Sorgue (90/100 km)

Vormittag So früh wie möglich via Malaucène auf der D 974 zum Gipfel des **Mont Ventoux** (1 909 m). Unterwegs zahlreiche Aussichtspunkte. Vom **Col des Tempêtes** abwärts bis zur Gabelung am **Chalet Reynard**. Von dort via Bédoin direkt nach **Carpentras**, dort Stadtbesichtigung.

Nachmittag Über die D 938 und D 25 via Pernes-les-Fontaines zur mysteriösen Mega-Quelle in **Fontaine-de-Vaucluse**. Übernachtung dort oder in **L'Isle-sur-la-Sorgue**.

Alternative: Statt direkt nach Carpentras fährt man ab dem Chalet Reynard über die D 164 Richtung **Sault,** dann auf der D 942 durch die **Gorges de la Nesque** und via **Mazan** nach Carpentras – ein Umweg von ca. 30 km. Die Fahrt durch die Schluchten des Flusses Nesque ist ein beeindruckendes Naturerlebnis.

Informationen

84000 Avignon

Office de Tourisme
41, cours Jean-Jaurès
✆ 04 90 82 65 11, Fax 04 90 82 95 03
Mo–Fr 9–18, Sa 9–12 und 14–18, in der Festspielzeit tägl. 9–20 Uhr

Hôtel d'Europe
12, place Crillon
✆ 04 90 14 76 76, Fax 04 90 85 43 66
Gegenüber der Rhônebrücke Pont Daladier, aber schon innerhalb der Stadtmauer. Die schönste Herberge (16. Jh.) von Avignon mit alten Möbeln und Tapisserien. 300 m vom Palast der Päpste. Restaurant **La Vieille Fontaine**. FFFF

Hôtel de Garlande
20, rue Galante
✆ 04 90 85 08 85, Fax 04 90 27 16 58
Altes, schön hergerichtetes Stadthaus in einer von der Place de l'Horloge schräg südöstlich abzweigenden Gasse. F–FF

Le Médiéval
15, rue Petit Saunerie
✆ 04 90 86 11 06, Fax 04 95 82 08 64
Altstadthaus aus dem 17. Jh., mit Patio und teils Kitchenette, etwas dunkel, aber gut gelegen. F

Maison Jean Vilar
8, rue de Mons
Di–Fr 9–12 und 14–18, Sa 10–17 Uhr
Dieses Palais aus dem 17. Jh. trägt seit 1979 den Namen des Schauspielers, Regisseurs und Initiators der Dramatischen Festspiele von Avignon. Dokumentationszentrum und ständiges Büro des Festivals.

Palais des Papes
Place du Palais
April–Okt. tägl. 9–19 (Aug./Sept. bis 20 Uhr), Nov.–März tägl. 9.30–17.45 Uhr; Einlaß bis 45 Min. vor Ende der Besuchszeit
Palastanlage der Päpste von Avignon.

Notre-Dame-des-Doms
Rue Notre-Dame
Tägl. 7.30–19.30 Uhr
Romanische Kathedrale, häufig erweitert.

Musée du Petit Palais
Place du Palais
Juli/Aug. tägl. außer Di/Fei 10.30–18.00, sonst 9.30–11.50 und 14–18 Uhr
Gemälde, Skulpturen.

Pont St.-Bénézet (Pont d'Avignon)
Rue Ferruce
April–Sept. tägl. 9–18.30, sonst 9–13 und 14–17 Uhr

Musée Calvet
65, rue Joseph Vernet
Tägl. außer Di 10–12 und 14–18 Uhr
In einem Stadtpalais des 18. Jh., 1996 neu eröffnet. Vorerst mit Teilsammlungen deutscher, flämischer, holländischer, italienischer und spanischer Meister. Schule von Avignon (École d'Avignon). Corot, Daumier, Dufy, Manet, Modigliani, Soutine, Toulouse-Lautrec, Utrillo, Vlaminck. Funde aus vorgeschichtlicher und antiker Zeit. Ägyptische Kunst. Kunstschmiedearbeiten aus dem alten Avignon.

Musée Requien
67, rue Joseph Vernet
Tägl. außer So/Mo 9–12 und 14–18 Uhr
Naturkundemuseum; Flora, Fauna und Geologie des Vaucluse.

Musée Louis Vouland
17, rue Victor Hugo
Juni–Sept. So/Mo 10–12 und 14–18, sonst 14–18 Uhr
Möbel und Kunstgewerbe vor allem des 17. und 18. Jh.

Musée Lapidaire
27, rue de la République
Tägl. außer Di 10–19, sonst 10–12 und 14–18 Uhr
Antike Kunstwerke in einer Barockkirche

Informationen

der Jesuiten (17. Jh.). Noch sind einige der Meisterwerke, die dem Musée Calvet gehören, hier ausgestellt; auch diese archäologischen Funde sollen dem fertiggestellten Haus bald einverleibt werden.

 Fondation Angladon-Dubrujeaud
5, Rue du Laboureur
Mi–So 13–19 bzw. 18 Uhr
Diese Privatkollektion umfaßt ein Werk von van Gogh, sowie Gemälde von Modigliani, Picasso, Sisley u. a.

 St.-Symphorien
Place de Carmes
Karmeliterkirche und -kloster (14. Jh.).

 St.-Pierre
Place St. Pierre
Fr. 14.30–17.30, Sa 9–11, So 8.30–11.30 Uhr
Gotische Kirche mit reicher Fassade.

 Entrée des Artistes
1, place des Carmes
℡ 04 90 82 46 90
Im stillen Viertel hinter dem Palais. Bistro-Küche mit Festival Off-Ambiente. F–FF

 Hièly-Lucullus
Rue de la République
℡ 04 90 86 17 07
20. Juni–6. Juli geschl.
Ein Feuerwerk provenzalischer Gastronomie zündet dieses Traditions-Restaurant. FF–FFF

 Brunel
46, rue de la Balance
℡ 04 90 85 24 83
Zwischen Place du Palais und Rhône wirkt dieser Meisterkoch. FF–FFF

 L'Isle Sonnante
7, rue Racine
℡ 04 90 82 56 01
Rhônewärts von der Place du Palais. Provenzalische Küche und Weine zu zivilen Preisen. FF–FFF

 Le Vernet
58, rue Joseph Vernet
℡ 04 90 86 64 53
Die erfindungsreichen Menüs sollte man unter den Bäumen des kleinen Gartens genießen.
FF

Feste/Veranstaltungen in Avignon:

Festival d'Avignon und Festival Off:
Theaterfestival von Mitte Juli bis Mitte August. Das Vorprogramm (Änderungen möglich) ist ab April durch das Office de Tourisme erhältlich.
Kartenbestellung für das Festival d'Avignon: Bureau du Festival d'Avignon, Service Réservation, B.P. 492, 84073 Avignon (℡ 04 90 27 66 50, Fax 04 90 14 14 30); sowie vor Ort bei: Festival Billetterie FNAC, 19, rue de la République.
Für das Festival Off erhält man Auskunft unter ℡ 01 48 05 01 19 (Paris).

30400 Villeneuve-lès-Avignon

 Office de Tourisme
1, place Charles-David
℡ 04 90 25 61 33, Fax 04 90 25 91 55

 Fort St. André
Chemin Bourg St. André
April–Sept. tägl. 10–12.30 und 14–18, sonst 10–12 und 14–17 Uhr; Gärten tägl. außer Mo durchgehend geöffnet
Festung aus dem 14./15. Jh. mit einer sehr schönen Parkanlage.

 Chartreuse du Val-de-Bénédiction
60, rue de la République
April–Sept. tägl. 9–18.30, sonst 9.30–17.30 Uhr
Dies war einmal Frankreichs größtes Kartäuserkloster.

Hotels und Restaurants in Villeneuve s. S. 33.

Informationen

84230 Châteauneuf-du-Pape

Office de Tourisme
Place du Portail
✆ 04 90 83 71 08, Fax 04 90 83 50 34

Hostellerie du Château des Fines-Roches
2 km vom Ort an der D 17 in Richtung Avignon
✆ 04 90 83 70 23, Fax 04 90 83 78 42
Neogotisches Bauwerk in den Weingärten, nur 7 Zimmer. Sehr gutes Restaurant.
FFF

La Sommellerie
Route de Roquemaure (D 17)
✆ 04 90 83 50 00, Fax 04 90 83 51 85
Modern-rustikales Restaurant mit guter Küche (FF–FFF) und ruhigen Zimmern; Swimmingpool. FF

La Garbure
3, rue Joseph Ducos
✆ 04 90 83 75 08
Restaurant in einem alten Keller, Terrasse (F); 5 Zimmer. FF

Musée des Outils de Vignerons
Cave du Père Anselme
Route d'Avignon
Tägl. 9–12 und 14–19 Uhr
Museum zum Thema Weinanbau, historische Winzerwerkzeuge.

Restaurant La Mule du Pape
Place de la Fontaine
✆ 04 90 83 55 09
Regionale Küche. Wein auch glasweise zu den einzelnen Menügängen. Sonnige Terrasse.
FF–FFF

Le Pistou
15, rue Joseph-Ducos
✆ 04 90 83 71 75
Zweite Juni-Hälfte geschl.
Einfaches, preiswertes Bistro.
F–FF

An der Weinstraße von Montmirail:

Les Florets
Route des Dentelles-de-Montmirail
84190 Gigondas
✆ 04 90 65 85 01
Unter Platanen zwei Dutzend Gigondas-Weine probieren? (FF–FFF); mit Zimmern.
FFFF

Bellerive
Route de Violes, Quartier Lamotte
84110 Rasteau
✆ 04 90 46 10 20, Fax 04 90 46 14 96
Ein Drei-Sterne-Haus im Winzerort. FF

Le Mas de Magali
84110 Le Crestet
✆ 04 90 36 39 91
Modernes provenzalisches Haus mit Panorama-Terrasse, Pool, Tennis. Wanderwege zu den Dentelles de Montmirail; mit Halbpension. FF

Les Dentelles
Place de la Mairie
84190 Vacqueyras
✆ 04 90 65 86 21, Fax 04 90 5 80 27
Wildspezialitäten und hausgemachte Kuchen. F (Hotel F–FF)

La Bastide Bleue
Route de Sablet
84110 Séguret
✆ und Fax 04 90 46 83 43
Ehemaliges Postrelais mit malerischem Innenhof, Swimmingpool im Garten und gutem Restaurant. F

Grand Jardin
84190 Lafare (an der D 90)
Modernes Haus mitten im Kalkmassiv von Montmirail. F

Castel Mireio
Route d'Orange
84290 Cairanne
✆ 04 90 30 82 20, Fax 04 90 30 78 39

Informationen

Regionale Küche (F–FF), kleines Hotel mit 8 Zimmern. F

 Château Le Barroux
84330 Le Barroux
Tägl. nur in der Hauptsaison geöffnet; Führungen; Terrasse ganzjährig zugänglich
Schloß der Herren von Les Baux. Von der Terrasse Blick auf die Dentelles und den Mont Ventoux.

 Musée du Vigneron
Domaine de Beaurenard
84110 Rasteau
Juni–Aug. tägl. außer Di 10–18, sonst 14–18 Uhr
Winzermuseum.

 La Table du Comtat
84110 Séguret
℗ 04 90 46 91 49
Sehr gute Küche, Weine der Umgebung. Aussicht. FF–FFFF

 Les Remparts
Place du Village
84110 Sablet
℗ 04 90 46 96 17
Sehr preiswertes Lokal, Pizza und Tagesgericht auch zum Mitnehmen. F

84100 Orange

 Office de Tourisme
5, cours Aristide Briand
℗ 04 90 34 70 88, Fax 04 90 34 99 62

 Théâtre Antique
℗ 04 90 34 70 88
April–Anfang Okt. tägl. 9–18.30, sonst 9–12 und 13.30–17 Uhr
Billett auch für Musée Municipal gültig.

 Musée Municipal
Place de Frères Mounet (gegenüber dem Antiken Theater)
April–Sept. tägl. 9.30–19, sonst 9.30–12 und 14–17.30 Uhr
Skulpturenreste der römischen Bauten und vom einstigen Schloß der Prinzen von Oranien; Fragmente des in Marmor gemeißelten Katasterplans der Umgebung.

 Le Forum
3, rue Mazeau (hinter dem Museum)
℗ 04 90 34 01 09 F

 Le Parvis
3, cours de Pourtoules (gegenüber der Post)
℗ 04 90 34 82 00
Klassische Küche in fast privatem Ambiente. F–FFF

Feste/Veranstaltungen in Orange:

Festival des Chorégies: in der zweiten Juli-Hälfte mit Theater, Oper, Ballett und Konzerten im Antiken Theater. Auskunft: B.P. 205, 84107 Orange, ℗ 04 90 34 24 24, Fax 04 90 11 00 85.

84110 Vaison-la-Romaine

 Office de Tourisme
Place du Chanoine-Sautel
℗ 04 90 36 02 11, Fax 04 90 28 04 76

 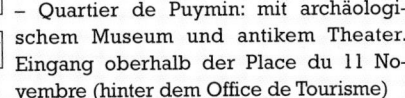 **Ruines Romaines**
– Quartier de Puymin: mit archäologischem Museum und antikem Theater. Eingang oberhalb der Place du 11 Novembre (hinter dem Office de Tourisme)
– Quartiers de la Villasse: 2. Ausgrabungsfeld; auf der anderen Seite vom Parking Place du 11 Novembre
Beide Ausgrabungsstätten: März–Okt. tägl. 9.30–12.30 und 14–17.45 Uhr (in der Saison von Mitte Mai–Mitte Sept. bis 18.45 Uhr), Nov.–Febr. tägl. außer Di 10–12 und 14–16.30 Uhr
Globalbillett für Ausgrabungsfelder und Kreuzgang der Kathedrale.

Informationen

Kandierte Früchte – eine Spezialität der Provence

 Ancienne Cathédrale Notre-Dame-de-Nazareth
Avenue Jules Ferry
Öffnungszeiten wie »Ruines Romaines«
Romanische Kirche auf römischen Grundmauern; Marmor-Säulenaltar aus dem 6. Jh.

 Restaurant Le Bateleur
1, place Théodore Aubanel
✆ 04 90 36 28 04
Hübsches, regionales Bistro. F–FF

 L'Amourié
St.-Romaine-en-Viennois (an der D 17)
✆ 04 90 46 43 72
Provenzalische Küche (F–FF), Terrasse. Mit Zimmern. F

 Mont Ventoux
1 909 m hoch. Mit Schnee ist von Nov.–Mai zu rechnen. In dieser Zeit ist die D 974 auf dem Abschnitt zwischen Mont Serein und Chalet Reynard meist gesperrt. In Gipfelnähe muß man nach Gewittern mit Geröll und Schlamm rechnen. Starker Mistral kann den Verkehr behindern. Beste Fernsicht meist im Frühling und Herbst.

 Hotel Albion
84390 Sault
✆ 04 90 64 06 22

Im Ort, schlichtes Etappenhotel, wenn man von hier aus die Lavendelfelder der Umgebung erkunden möchte. F

84200 Carpentras

 Office de Tourisme
170, avenue Jean-Jaurès
✆ 04 90 63 00 78, Fax 04 90 60 41 02
In der Saison Mo–Sa 9–19, sonst 9–12.30 und 14–18.30 Uhr

 Synagogue
Place Maurice Charretier
Tägl. außer Sa/So 10–12 und 15–17 Uhr (Fr bis 16 Uhr); nur Führungen
Frankreichs älteste Synagoge.

 Cathédrale St.-Siffrein
Place Maurice Charretier
 Tägl. außer Sa/So 10–12 und 15–17 Uhr (Fr bis 16 Uhr)
Mit einem Museum religiöser Kunst.

 Hôtel Dieu
Place Aristide Briand
Mo, Mi und Do 9–11.30 Uhr
Apotheke aus dem 18. Jh.

 Musée Comtadin/Musée Duplessis
Boulevard Albin-Durand
April–Okt. tägl. außer Di 10–12 und 14–18, sonst 10–12 und 14–16 Uhr
Volkskundliche Sammlung mit z. B. hier gefertigter Schafglocken und Münzen; Gemälde von Malern aus der Region.

 Musée Sobirats
112, rue du Collège
April–Okt. tägl. außer Di 10–12 und 14–18, sonst 10–12 und 14–16 Uhr
Provenzalische Möbel und Fayencen in einem Residenz-Milieu des 18. Jh.

Markt
Wochenmarkt: Allée des Platanes, Mo und Fr vormittag.

Informationen

Trüffelmarkt: Place Aristide-Briand (vor dem Hôtel Univers), Ende Nov.–Anfang März Fr 9–12 Uhr.

 L'Orangerie
26, rue Duplessis
© 04 90 67 27 23
Etwas eng, aber fünf gute Menüs. F–FFF

84800 Fontaine-de-Vaucluse

 Office de Tourisme
Chemin de la Fontaine
© 04 90 20 32 22, Fax 04 90 20 21 37
Ostern–Ende Okt. geöffnet

 Musée d'Histoire 1939–1945
Chemin du Gouffre (links am Weg zur Quelle)
Juli/Aug. tägl. 10–19, sonst 10–12 und 14–18 Uhr (März–Mitte April und Mitte Okt.–Dez. nur Sa/So); Jan./Febr. geschl. Geschichte des Widerstands im Zweiten Weltkrieg; aber auch alles über die Einschränkungen und den Erfindungsreichtum der Franzosen in den drei Kriegen seit 1870.

 Musée Casteret
Chemin de la Fontaine (am Weg zur Quelle)
April–Sept. tägl. 10–12 und 14–18 Uhr (Juli/Aug. bis 18.30 Uhr), Febr./März und Nov. tägl. 10–12 und 14–17 Uhr; Führungen ca. 40 Min.
Nachbildungen von Grotten, Sammlung von Kalkgebilden, Dokumentation der Quellen-Erforschung.

 Musée Petrarque
Rive gauche de la Sorgue (auf der anderen Seite der Brücke)
15. April–15. Okt. tägl. außer Di 9.30–12 und 14–18.30 Uhr, sonst nur Sa und So Ausstellung zu Petrarcas Werken, vor allem über seinen Aufenthalt im Vaucluse und über seine Liebe zu Laura.

 Philip
Chemin de la Fontaine
© 04 90 20 31 81
Große Terrasse an den Wasserfällen der Sorgue. F–FFF

 Le Parc
Les Bourgades
 © 04 90 20 31 57
Zimmer (F), Terrasse am Fluß, klassische, regionale Küche.
F–FFF

84800 L'Isle-sur-la-Sorgue

 Office de Tourisme
Place de l'Église
© 04 90 38 04 78, Fax 04 90 38 35 43

 Hostellerie St.-Martin
9, place Gambetta (im Ortszentrum)
© 04 90 20 77 11
In einem Postrelais aus dem 17. Jh. FF

 Hôtel Araxe
Domaine de la Petite Isle
© 04 90 38 40 00
Motel in einem Park am Fluß. F–FFF

 Cantosorgue
Cours de la Pyramide
© 04 90 20 81 81
Modern, kein Restaurant. F

 Markt
Großer Markt: jeden Sonntag auf der Place de l'Église und an den Quais der Sorgue.
Kleiner Markt: donnerstags auf der Place de l'Église.

Feste/Veranstaltungen in Fontaine-de-Vaucluse und L'Isle-sur-la-Sorgue:

Festival de la Sorgue: im Juli mit Konzerten, Tanz und Ausstellungen.

Avignon, die Winzerdörfer um die Dentelles de Montmirail und der Mont Ventoux

2

1. Programm Die Päpste genossen ihr Exil – Avignon

So abweisend, wie sich **Avignon** auf den Landkarten und dem Stadtplan gibt, mit seiner die Sehenswürdigkeiten umfassenden, 4 330 Meter langen Zinnenmauer, ist es gar nicht. Im Gegenteil: Schon vor den Toren wird der Autofahrer gleichsam an die Hand genommen und auf einen der zahlreichen Parkplätze geleitet. Hat man von den Alpilles her die Durance überquert, gerät man zwar zunächst in einen sich verengenden Straßenschlauch. Aber der hier ein wenig stockende Verkehrsfluß läßt auch die Zeit, den Einzug in die Stadt den Parkhinweisen anzupassen: Rechts an der Eisenbahnüberführung vor dem Ringboulevard geben Tafeln die Zahl der gerade freien Plätze an.

Mit ein wenig Glück auch im zentralen Parking du Palais – dorthin führen die Schilder zwar erst einmal links fast um die ganze Stadt herum, aber man kann auch schon nach ein paar hundert Metern gleich rechts durchs erste Tor, die etwas pompöse und erst im 19. Jahrhundert eingefügte Porte de la République, einbiegen. Geradeaus geht es ins Herz der Stadt – nur mit einem Schwenk um die Place de l'Horloge herum – der Weg ist gut beschildert. Steht auf der Anzeige jedoch *complet*, sollte man den Weg um ein Drittel der Stadt herum doch machen, und den Wagen auf dem Gelände vor oder hinter der Brückenauffahrt nach Villeneuve-lès-Avignon abstellen. Das ist auch die ideale Lösung, wenn man die Nacht auf dem anderen Ufer in Villeneuve verbracht hat.

Durch die Porte de l'Oulle gelangt man von dort auf die **Place Crillon**.

Selbst wie eine Bühne angelegt, weitgehend verkehrsfrei und schön gepflastert, verjüngt sich diese Piazza auf die schmale Fassade der Ancienne Comédie, 1734 mit Steinen aus Fontvieille erbaut. Links ist das Hôtel d'Europe mit seinem von einer riesigen Platane beschatteten Innenhof ein Paradebeispiel für den Lebensstil der Herren im

Avignon – steinerner Triumph der Gegenpäpste

17. Jahrhundert. An der Ex-Komödie vorbei führen beiderseits Gassen auf die Rue Joseph Vernet. Dieses ganze Viertel atmet intimen Schick, mit seinen Boutiquen und Bistros ist es vor allem in der Festspielzeit ein Ableger von Quartier Latin und Saint-Germain-des-Prés, dem Pariser Rive Gauche vor dem Erstickungsanfall. Man kommt vorbei am unbedingt sehenswerten Musée Calvet in einem schönen, erst nach langem Umbau wiedereröffneten Stadtpalais links der Straße und daneben, in einem ebenso stattlichen Gebäude, dem Musée Requien. Auch noch andere Stätten lohnen in diesem Viertel einen Besuch, doch zunächst zieht es doch wohl jeden Besucher erst einmal zum Papstpalast. Die Rue Vernet wendet sich allmählich stadtein, sie zeichnet dabei den Verlauf einer älteren Wallanlage nach. Dann mündet sie auf die Rue de la République, eine nun durch Fußgängerbereiche geschmälerte Verkehrsschneise, die erst im vorigen Jahrhundert als Cours Bonaparte in das mittelalterliche Stadtbild geschlagen wurde.

Dem Ausgang der Rue Vernet schräg rechts gegenüber liegt das Office de Tourisme mit seinem großzügigen, etwas kühlen Informationsraum. Hier sollte man sich erst einmal die Broschüren »Avignon Passion« und »Guide pratique« besorgen, die alle Adressen und gerade aktuellen Öffnungszeiten enthalten und dazu einen kleinen Plan der Stadt intra muros. Zweimal monatlich gibt eine »Rendez-Vous«-Broschüre Hinweise auf Veranstaltungen. Dort, wo das Verkehrsamt steht, unterzeichnete im 14. Jahrhundert die Königin Jeanne den Verkauf Avignons an Papst Klemens V.

Die Rue de la République stößt auf die **Place de l'Horloge**, schon in römischer Zeit das Forum. Heute eher ein circus maximus und auch außerhalb des die ganze Stadt vereinnahmenden

Sommerfestivals ein Ort improvisierter Spektakel, mit Gauklern und Pantomimen, mit Rotwein-Hippies und Miniaturen-Malern, Ballonverkäufern und einem altmodischen Karussell vor dem ehrwürdigen Theater. Cafés und Brasserien haben ringsum Tische und Stühle unter die Bäume gestellt. Am Ende des Platzes, links und rechts des hohen Bankportals, führen schmale Passagen schließlich zur **Place du Palais** mit dem eingangs erwähnten Parking unter seinem Pflaster.

Hier nun ragt wie eine Felswand das **Palais des Papes**. Bevor man es über eine Rampe betritt, sollte man in Gedanken ein paar Schritte zurück tun in das Avignon vor dieser Glanzepoche. Auch da war es ein Felsen über dem Fluß, der bereits in der Vorgeschichte Menschen als Zuflucht diente. Gegen Ende des 3. Jahrtausends v. Chr., als die Kreter in Knossos gerade ihren ersten Königspalast bauten, legten hier Ligurer ein volkreiches oppidum an, sie hinterließen mit einer antromorphen Stele, einem bedenklich dreinschauenden Menschengesicht mit einer stilisierten Sonne als Mund, das älteste Kunstwerk Avignons. Von den gallo-römischen Bauten ist nicht viel geblieben, sie wurden – wie überall in der Provence – als Steinbrüche genutzt und ihre Fundamente von Kirchen und Klöstern zugedeckt.

Im frühen 8. Jahrhundert machten die Araber zweitweise eine Festung aus der Hügelstadt. Nacheinander gehörte sie dann zum Reich Karls des Großen, zum Königreich Aquitanien, dem Königreich Lothars und der Monarchie Provence, schließlich zum Heiligen Römischen Reich Deutscher Nation. Als die Provence in feudalistischen Streitigkeiten zerfiel, konnte sich Avignon weitgehend heraushalten und sich so einem weltweiten Handel öffnen. In den Albigenserkriegen wählte es mit dem Grafen von Toulouse die schließlich siegreiche Seite; so erstarkt, glaubte es sich sogar gegen den König von Frankreich und die Kirche behaupten zu können. Doch 1226 trat eine von Ludwig VIII. und dem päpstlichen Legaten angeführte Armee diese Anmaßung nach dreimonatiger Belagerung in den Staub. Wenig später erwarb der Heilige Stuhl die nahegelegene Grafschaft Venaissin und Karl II. von Anjou, Graf der Provence, herrschte über ein weitgehend zerstörtes, schutzloses Avignon mit etwa 5 000 Bürgern.

Politik und Geographie aber führten zu einer unerwarteten neuen Blütezeit. Karl von Anjou, zugleich König von Neapel, war ein treuer Mann der Kirche, die ja schon das Venaissin besaß. Am Zusammenfluß von Rhône und Durance lag der Ort verkehrsgünstig; nicht zuletzt herrschte nun schon seit acht Jahrzehnten Frieden in der Provence, als sich der in Perugia gewählte, 1305 inthronisierte, fast ständig reisende Papst Klemens V. schließlich im Dominikanerkloster von Avignon niederließ. Die parteipolitischen Machtkämpfe in Rom ließen ihn dieses Exil wählen. Sein Nachfolger Johannes XXII. war vor seiner Wahl 1316 ohnehin Bischof der Stadt gewesen, aber erst mit dem dritten der insgesamt neun Päpste von Avignon, Benedikt XII. (1334–42), wurde die Stadt wirklich päpstliche Residenz und Hauptstadt der Christenheit.

Das Palais ist das Ausrufezeichen dieser über 100 Jahre währenden Epoche, Ausdruck auch des Wandels vom romanischen zum gotischen Stil. Benedikt XII. ließ das bischöfliche Palais seines Vorgängers abreißen und an seiner Stelle das **Palais Vieux** errichten, die dem Dom zugewandte Gebäudehälfte, mit Kreuzgang, Konsistorium, Festsaal und den in einem Turm übereinanderliegenden Kapellen Saint-Jean und Saint-Martial. Sein Audienzsaal führt zu dem von Klemens VI. als nächstem Herren

angefügten **Palais Neuf** hinüber. Der große Hof zwischen den beiden Palazzi dient seit 1947 dem Festival d'Avignon als grandiose Bühne.

Schon die päpstlichen Regenten liebten die Künste und verstanden es, in großem Stil zu feiern. Die oft sehr weltlichen Themen der Fresken, so die von Matteo Giovannetti im Arbeitskabinett von Klemens VI., zeugen von seigneuralen Vergnügen wie Jagd, Fischerei und Weinkennerschaft. Auf der Küchenabrechnung für ein Bankett von etwa 3 000 Gästen, das der gleiche Papst 1342 aus Anlaß seiner Krönung und noch vor Fertigstellung seines Palais im Dominikanerkloster gab, stehen unter anderem 118 fette Ochsen, 101 Kälber, 1 023 Schafe, 914 Ziegen, 60 Schweine, 10 471 Hühner, 46 856 Käse und 50 000 Torten …

Der Besucher begegnet diesen, dem Weltlichen so ergebenen Heiligen Vätern gleich im Erdgeschoß an einer Schmalseite des Konsistoriumsaals. Da hängen neben den Porträts von Klemens V., Johannes XXII., Benedikt XII. und Klemens VI. auch die Konterfeis der ihnen nachfolgenden Päpste: Innozenz VI. (1352–62), Urban V. (1362–70), Gregor XI. (1370–78) sowie im Winkel der Längswand der Gegenpäpste Klemens VII. (1378–94) und Benedikt XIII. (1394–1424). Für die Besichtigung der päpstlichen Hochburg reicht eine Stunde.

Hat man das Avignon-Programm früh begonnen, bleibt Zeit genug für die anderen Hauptpunkte. Nebenan, in der Kathedrale **Notre-Dame-des-Doms**, in drei Etappen im 12. Jahrhundert erbaut und seitdem vielfach verändert und ergänzt, ist von all dem nicht viel zu sehen, es ist zu dunkel. Nach einem langen Blick auf die Fassade der Münze gegenüber dem Palais, angeblich ein Werk Michelangelos, also lieber erst einmal in die lichten Gärten des **Rocher des Doms**. Das turmreiche Stadtbild in sich aufnehmen und einen Blick hinunterwerfen auf die Rhônebrücke Saint-Bénézet, den besungenen, nur noch wenige Bogen spannenden Pont d'Avignon. Jenseits der sich hier an einer Insel teilenden Rhône liegt Villeneuve-lès-Avignon.

Schön sitzt es sich auch eine Weile auf den Bänken vor dem Gittertor zum **Petit Palais** gleich oberhalb der Legendenbrücke, den ganzen Platz zwischen Palais und Börse zu ausgestreckten Füßen. Der zinnenbewehrte Palazzo im Rücken wurde 1335 für einen Kardinal und Neffen Papst Johannes XXII. errichtet, war dann Erzbischofsresidenz und ist nun Museum mit einer hervorragenden Sammlung italienischer Malerei vom Ende des 13. bis Anfang des 16. Jahrhunderts, romanischen und gotischen Skulpturen und Gemälden der Schule von Avignon aus dem 15. und 16. Jahrhundert.

Wer auf dem **Pont Saint-Bénézet** ein paar Tanzschritte tun will, muß entweder unter einigen nüchternen Neubauten hindurch dem Hinweis rechts am Platz folgen, wenn er vom Petit Palais kommt. Oder nochmals in die Gärten steigen und durch die Porte du Rocher auf den Weg der Ronde oben an der Stadtmauer hinunter, der nur auf diesem Stück wieder begehbar ist und im Castellet mündet, dem befestigten Brückenzugang.

Damit ist der Vormittag aber auch schon ausgefüllt, es ist Zeit für ein Mittagessen an der Place de l'Horloge, an der Place Crillon oder auf der Rue Vernet.

Gestärkt und ausgeruht zieht es vielleicht, je nach Interesse, in dieses oder jenes der nahen Museen. Das **Musée Calvet** verfügt über umfangreiche Gemälde- und andere Sammlungen, ein Teil seiner ägyptischen Objekte wird einstweilen im **Musée Lapidaire** in der Kapelle des ehemaligen Jesuitenkollegs gezeigt. Zu den Schätzen des naturkundlichen **Musée Requien** gehören 200 000 in Herbarien geordnete Pflanzen. Das **Musée Louis Vouland** rhônewärts an der Stadtmauer beherbergt französische

»Sur le pont d'Avignon …« – *ein Lied machte diese Brücke berühmt*

Möbel, Fayencen, Wandteppiche und Fernost-Objekte. Das einzige in der Provence verbliebene Gemälde von van Gogh, »Les wagons de chemin de fer«, ist zusammen mit Werken von Picasso, Modigliani und Sisley im Rahmen einer privaten Erbkollektion in der **Fondation Angladon** hinter dem Musée Lapidaire zu beschauen.

Wer lieber einfach schlendern und herumschauen möchte, wird auch in den an offiziellen Sehenswürdigkeiten weit ärmeren Vierteln jenseits der Rue de la République auf seine Kosten kommen. Die Verlängerung der Rue Vernet führt dort als Rue Fabre und Rue des Lices zum einstigen Färber-, Weber- und Druckerviertel mit der **Rue des Teinturiers** an der hier noch ein Stück offenen Sorgue mit einigen Wasserrädern. Der Glockenturm der **Chapelle des Cordeliers** ist dort alles, was von einem Kloster blieb, in dem Laura, die von Petrarca angebetete und unnahbare Schönheit beerdigt wurde. Stadtein stößt man auf eine große Markthalle an der Place Pie, weiter nördlich liegt die Place des Carmes mit der **Saint-Symphorien-Kirche** und ihrem Kreuzgang aus dem 14. Jahrhundert und dem Campanile des Augustins mit seiner schmiedeeisernen Glockenhaube. Wieder Richtung Papstpalast lassen sich in der Kirche **Saint-Pierre** die perspektivischen Schnitzreliefs der Portalflügel aus der Renaissance sowie ein reiches Innendekor vor allem im Chor bestaunen. Sicher läßt sich bei diesem Bummel auch schon ein Bistro für den Abend entdecken.

2. Route Zur Kardinalsstadt und zur päpstlichen Sommerresidenz
Villeneuve-lès-Avignon und Châteauneuf-du-Pape

Vom Verteiler an den Rhône-Parkplätzen in Avignon ist man über die Brücke Edouard Daladier und zwei Flußarme hinweg in zwei, drei Minuten in **Villeneuve-lès-Avignon**. Es war einst die Stadt der Kardinäle, die in der überfüllten Stadt der Päpste keinen Platz für ihre standesgemäßen *livrées*, ihre Residenzen, gefunden hatten wie der privilegierte Neffe des Johannes. Doch das jenseitige Ufer stand unter königlich-französischer Herrschaft. Schon im 13. Jahrhundert ließ Philipp der Schöne hier einen Festungsturm bauen, der den Brückenkopf des damals über beide Flußarme greifenden Pont Saint-Bénézet überwachte. Den mißtrauischen Königen Johann der Gute und Karl V. genügte das nicht – sie setzten noch daneben das **Fort Saint-André** auf einen Felsen. Man kann vom Parkplatz an der Uferstraße Avenue de Verdun schnell hinaufsteigen zum bedrohlichen Festungswerk und die Verliese in den Zwillingstürmen besichtigen. Innerhalb des Forts liegt auch eine kleine Abtei, die sich in Privatbesitz befindet.

Der Klerus hinterließ natürlich leichtere Architektur, vor allem die **Chartreuse du Val-de-Bénédiction** unterhalb des Forts ist sehenswert. Bei ihrem Bau standen Demut und Großherzigkeit Pate. Der 1352 von der Konklave in Avignon zum Papst gewählte Generalminister des Kartäuserordens lehnte die Tiara (Papstkrone) ab. Der statt seiner gekürte Innozenz VI. ließ die Kartause dort errichten, wo bis dahin seine *livrée* gestanden hatte. Er ruht unter einem Grabmal mit seinem *gisant*, einer liegenden Marmorstatue im Ornat, in einer Nische der Kirchenruine hinter einem steinernen »Vorhang« in Flamboyant-Gotik. Durch einen kleinen Kreuzgang gelangt man in den großen, der einen heute eingeebneten Friedhof der Klosterbrüder von achtzig Meter Länge umschließt. Eine der Zellen ist zu besichtigen, die anderen dienen als Wohnräume für das in der Kartause installierte Nationale Zentrum für Schauspielautoren. Ein weiterer, der nur noch teilweise erhaltene Kreuzgang Saint-Jean mit einem schönen Monumentalbrunnen in der Mitte, rundet den Eindruck von einem klösterlichen Dorf ab. Alle Sehenswürdigkeiten in Villeneuve, auch die im Ort gelegenen Residenzen, sind gut ausgeschildert.

Auch der Rest der Route steht noch im Zeichen der Päpste. Im Schloß von **Roquemaure** starb 1314 der erste Heilige Vater von Avignon, Klemens V. Der Weg dorthin führt durch die Weingärten des Anbaugebiets von Lirac. Roquemaure, auf dem Ortsschild auch provenzalisch als Recomaulo ausgewiesen, war vor zwei Jahrhunderten die Hauptstadt des Weins der Côtes-du-Rhône mit einem Hafen, von dem aus dieser gute Tropfen nach Paris, England und Holland verschifft wurde.

Die Route führt nun gleich unterhalb der Autobahnbrücke auf der D 976 über die Rhône in Richtung Orange und auf dem anderen Ufer wieder flußab auf der D 17 nach **Châteauneuf-du-Pape**. Nur der Name und die Ruine der in den Religionskriegen beschädigten Sommerresidenz der kirchlichen Potentaten erinnert noch an die Päpste – aber natürlich werden Tiara und Petrusschlüssel als Symbole für die Werbung genutzt. Die Straße führt zwangsläufig auf einen Brunnen an einer Kreuzung zu, an der auch das Office de Tourisme liegt. Dort gibt es einen Lageplan aller Weingüter der berühmten Appellation. Entweder der Tag reicht noch für erste Kostproben, oder man schmeckt erst einmal im Restaurant vor und fährt am nächsten Morgen zu den Winzern.

Was nun schon zurückliegt und erkundet ist, aber auch was an diesem und dem folgenden Tag zu entdecken sein wird, läßt sich mit etwas Glück und klarem Wetter vom Burghügel über Châ-

Das Fort St.-André beherrscht Villeneuve-lès-Avignon

teauneuf-du-Pape mit den Augen einfangen: die Kette der Alpilles, die Türme von Avignon und Villeneuve, der geborstene Turm der Rhône-Festung L'Hers und, wendet man sich um, die Kalkzinnen von Montmirail und dahinter der Mont Ventoux.

Das »neue Schloß der Päpste« wurde eigentlich nur von Johannes XXII. und seinem Hofstaat als sichere Sommerresidenz genutzt, die anderen kamen nur hin und wieder, um nach ihrem Wein zu sehen. Danach verfiel die Ferienburg. Der letzte von vier Ecktürmen diente deutschen Truppen im letzten Krieg als Ausguck und Munitionsdepot – die Sprengung beim Rückzug ließ jedoch einen imposanten Rest stehen, durch dessen leere Fensterhöhlen der blaue Himmel leuchtet. Im renovierten Kellergewölbe tagt nun hochfeierlich die Weinbruderschaft des Ortes und verkündet von der Plattform den Beginn der Traubenlese.

Die ersten Rebstöcke hatten schon die Tempelritter gepflanzt. Die Armut dieser steinigen Landschaft, vom Abraum der urzeitlichen Rhône bedeckt, ist zugleich ihr Reichtum: Hier wächst nichts anderes als Wein! Meterdick ist das Geröll, weiß und kantig zwischen dem heutigen Flußbett und dem Ort, rund und rötlich vor allem östlich und nördlich des Winzerdorfs. Wie ein Akkumulator speichern die Steine Sonnenwärme und geben sie nachts wieder ab, das gibt dem Châteauneuf-Wein seine milde Wucht. Eine der Domänen hat im Ort ein schönes **Weinmuseum** aufgebaut, das viel über diese antike Tradition der Provence erzählt. Der Rundgang führt von alten Kaleschen im Hof zur handwerklichen Bodenbearbeitung mit Pflug und Hacke, über alte Pflückscheren, Spritzgeräte, Lese- und Tragkörbe, Flaschen und Korken zu einer Presse aus dem 16. Jahrhundert und noch älteren Fässern. Das Propfen von Reben

Stolze Ruine Châteauneuf

und die Rebstockkrankheit Phylloxera werden erklärt, ein Schaubild zeigt die Lagen des 3 000 Hektar umfassenden Anbaugebiets. Ein guter Einstieg, denn Reben werden zusammen mit Römern weiter diese Region der Provence bestimmen.

3. Route Rebstöcke und Römersäulen
   Die Dentelles de Montmirail
   und Orange

Den Geschmack eines roten oder weißen Châteauneuf noch auf der Zunge, liegt es nahe, noch andere Variationen der Appellation Côtes-du-Rhône zu erschmecken. Warum also nicht erst einmal in den Winzerdörfern um das kleine Kalkmassiv der **Dentelles de Montmirail** sich nach einem Standquartier für die nächsten zwei oder drei Nächte umschauen? Das Fahrpensum zu den verschiedenen Zielen ist von dort gering. Man hat die Wahl zwischen den dicht nebeneinander liegenden AOC-Dörfern **Vacqueyras, Gigondas, Sablet** und **Séguret**, dem Muskateller-Ort **Beaumes-de Venise** oder, in den Kalkfalten versteckt, **Lafare** und **Suzette**.

Weiß man dann, wo man abends sein Haupt betten und seine Beine strecken wird, ist man frei von Gepäck und solchen Sorgen in höchstens einer halben Stunde in **Orange**. Es lehnt sich mit seinem **Antiken Theater** an den Hügel von Saint-Eutrope. Wie ein Schloß beherrscht die hohe Außenfront des Bühnenbaus – 103 Meter lang und 39 Meter hoch – die kleine Stadt. Die fast intakte Innenwand, vom Sonnenkönig Ludwig XIV. als schönste des Landes gerühmt, und die sich an den Hügel schmiegenden Ränge machen das Theater von Orange zum besterhaltenen Bühnenbau des Römischen Reiches. Hier erst kann man ermessen, was in Arles zerstört wurde – die Ausmaße beider Theater sind identisch. Die dreieinhalb Meter hohe Statue des Augustus, in dessen Herrschaftszeit der Bau entstand, grüßt seit 1951 wieder aus der Nische hoch über der Bühne, die mitsamt der *cavea* von einem Sonnensegel, dem *velum*, überdacht werden konnte.

Den besten Blick in das Halbrund und über die Stadt bietet der Hügel **Saint-Eutrope**, an den sich das Theater lehnt. Eine Orientierungstafel informiert über die Umgebung. Hier oben stand auch das Prinzenschloß der »Oranier«, von dem nur noch Fundamente zeugen.

Ihren Namen hat die Stadt nicht von den Apfelsinen, die sie im Wappen führt, er ist abgeleitet von Aransio, dem kelto-ligurischen Ort, vor dessen Toren die Römer 105 v. Chr. eine Schlacht gegen die vordringenden Kimbern und somit fast ihre Fußfeste in Gallien verloren. Erst 70 Jahre später wurde auf der Felskuppe eine römische Veteranenkolonie gegründet, die sich systematisch ausdehnte, wie in Steintafeln

geritzte Katasterbruchstücke belegen. 412 n. Chr. setzten die Westgoten dieser ersten Blütezeit ein Ende.

Der Name Orange jedoch eroberte später in abgewandelter Form Europa. Ende des 12. Jahrhunderts baute sich hier nämlich der Troubadour Raimbaut ein kleines Fürstentum auf, das durch Heiraten, Verschwägerungen und Erb-

Szenenwand des Antiken Theaters in Orange

schaften auf dem Umweg über die Grafen von Les Baux schließlich 1530 an das deutsche Haus von Nassau-Dillenburg fiel. Graf Wilhelm I. machte sich zum »Prinzen« von Orange/Oranien, eben jenem fernen Besitz in der Provence, er führte als Statthalter den niederländischen Befreiungskampf. Im Frieden von Utrecht fiel Orange zwar an Frankreich, aber der Titel »Fürst von Oranien« wurde von den niederländischen Monarchen, eine Zeitlang auch von den preußischen Königen weitergeführt.

Beim Verlassen der Stadt auf der N 7, der einstigen *Via Agrippa* in Richtung Norden, umrundet man den **Triumphbogen**, der als Zeichen römischer Ober-

Augustus-Statue über der Bühne des Theaters

herrschaft die Siege der II. Legion Cäsars über die Gallier, aber auch über das wi-

derspenstige Marseille rühmt, dann aber dem Tiberius gewidmet wurde. Wenn man dieses drittgrößte und mit am besten erhaltene Monument seiner Art betrachtet hat, neigt sich wohl schon der Nachmittag, Zeit bleibt noch für eine Bummelfahrt durch die kleinen Weinorte **Cairanne, Rasteau** mit einem Winzermuseum und **Roaix**, um dann der Bleibe an den weißen Bergspitzen zuzustreben.

4. Route Vaison-la-Romaine und Buis-les-Baronnies

Wie man auch um oder durch die Dentelles de Montmirail nach Norden fährt, am Ende dieses Massivs liegt **Vaison-la-Romaine**. »Die Römische« also, die mit dem ersten Teil ihres Namens dokumentiert, daß die Eroberer es sich hier in Eintracht mit den keltischen Einheimischen in deren Stadt Vasio Vocontiorum gemütlich machten. In einer fast toskanisch anmutenden Bergmulde mit angenehmen Klima.

Hier beeindrucken keine ins Auge springenden Bauten wie in Arles und

Suzette und die Dentelles de Montmirail

Ziegenherde auf der Frühlingsalm

Orange, wohl aber die weitläufigen, fast komplett ausgegrabenen Reste einer **römischen Provinzstadt** – mit gut erhaltenen Straßen, doch ohne die strenge Urbanisations-Vorgabe eher natürlich gewachsen wie später die Dörfer der Provence. In diesem einst offenbar wohlhabenden Ort wurden einige der schönsten Statuen des antiken Midi gefunden, durchweg in weißem Marmor skulptiert: Ein Domitian im Harnisch, ein nackter Hadrian und ein 1925 entdeckter »Venuskopf« (2. Jahrhundert. n. Chr.), der erst spät als Haupt eines verträumten Apollo erkannt wurde. Auch hier ein leider verstümmeltes Theater. Mit einem einzigen, an der Basis 17 Meter breiten Bogen überbrückt eine Römerstraße die tiefe Schlucht des Ouvèze-Flusses und, heute noch den Verkehr tragend, zugleich zwei Jahrtausende. Nur die Brüstung riß Hochwasser 1616 und 1992 weg, nun ist sie aus Ventoux-Quadern neu gefügt ...

Sichtbar verschmelzen die Zivilisationen auch am Beispiel der kleinen **Kathedrale Notre-Dame**. Im 6. Jahrhundert säumten zwölf römische Tempelsäulen das Kirchenschiff, Säulensegmente tragen das Halbrund der romanischen Apsis. Über allem wacht jenseits des Flusses eine entrückte Oberstadt und noch darüber die Schloßruine der Grafen von Toulouse.

Von dem besonders milden Klima dieser Landschaft profitiert heute noch der Handelsort **Buis-les-Baronnies**. Ringsum werden in lichten Plantagen nicht nur Kirschen und Aprikosen geerntet, sondern vor allem Lindenblüten. Der Markt Anfang Juli ist der weltgrößte dieser Art und Anlaß zu buntem Treiben. Auf dem Weg zurück zum Standquartier kann man sich schon einmal von einem ganz anderen Ausflugsziel beeindrucken lassen, nämlich von der schroffen Nordseite des Mont Ventoux. Ein besonders dramatischer Aspekt bie-

87

Die Männer verpacken Lindenblüten …

Kräuter und Blüten für Gesundheit und Genuß

… die von den Frauen gezupft werden ▷

tet sich von der D 5 auf der Strecke nach **Mollans-sur-Ouvèze** oder weiter östlich von der D 41 oder D 40 bei **Brantes**.

5. Route Berg der Winde – Tal der Wasser
Mont Ventoux und Fontaine-de-Vaucluse

Hoch hinauf und tief hinab in die Bergwelt der Provence führt diese Route. Auf den höchsten Berg und zur mächtigsten, noch immer nicht ausgeloteten Quelle.

Mit dem **Mont Ventoux**, der beim Erwachen vor der Tür liegt, ist das so eine Sache: Er ist launisch. Oft täuscht seine Kuppe aus Kalkstein tagelang im Sonnenlicht gleißenden Schnee vor. Dann wieder macht er sich unbedeutend, duckt sich im Dunst. Oder er prahlt mit seinem Namen als »Windi-

ger«, nicht umsonst heißt die höchste Kehre der hinauf- und wieder hinabbringelnden Straße »Paß der Stürme«. Und dann, unten ist's noch sommerwarm, kann dort oben zwischen November und März tatsächlich Schnee liegen. Doch was Petrarca und Mistral – der Dichter, nicht der Wind – zu Fuß schafften und die Helden der Tour de France auf ihren Rennrädern, sollte auch vorsichtige Autofahrer nicht schrecken. Zumal bei drohender Wetterunbill rechtzeitig Schranken den Asphalt versperren. Im Marktflecken **Malaucène** weist das Schild zum Gipfel, als sei der ein Nachbarort. Gleich darauf ist man in der Bergwelt. An einer Steilwand entspringt die Quelle von **Groseau**, deren Wasser die Römer per Aquädukt bis Vaison-la-Romaine leiteten. Die Straße ist gut, liegt früh meist im Schatten, windet sich durch Mischwald, Aussichtspunkte laden zum Verweilen. Man

Weinfeld bei Malaucène

Brantes vor der Nordseite des Mont Ventoux ▷

kann den Mont Ventoux in knapp zwei Stunden »machen«, französische Reiseführer setzen dafür einen ganzen Tag an. Zwischen seinem Gipfel und dem Mont Serein liegt auf der Nordseite ein recht schneesicheres Wintersportgebiet – fast glaubt man angesichts der hölzernen Chalets schon in den Alpen zu sein. Doch oben, am **Col des Tempêtes**, dicht unterhalb der 1 909-Meter-Kuppe, sieht das ganz anders aus.

So vereinzelt, den anderen Gipfeln entrückt wie dieser Berg, fehlt die Höhenrelation, selten scheint der Mont Blanc greifbar, ein vergleichbares Maß erreicht allenfalls und knapp im Osten die Montagne de Lure, und deren Spitze ist 42 Kilometer entfernt. Doch der Blick südwärts fächert die ganze Provence auf: Wie Riegel schieben sich das Plateau de Vaucluse und der Luberon quer ins Bild, dahinter verschmelzen Sainte-Victoire und Sainte-Baume.

Halbrechts schimmert vielleicht noch der Étang de Berre bei Marseille. Bei besonders transparenter Luft reckt sich an der Grenze des Blickfelds der Canigou als Endpunkt der Pyrenäen, 300 Kilometer weit. Orientierungstafeln schlüsseln das Panorama auf. Aber auch wenn Dunst über der Ebene hängt und sich zwischen den Bergketten verdichtet, ist dieser Aussichtsplatz sensationell, vergißt man sofort die häßlichen Zweckbauten der Radarstation und des Fernsehsenders. Wer an einem klaren Tag hier den Sonnenuntergang abwartet, wird bald darauf erleben, wie sich die Lichter der provenzalischen Orte und Städte zu einer funkelnden Milchstraße verbinden. Man kann gleich unterhalb des kahlen Gipfels und dann schon wieder ein Stück abwärts im geschützten Kurvenwinkel des **Chalet Reynard** auf Terrassen speisen und die Zeit vergessen. Bei der Weiterfahrt auf

Dorfbarock: die Kirche in Bédoin

92

der Südflanke beschert im Herbst das Laub ein traumhaft schönes Farbenspiel. Hier wachsen Zedern und Pinien, Buchen und Eichen. Wenig später trifft man wieder auf Weingärten und Obstpflanzungen.

Eine interessante Variante führt vom Chalet Reynard nach **Sault**, einem Zentrum des Lavendelanbaus, und von dort auf der D 942 durch die Wildbachschlucht der **Gorges de la Nesque**. Am Ausgang liegen **Mormoiron** mit dem größten Gipsvorkommen Europas und **Mazan** mit zwei Reihen gallo-römischer Sarkophage auf seinem Friedhof.

In **Carpentras** bietet der Cours, die Platanenallee neben der Avenue Jean-Jaurès, unzählige Parkplätze. Auf halber Strecke liegt das Verkehrsamt und gleich dahinter der alte Stadtkern. Von den 32 Türmen und vier Toren der Stadtmauer, deren Linie die Boulevards noch nachzeichnen, ist nur die Porte

Das Hospital von Carpentras

Stadttor von Pernes-les-Fontaines

93

Duftende Lavendelernte

drale Saint-Siffrein, ein Meisterwerk der Flamboyant-Gotik, an den damals bedeutenden, jüdischen Bevölkerungsanteil – durch dieses Portal betraten die Juden nach ihrer Konversion zum Katholizismus zum erstenmal den Dom. Sonst aber waren sie, die hier unter dem liberalen Regime der Grafen von Toulouse eine Freistatt gefunden hatten, den Schwankungen der Toleranz ausgeliefert. Zunächst durften sie auch außerhalb der *carrière* oder *juiverie* leben, eines nur durch eine Kette symbolisch begrenzten Ghettos. Um die Mitte des 15. Jahrhunderts aber obsiegte der Antisemitismus: Die jüdischen Mitbürger wurden in immer höher aufgestockten Elendsquartieren einer

d'Orange auf der anderen Seite geblieben. Dafür erinnert hier anderes an die Lebensformen des Mittelalters: So die **Porte Juive** auf der Südseite der Kathe-

Uralte Ölbäume mit jungen Trieben

Trödelmarkt in L'Isle-sur-la-Sorgue

Gasse gepfercht und gezwungen, ein gelbes Abzeichen zu tragen, die Frauen ein gleichfarbenes Band im Haar. Die im Herzen des einstigen Ghettos liegende, erneuerte **Synagogue**, ein außen unscheinbares, in der Höhe gestutztes Bauwerk von 1743 in der Nähe des Rathauses, ist innen ein Kleinod – teils im Stil Ludwigs XV. und Ludwigs XVI. gestaltet – und der älteste jüdische Tempel Frankreichs.

Die **Kathedrale Saint-Siffrein**, von der Place de Gaulle aus zugängig, ist reich an Werken regionaler Künstler, besonders des 17. und 18. Jahrhunderts. In einer Seitenkapelle ist ein *trésor d'art sacré* ausgestellt, vor allem Holzfiguren. Im rückwärtigen Winkel zwischen Kathedrale und Justizpalast, dem einstigen Erzbischofspalais, wird ein kleiner Triumphbogen der Römer mit den Reliefs gefangener Gegner leicht übersehen. Im **Hôtel Dieu**, dem

Hospital, ist eine Apotheke aus dem 18. Jahrhundert mit Arznei-Fayencen aus Moustiers eine Attraktion.

Nach dem »Höhenflug« über den Mont Ventoux steht am Nachmittag die Begegnung mit der unterirdischen Provence an. **Fontaine-de-Vaucluse** liegt am Ende eines geschlossenen Tals, *vallis clausa*. Dorthin zog sich der Italiener Petrarca aus Avignon zurück, das ihm als »gottloses Babylon, aus dem jede Scham entwichen ist« erschien. Dort will er auch seine angebetete, bei einem Kirchgang in Avignon zum erstenmal erblickte und längst vergebene Laura gesehen haben, wie sie als unschuldige Najade in »klaren, frischen, süßen Wellen« der Sorgue badete.

Das Wasser ist noch immer von unglaublicher Klarheit. Aber vor die Promenade zu seinem Ursprung hat die Gemeinde einen recht happigen Parkzoll gesetzt, als müßte sie das Naturereignis finanzieren. Auf dem Weg zur **Quelle** liegt ein kleines **Geschichtsmuseum**. Auch versucht eine lokale Souvenirindustrie, den Besucher in eine betongedeckte Passage neben dem Weg zu schleusen. Doch das Spektakel der plötzlich unter den Füßen hervorströmenden Wasser lohnt den Weg, auch wenn sich die eigentliche Quelle nach der Schneeschmelze in einen dunklen Felsenrachen unterhalb der Steilwand zurückzieht und dort nur mit einem schwarzen Auge blinkt. Bis die Regenfälle über dem Plateau de Vaucluse den Quellenschlund mit einer bis zu 30fachen Menge wieder überströmen lassen.

Unergründlich scheint dieser Ausgang eines komplexen Systems von Höhlen, Gängen und Bassins unter dem Bergmassiv, 1878 gab der Marseiller Helmtaucher Ottonelli in 23 Meter Tiefe auf, auch der Telenaut des Ozeanologen Cousteau fand keinen Grund. 1983 erreichte der Deutsche Hassenmayer 205 Meter Tiefe, mit dem Instrumententräger Modexa schien man 1985 bis minus 308 Metern bis zum einem Knick gelangt zu sein.

Wenn abends die Besucherflut verebbt, ist es sehr schön hier, hier oder weiter abwärts in **L'Isle-sur-la-Sorgue**, wo der Fluß noch immer bemooste Wasserräder bewegt, einst Antriebswerke für Ölmühlen und Seidenspinnereien. Stillgelegte Fabrikhallen und Werkstätten sind hier zu einem Zentrum des Antiquitäten- und Trödelhandels geworden. Allein im »Village de la Gare« teilen sich rund 60 Händler auf zwei Etagen die Ausstellungsfläche. Geöffnet wird jedoch nur über das Wochenende, dann installieren sich auch zusätzlich noch »fliegende« Händler an der Sorgue, mit Kennerblick kann man da noch Funde machen. ✸

Wasserrad in L'Isle-sur-la-Sorgue

Sorgue bei Fontaine-de-Vaucluse ▷

Die Bergregion des Luberon, Salon-de-Provence und Aix-en-Provence

Route: Fontaine-de-Vaucluse – Gordes – Roussillon – Bonnieux – Oppède-le-Vieux – Silvacane – Salon-de-Provence – Aix-en-Provence (345 km)

1. Route: Fontaine-de-Vaucluse – Gordes – Sénanque – Roussillon – Apt – Saignon – Bonnieux (70 km)

Vormittag Von Fontaine-de-Vaucluse bzw. L'Isle-sur-la-Sorgue über die D 100 A und D 100 nach Cabrières-d'Avignon und über die D 2 hinweg auf der D 207 und D 148 zum **Moulin des Bouillons** und **Musée du Vitrail**, beide nah beieinander auf dem Weg nach **St.-Pantaléon**; von dort zurück zur D 2 und rechts ab zum **Village des Bories**. Weiter nach **Gordes** mit dem Kunst-Museum im Schloß.

Nachmittag Besuch der **Abtei von Sénanque** an der D 177 nördlich von Gordes. Über die D 2 und D 102 zu den Ockerfelsen von **Roussillon**. Via Apt nach **Saignon** und über die Hochebene der Claparèdes. Übernachtung in **Bonnieux** oder einem der Luberon-Dörfer.

Abstecher: Von Roussillon zunächst über die D 2 nach St.-Saturnin-d'Apt zu den Ockerformationen **Colorado** bei **Rustrel**. Via Gignac und die D 33 auf die Talstraße N 100. Entweder, der Aussicht auf den **Grand Luberon** wegen, kurz hinauf nach **St.-Martin-de-Castillon**. Oder, in der Erntezeit des Lavendels, auf der anderen Seite der N 100 auf der D 223 nach **Saignon**: An den Ortsausgängen von Castellet und Âuribeau wird noch in Kleinbetrieben Lavendelessenz destilliert.

2. Route: Bonnieux – Coustellet – Oppède-le-Vieux – Ménerbes – Lacoste – Buoux – Bonnieux (55 km)

Vormittag Von Bonnieux zunächst zur N 100 bis Coustellet. Von dort über die D 2 und D 3 auf den Petit Luberon zu nach **Oppède-le-Vieux**. Ortsbesichtigung dort und anschließend auch in **Ménerbes**, dann auf der D 109 zur **Abtei St.-Hilaire** und nach **Lacoste**.

Nachmittag Über die D 109, D 232 und D 113 zum **Fort de Buoux** und zurück über die D 943 und D 36 zur Höhenstraße **Route de Crêtes** auf den Kamm des **Petit Luberon** (kurz vor Bonnieux von der D 36 links abbiegen). Wanderung durch den Zedernwald zum **Belvédère les Portallets**, Panorama über Gartenlandschaft des Luberon und das Tal der Durance.

Extratour: Wer einen Wandertag einlegen möchte, dem seien zwei Möglichkeiten empfohlen:
– Man kann auch von der Straßengabelung D 3/D 103 kurz hinter der Abtei St.-Hilaire auf einem schönen Pfad zum Kamm des **Petit Luberon** hinaufwandern. So gelangt man unmittelbar zum **Belvédère les Portallets**, dem Aussichtspunkt auf das Tal der Durance.
– Über den Wanderweg, der oberhalb von Oppède-le-Vieux beginnt, geht es hinauf auf den **Petit Luberon**. Am Westende des Weges bietet sich ebenfalls ein Rundum-Panorama.

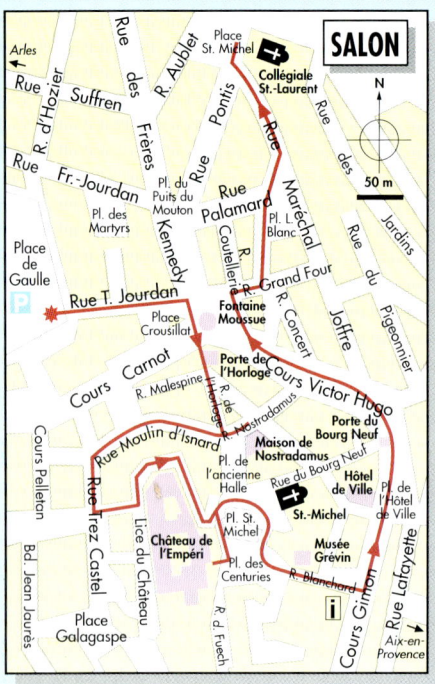

Vormittag Von Bonnieux geht es über die D 36 und auf der D 943 durch die Combe de Lourmarin. Kurz hinter der Einmündung in die D 943 zweigt in der Schlucht ein Weg über den Bach zur **Waldenser-Brücke** ab. Weiter auf der D 943 nach **Lourmarin**, dort Schloßbesichtigung. Seitab über die D 56 nach **Vaugines** mit der »schönsten Dorfkirche der Provence«. Auf der D 45 via Cadenet über die Durance und weiter auf der D 561 zur Abtei von **Silvacane**.

Nachmittag Über die D 543 nach **Rognes**, dort Besuch der Kirche. Bei der Weiterfahrt nach Lambesc Blick von der D 15 auf die Steinbrüche. Kleiner Bummel durch **Lambesc**. Eventuell Besichtigung von Schloß, Zoo und Vivarium von **La Barben** an der D 22; dann nach **Salon-de-Provence**. Bummel durch die Stadt, Besuch der **Maison de Nostradamus** und der **Kirche St.-Laurent**.

4. Programm: Salon-de-Provence – Aix-en-Provence (40 km)

Vormittag Über die D 572 und N 7 von Salon-de-Provence nach **Aix-en-Provence**. Bummel über den **Cours Mirabeau**, vorbei an alten Adels- und Patrizierpalais zum südlichen Quartier Mazarin mit dem **Musée Paul Arbaud**, der Kirche **St.-Jean-de-Malte** und zum **Musée Granet** mit Werken von Paul Cézanne und der kelto-ligurischen Ureinwohner.

Nachmittag Über den Cours Mirabeau hinüber zum **Place de Prêcheurs** mit der Kirche **Ste.-Marie-Madeleine**. Weiter zum **Rathausplatz**, **Musée du Vieil Aix** und zum **Tapisserie-Museum**. Besuch der **Kathedrale St.-Sauveur** mit ihren Gemälden und des daneben gelegenen **Kloster-Kreuzgangs**. Zurück über die Rue Aude zur Place St.-Honoré zum **Musée d'Histoire Naturelle**.

4. Programm: Salon-de-Provence – Aix-en-Provence (40 km)

Abstecher: Zum **Aquädukt von Roquefavour**. Statt ab St.-Cannat über die N 7 auf direktem Weg nach Aix, biegt man 3 km vorher von der D 572 rechts ab auf die D 67 E nach Coudoux und fährt auf der D 19/D 64 weiter via Ventabren. Der 1847 fertiggestellte Brückenkanal führte Durance-Wasser nach Marseille. Das Bauwerk übertrifft mit einer Höhe von 83 m und einer Länge von 375 m das römische Aquädukt des Pont du Gard (49 und 275 m) bei Nîmes. Vom Parkplatz am Wächterhaus zum Kanal hochsteigen.

5. Route: Aix-en-Provence – Plateau d'Entremont – Vauvenargues – Montagne Ste.-Victoire – Aix-en-Provence (100 km)

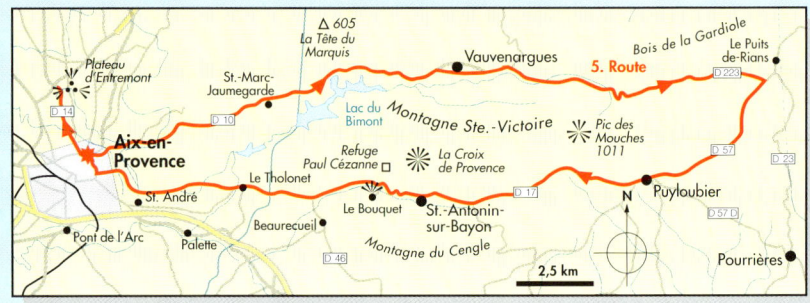

Vormittag In **Aix-en Provence** Besuch des **Ateliers von Paul Cézanne**, von dort über die D 14 zur Salyer-Stadt **Entremont**, Besichtigung der Ausgrabungsstätte.

Nachmittag Auf der »**Route Cézanne**« von Aix aus über die D 10 nach **Vauvenargues**, um die Montagne **Ste.-Victoire** herum und über die D 17 zurück nach Aix-en-Provence.

Alternative: Cézanne-Liebhaber können sich – bewaffnet mit dem Faltblatt »Sur les pas de Cézanne«, das man im Office de Tourisme von Aix erhält – auch ganz individuell auf den Spuren des Malers durch die Umgebung von Ste.-Victoire bewegen.

Informationen

 Musée du Vitrail
Route de St.-Pantaléon (an der D 148)
In der Saison tägl. außer Di 10–12 und 14–18, im Winter bis 17 Uhr; Dez./Jan. geschl.
Moderne und nahöstliche Glasfensterkunst.

 Moulin des Bouillons
Route de St.-Pantaléon
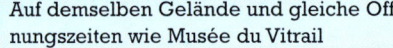 Auf demselben Gelände und gleiche Öffnungszeiten wie Musée du Vitrail

Ölmühle mit gallo-römischem Preßwerk; Öllampen aus fünf Jahrtausenden.

 Le Mas Tourteron
Les Imberts (4 km südwestl. von Gordes)
✆ 04 90 72 00 16
Ruhig gelegen, sehr gute provenzalische Küche. FFF

 Village des Bories
Nahe der Gabelung D 15/D 2
✆ 04 90 72 03 48

Informationen

Tägl. 9 Uhr bis Sonnenuntergang
Museumsdorf: ein Weiler restaurierter,
regionstypischer Steinbauten.

84220 Gordes

 Office Touristique du Pays de Gordes
Place du Château
℃ 04 90 72 02 75, Fax 04 90 72 04 39

🏛 **Château de Gordes**
Tägl. 10–12 und 14–18 Uhr, Di außer
Juli/Aug. geschl.
Renaissance-Schloß mit Gemäldesammlung.

 Comptoir du Victuailler
Place du Château
℃ 04 90 72 01 31
Im Gewölbe eines einstigen Dorfladens,
Terrasse. Marktfrische Gerichte. FFF

Feste/Veranstaltungen in Gordes:

Les Soirées d'èté de Gordes: Juli/Aug.
mit Schauspiel, Konzerten, Rezitationen
und Kunstausstellungen; Auskunft im
Office Touristique.

 Abbaye de Sénanque
An der D 177 nördlich von Gordes
℃ 04 90 72 05 72
März–Okt. tägl. 10–12 und 14–18 Uhr,
sonst bis 17 Uhr; an Sonn- und religiösen
Feiertagen vormittags geschl.
Romanisches Zisterzienserkloster.

84220 Roussillon

 Office de Tourisme
Place de la Poste
℃ und Fax 04 90 05 60 25

 Val de Fées
Rue Richard Casteau

℃ 04 90 05 64 99
Die rückwärtige Terrasse bietet Aussicht
auf die Ockerformationen.
FF–FFF

 David
Place de la Poste
℃ 04 90 05 60 13
Blick ins Tal der Ockerfelsen. FF–FFF

 Auberge du Presbytère
Place de la Fontaine
84400 Saignon
℃ 04 90 74 11 50, Fax 04 90 04 68 31
Im alten Pfarrhaus an einem schönen
Brunnenplatz. F–FF

 Relais de la Riviere (L'Aiguebrun)
An der D 943 von Apt nach Lourmarin,
 kurz vor Abzweigung der D 36 nach
Bonnieux (links, Privatweg)
℃ 04 90 04 47 00
In einer stillen *bastide* (Herrenhaus) am
Bach. Gute Küche. FF

84480 Bonnieux

 Syndicat d'Initiative Intercommunal
7, place Carnot
℃ 04 90 75 91 90

 Hostellerie du Prieuré
℃ 04 90 75 80 78, Fax 04 90 75 96 00
Hotel-Restaurant im Ort, Hanglage, stilvoll in einem ehemaligen Kloster. FF

 César
Place de la Liberté
℃ 04 90 75 80 18
Im Ort. Hotel-Restaurant mit Nebengebäude. Weitblick vom Restaurant. F

 Musée de la Boulangerie
12, rue de la République
Juni–Sept. tägl. außer Di durchgehend
geöffnet, sonst nur am Wochenende
Historische Bäckerei.

Informationen

 Le Fournil
5, place Carnot
✆ 04 90 75 83 62, Fax 04 90 75 96 19
In den Felsen gebaut, davor Fontäne.
Gutes Essen. F–FFF

 Musée de la Lavande
Route de Gordes
84220 Coustellet
Juli–Sept. tägl. 10–12 und 14–19 Uhr, sonst
bis 18 Uhr, Jan.–Febr. geschl.
Verschiedene Apparate zum Destillieren
der Lavendelessenz. Verkauf von Laven-
delprodukten.

 Ménerbes
Am 2. So im Juni **Hunde- und Pferde-
markt** in Ménerbes.

 Hostellerie Le Roy Soleil
84560 Ménerbes
✆ 04 90 72 25 61, Fax 04 90 72 36 55
Ausgebautes *mas* (Landhaus) außerhalb
des Dorfs. FFF–FFFF

 Abtei St.-Hilaire
An der D 109 zwischen Ménerbes und
Lacoste
In der Hauptsaison tägl. 10–19, sonst
11–17 Uhr
Privat restauriert, mit drei Kapellen aus
dem 12., 13. und 14. Jahrhundert.

 Relais du Procureur
84480 Lacoste
✆ 04 90 75 82 28
Gästezimmer in einem schönen Haus
unterhalb der Burg.
FF–FFF

84480 Buoux

 Auberge du Seguin
Abzweigung von der D 113
✆ 04 90 74 16 37
Provenzalischer Bau an einem Talende.
Meist viel Betrieb. F

 Fort de Buoux
Sonnenaufgang bis -untergang
Auskunft: Mairie de Buoux
✆ 04 90 74 07 65
Festungsanlage aus dem 12. Jh., Aufstieg
bis zur höchsten Stelle ca. 40 Min.

 In der neuen **Kirche** unterhalb von Buoux
gibt es einfache Gemälde deutscher Her-
kunft.

 Auberge de la Loube
An der D 113
✆ 04 90 74 19 58
Uriges Landrestaurant. Kutschenfahrt
nach dem Essen. FF

 Château de Lourmarin
84160 Lourmarin
Tägl. 11–12 und 14.30–17.30 Uhr (im
Sommer bis 18.30 Uhr), Nov.–März Di
geschl.; Führungen
Das Château Neuf mit Fassade, Treppe
und Kaminen in reinstem Renaissance-
Stil.

 Abbaye de Silvacane
Bei La Roque-d'Anthéron
✆ 04 42 50 41 69
April–Sept. tägl. außer Di 9–19, sonst 9–12

In der Abtei von Silvacane

Informationen

und 14–17 Uhr; bei Voranmeldung auch Führung

Zisterzienserabtei aus dem 12./13. Jh. Im August findet hier das **Festival International de Piano** statt. Auskunft unter ✆ 04 42 50 41 69.

 Dorfkirche
13840 Rognes
Tägl. 10–11 und 15–18 Uhr
Kirchenbesichtigung nach Meldung im Presbyterium.

Château de la Barben
13330 La Barben (an der D 22)
✆ 04 90 55 19 12, Fax 04 90 55 27 75
Tägl. außer Di 10–12 und 14–18 Uhr, Führungen (40 Min.)
Zoo-Freigehege und Reptilien-Vivarium: April–Sept. tägl. 10–18, sonst 10–12 und 13.30–18 Uhr
Idyllisch gelegenes Schloß, im 18. Jh. umgebaut, mit schönen Gärten und großem Tierpark.

13300 Salon-de-Provence

i **Office de Tourisme**
56, cours Gimon
✆ 04 90 56 27 60, Fax 04 90 56 77 09

Sélect-Hotel
35, rue Suffren
✆ 04 90 56 07 17, Fax 04 90 56 42 48
In der Nähe der Place de Gaulle. Einfach und ruhig. Kein Restaurant. F

Hôtel Vendôme
34, Rue du Maréchal-Joffre
✆ 04 90 56 01 96
Unweit der Burg. Einfaches Hotel. F

Maison de Nostradamus
Rue Nostradamus
Tägl. 9–12 und 14–18 Uhr
Wohnhaus mit der rekonstruierten Studierstube des Nostradamus.

Château de l'Empéri
Im Sommer tägl. außer Di 10–12 und 14.30–18.30, sonst bis 18 Uhr
Im Château de l'Empéri befindet sich ein interessantes Armeemuseum.

St.-Laurent
Place St.-Michel
Gotische Kirche mit dem Grab des Nostradamus in einer Seitenkapelle.

 La Salle à Manger
6, rue du Maréchal Joffre
✆ 04 90 56 28 01
In einem eleganten, alten Bürgerhaus. FF–FFF

 Craponne
146, allées Craponne
✆ 04 90 53 23 92
Mit Terrasse. F–FFF

Hotels/Restaurants außerhalb von Salon-de-Provence:

L'Abbaye de Ste.-Croix
Route du Val-de-Cuech
13300 Vernègues (an der D 16, nordöstl. von Salon)
✆ 04 90 56 24 55, Fax 04 90 56 31 12
In einer Abtei aus dem 12. Jh. auf einer Anhöhe mit Weitblick. Alte Möbel, Swimmingpool, sehr gutes Restaurant. FFF–FFFF

Le Devem de Mirapier
13250 Cornillon-Confoux (über die N 113 und D 15 Richtung Étang des Berre)
✆ 04 90 55 99 22, Fax 04 90 55 86 14
Modernes provenzalisches Hotel und Restaurant. Mit Park und Pool. FFF–FFFF

Restaurant La Touloubre
An der D 22 E zwischen D 15 und D 572
13330 Pélissanne
✆ 04 90 55 16 85
Restaurant (FF–FFF), Zimmer. F

Informationen

13100 Aix-en-Provence

Office de Tourisme
2, place du Général de Gaulle
℡ 04 42 16 11 61, Fax 04 42 16 11 62
Hier erhält man auch die Broschüre »Sur les pas de Cézanne« mit einem ausgearbeiteten Stadtrundgang auf den Spuren des Malers und seine Stationen in der Umgebung von Aix.

Parkplatz: Im verkehrsschwierigen Aix-en-Provence gibt es im Winkel zwischen den Avenuen des Belges und Napoléon Bonaparte, an der Place des Cardeurs und auf dem Boulevard Carnot günstig gelegene Parkplätze.

Hôtel Des Augustins
3, rue de la Masse
℡ 04 42 27 28 59, Fax 04 42 26 74 87
Ein paar Schritte vom Cours Mirabeau, in einem Kloster des 12. Jh. Hotelgarage in der Nähe. FFF–FFFF

Hôtel Mercure Paul Cézanne
40, avenue Victor-Hugo
℡ 04 42 26 34 73, Fax 04 42 27 20 95
Im Zentrum. Freundlich, ruhig, mit provenzalischen Möbeln. Parkplatz, Garage. FFF

Le Manoir
8, rue d'Entrecasteaux
℡ 04 42 26 27 20, Fax 04 42 27 17 97
Nahe der Place des Tanneurs. Mit altem Kreuzgang. Sehr ruhig hinter einem Hof mit einem Parkplatz. FF

Le Négre-Coste
33, cours Mirabeau
℡ 04 42 27 74 22, Fax 04 42 26 80 93
Moderner Komfort hinter alter Fassade. Garage Rue de la Masse. FF

Bleu Marine
Route de Galice

℡ 04 42 95 04 41, Fax 04 42 59 47 29
Ganz in der Nähe von Cézannes Atelierhaus gelegen. Ein Rundbau mit Swimmingpool und Piano-Bar. Üppiges Frühstück. FF

Le Prieuré
Route des Alpes
℡ 04 42 21 05 23, Fax 04 42 21 60 56
In einer Priorei aus dem 17. Jh., mit Blick auf einen Park.
F–FF

La Caravelle
29, boulevard du Roi-René
℡ 04 42 21 53 05, Fax 04 42 96 55 46
Nahe der Kirche St.-Jean-de-Malte. Einige Zimmer zum Garten.
F–FF

Musée Paul Arbaud
2 A, rue du 4 Septembre
Tägl. außer So 14–17 Uhr
Alte Bücher über die Provence, schöne Fayence-Kollektion.

Musée Granet
Place St.-Jean-de-Malte
Tägl. außer Di 10–12 und 14–18 Uhr
Archäologische Sammlung und Gemälde vor allem des 17. und 18 Jh. Mit einem Cézanne-Saal.

Musée du Vieil Aix
17, rue Gaston-de-Saporta
Im Sommer außer Mo tägl. 10–12 und 14.30–18, im Winter 10–12 und 14–17 Uhr; Okt. geschl.
Heimatmuseum; »sprechende Krippen« und Santi-belli-Statuetten – einst traditionelle Hochzeitsgeschenke.

Musée des Tapisseries
Palais de l'Archevêché (1. Etage)
Tägl. außer Di 10–12 und 14–18 Uhr
Von den Prälaten im 17. und 18. Jh. erworbene Wandteppiche aus der Manufaktur von Beauvais.

Informationen

 Cathédrale St.-Sauveur
Place des Martyres de la Résistance
Tägl. 9.30–11.30 und 14–16.30 Uhr
Sehenswert sind die reich skulptierten, zum Schutz verdeckten Portalflügel (um 1500) und das Triptychon des »Brennenden Buschs« (1476). Bitte an den Sakristan wenden.

 Cloître St.-Sauveur
Zugang durch eine Tür nahe dem Baptisterium der Kathedrale oder vom Platz. Besonders eleganter Kreuzgang.

 Musée d'Histoire Naturelle
6, rue Espariat (im Hôtel Boyer d'Eguilles)
Tägl. außer So 10–12 und 14–18 Uhr
Kollektion von Dinosaurier-Eiern aus dem Urstromtal.

 Atelier Paul Cézanne
9, avenue Paul Cézanne/Les Lauves
☎ 04 42 21 06 53
Im Sommer tägl. 10–12 und 14.30–18, im Winter tägl. 10–12 und 14–17 Uhr; Führungen

 Le Clos de la Violette
10, avenue Violette
☎ 04 42 23 30 71
In einem weißen Haus verbirgt sich nicht nur das beste Restaurant der Stadt, sondern eines der besten Frankreichs. Regionalküche. FFF–FFFF

 Le Petit Verdot
7, rue d'Entrecasteaux
☎ 04 42 27 30 12
Zum Tagesgericht oder auf Stein gegrilltem Fleisch ein Spitzenwein – glasweise. FFF

 Les Deux Garçon
53, cours Mirabeau
☎ 04 42 26 00 51
Nach einem Brand strahlt diese Brasserie im Stil des Ersten Kaiserreichs mehr denn je. FF

 Le Bistro Latin
18, rue de la Couronne
☎ 04 42 38 22 88
Einfallsreiche Regionalgerichte hinter einer blauen Tür.
F–FF

 Le Bar à Thé
66, place Richelme
☎ 04 42 23 51 99
Winziges Markt-Bistro. F

Feste/Veranstaltungen in Aix-en-Provence:

Festival International d'Art Lyrique et de Musique: in der 2. Julihälfte im Palais de l'Ancien Archevêché und in der Kathedrale mit klassischen Konzerten, Gesang und Lyrik; Auskunft erhält man unter ☎ 04 42 17 34 34.
Festival International de Danse à Aix: moderner Tanz und klassisches Ballett im Juli; Auskunft unter ☎ 04 42 96 05 01.

 Ausgrabungen Plateau d'Entremont
Ca. 3 km nördlich von Aix an der D 14
Tägl. außer Di/Fei 9–12 und 14–18 Uhr
Eindrucksvolle Reste von der Hauptstadt der kelto-ligurischen Ureinwohner aus dem 2. Jh. v. Chr.

 Au Moulin de Provence
Rue des Maquisards
13126 Vauvenargues
☎ 04 42 24 93 11
Blick auf das Picasso-Schloß und die Montagne Ste.-Victoire.
FF

  **Relais Ste.-Victoire**
13100 Beaurecueil (an der »Route Cézanne« D 17/D 46)
☎ 04 42 66 94 98, Fax 04 42 66 85 96
Hervorragende Regionalküche am Ende eines Feldwegs mit Blick à la Cézanne.
FFF–FFFF (Hotel FF)

3 Die Bergregion des Luberon, Salon-de-Provence und Aix-en-Provence

1. Route Die Op-art-Mauern in Gordes und die Ockerfelsen von Roussillon

Als *route touristique* biegt die schmale Straße D 100 A am linken Sorgue-Ufer aus dem *vallis clausa* in die Hügel: Cabrières-d'Avignon und dann, über die D 2 hinweg Richtung Saint-Pantaléon. Ein Stück weiter nämlich kann man sich in dem zum Museum umgewandelten **Moulin des Bouillons** genau informieren, wie es zu jenem fruchtigen Olivenöl kommt, das in der provenzalischen Küche eine so bedeutende Rolle spielt. Nirgends sonst ist solch wuchtiges, sieben Tonnen schweres, aus einem einzigen Eichenstamm gefertigtes Preßwerk der gallo-römischen Zeit erhalten. Im **Musée du Vitrail** gleich nebenan führt eine Schau in die Glasfensterkunst ein.

Der nur kapellengroßen romanischen Kirche im Flecken **Saint-Pantaléon** (ab 5. Jahrhundert) wurde einst besondere Wunderwirkung zugeschrieben: Totgeborene oder bald nach der Geburt gestorbene Kinder wurden hier angeblich für die Dauer einer Messe wieder zum Leben erweckt und unmittelbar nach der erfolgten Taufe am Ort bestattet. Ihre winzigen, nun offenliegenden Gräber sind in den Felsensockel des Gotteshauses gemeißelt.

Wieder auf der D 2 nähert man sich einer Besonderheit in dieser Gegend: Es sind *bòris*, französisch *bories*, Apotheosen der uralten Kunst, ohne Mörtel Steine so-

Man reißt sich drum, hier in Gordes zu wohnen

gar zu Häusern zu schichten. Einige dieser einem umgestülpten Kielschiff ähnelnden Bauten sollen noch aus der Vorzeit stammen. Das einzigartige **Village des Bories**, eine Ansammlung von fünf Wohninseln ganz in der Nähe von Gordes, ist sicher nicht älter als ein halbes Jahrtausend. Kommt man dann nach **Gordes**, so versteht man gut, wieso hier eine noch gar nicht lange zurückliegende Wiederbelebung der Provence ihren Ausgang nahm.

Für den mit geometrischen Formen spielenden Künstler Victor Vasarely war dieser Ort auf einer Nase des Vaucluse-Plateaus Liebe auf den ersten Blick. Die besondere Art, wie man in dieser Gegend flache Steine zu Mauern, Wegen und Treppen fügte, inspirierte ihn zu einer Epoche seiner Op-art. Für einen symbolischen Franc pachtete er in dem damals verfallenen Ort das Schloß, mit der Verpflichtung, es wieder herzurichten. Doch die didakti-

sche, etwas megalomanische, aber auch amüsante Schau seiner Werke verlor mit der Zeit ihre Magnetkraft. Nun nutzen andere Künstler den Renaissance-Rahmen der einstigen **Schloßfestung**.

Doch daß Künstler und Kunsthandwerker an den Hängen des Plateau de Vaucluse und gegenüber, am Grand und Petit Luberon Fuß faßten, war Auftakt für eine Invasion Pariser Intelligenzija und Schickeria, die von hier aus bis in den Luberon gegenüber schwappte. Man mag bedauern, daß Vollkasko-Mentalität der reichen Großstädter oft Zement in die traditionell unverfugten Mauern streicht, aber ohne die Fremden und ihr etwas neurotisches »Zurück zur Natur« wäre Gordes, wären viele andere Ort dieser Route wohl zerbröckelt. Denn die herkömmlichen Wirtschaftszweige warfen nach dem Krieg lange Zeit nicht mehr genügend ab, Landflucht hinterließ aufgegebene Höfe und Klöster, die heute begehrtes Spekulationsobjekt als Sommerwohnsitz sind.

Die Neubürger tragen aber eben auch wieder Geld ins Land, sie ermutigen durch ihr, wenn auch befristetes Da-Sein Bauern und Winzer, weiterzumachen oder versuchen sich gar selbst in diesen Metiers. Es kam eine alles in allem harmonische Mischung zustande, in der das Alte wieder geschätzt und respektiert und nicht mehr bloß ausgeschlachtet wird, in der das Neue meist doch behutsam und sensibel seinen Platz sucht. So haben jene, die eine Zeitlang auch aus Unverstand sündigten, die als Heimatdiebe geschmäht wurden, weil man ihnen anfangs voller Naivität das Erbe allzu billig verkaufte, doch eigentlich diese Landschaft gerettet.

Die **Abtei von Sénanque**, ein Zisterzienserkloster aus dem 12. Jahrhundert, bildet mit den Abteien von Silvacance und Le Thoronet die Gruppe der »drei

Ganz ohne Mörtel: Häuser im Village de Bories

In einem stillen Tal: die Abtei von Sénanque

provenzalischen Schwestern«. Alle drei im reinsten Stil dieses asketischen Ordens, der ein einfaches Leben in Armut und Zurückgezogenheit predigte. Seit Anfang 1989 sind wieder Mönche in dieser großartigen Eremitage, zugleich Kulturzentrum, eingezogen, die sich selbst in ihrem Talwinkel nicht mehr dem Strom der Zeit verweigern kann.

Der nächste Halt ist **Roussillon**. Der Name lateinisch *russulus*, kommt von den rötlichen Felsen, auf denen der Ort hockt. Sie waren einst sein Reichtum und bescheren ihm heute viele Touristen. Ocker in 17 Nuancen hat man hier gebrochen und zu Pulver geschlämmt, und nicht nur die Häuser der Provence wurden mit diesem Farbgeber verputzt, der auch bei Gargas und Buoux gefunden wird. Aber nur hier und bei Rustrel weiter nordöstlich bilden die Hunderte Millionen Jahre alten Sedimente solch spektakuläre Formationen.

Die Legende hat eine grausam-romantische Erklärung: Blut eines unglücklichen Liebespaares habe die Felsen rot gefärbt. Raymond d'Avignon, Herr eines verschwundenen Schlosses von Roussilon, soll einem Troubadour und Pagen, dem Liebhaber seiner schönen Frau Sermonde, das Herz aus dem Leib gerissen und der Ehebrecherin zum Mahl serviert haben. Als er ihr dann hohnlachend erzählte, was ihr so gemundet habe, sei sie in den Abgrund gesprungen.

Von dieser an Geschichte und Geschichten reichen Region fühlten sich immer auch Dichter angezogen. Samuel Beckett fand hier jedoch nicht einen selbst gewählten Musenort, sondern Zuflucht in der Not. Als Tagelöhner untergetaucht, erlebte und schrieb er im letzten Krieg bei Roussillon sein »Warten auf Godot«.

Die Montagne du Luberon, die von einer Schlucht geteilte Bergkette, liegt

Die Fassaden leuchten …
… von Ocker,

… auf dem der Ort Roussillon gründet

schon seit Gordes geheimnisvoll im Gegenlicht. Vom Vaucluse-Rücken geht es nun bergab zur Handels- und Marktstadt **Apt**, einem Weltzentrum für kandierte Früchte. Die taufrische Rohware liefern allenthalben Melonenbeete und Kirschbaumhaine.

Bleibt noch Zeit, sollte man sich jedoch die längere Luberon-Anfahrt gönnen: über **Rustrel** und seinen Ocker-

»Colorado«, via Saint-Martin-de-Castil-
lon, einem Belvédère zum Grand Luberon. Als erster Rastpunkt bietet sich
dann, hoch über dem Tal mit der ver-
kehrsreichen Nationalstraße, das Felsennest **Saignon** an. Oder man fährt noch
im Abendlicht weiter über die kleine
Hochebene der **Claparèdes**, wo sich die
bòris, zum Teil verfallen, viel natürlicher
in die dürre Landschaft fügen als die

herausgeputzten Paradestücke auf den
Hängen des Vaucluse. Hier, auf der
Nordseite des Luberon, liegen einige
der schönsten, verwunschensten Dörfer
der Provence. Wer die Route hier abschließen möchte, findet Unterkunft in
Saignon und **Bonnieux** oder in einem
der Privathäuser, die Gästezimmer an der
Straße signalisieren, mal als »Chambres
d'Hôte«, mal als »Bed and Breakfast«.

Abendliche Heimkehr in einen Weiler im Luberon ▷

2. Route An der Nordseite des Luberon
Oppède-le-Vieux, Ménerbes,
Saint-Hilaire, Lacoste, Buoux

Bonnieux, der gewichtige, behäbige Kantonsort auf der Nordseite des Luberon, gehörte als päpstliche Enklave zur Grafschaft Venaissin. Einen »Mont-Saint-Michel der Provence« hat ein Dichter dieses von einer sehenswerten, romanogotischen Kirche gekrönte Pyramidendorf genannt.

Beim Aufbruch am Morgen bietet der Doppelberg, der am Abend schwere Schatten wirft, einen völlig anderen Anblick. Eine jäh erstarrte Welle ist dieser Berg, der **Luberon**, herausgepreßt aus dem Urzeitmeer. Durchscheinend fast in den frühen Stunden, dann sich verfestigend gischtweiß und algengrün. Nicht hoch genug, um bedrohlich zu wirken, mit genügend Nischen und Ausläufern, um Siedlungen Schutz zu geben, die von der Ebene aus kaum zu ahnen sind. Diese Lage, die in der Geschichte des Luberon bis heute eine Rolle spielt, erschließt sich am eindrucksvollsten, wenn man erst noch einmal einen Schlenker hinunter zur Verkehrsachse N 100 macht, und sich dann von Coustellet her wieder auf kleinen Wegen der Montagne du Luberon nähert. Ganz im Westen dieser von Durance und Coulon umspülten Robbenform, von den Straßen auf der Karte rot nachgezeichnet, gleichsam ihr Auge, nur Minuten vom geschäftigen Cavaillon entfernt, liegt das winzige **Oppède-le-Vieux**. Vielleicht der unwirklichste von all den Märchenorten, die diesen Berg kränzen, dessen Form auch mit einem blauen Wal oder einer schlafenden Katze verglichen wird.

Noch von der letzten Kreuzung mit dem Entfernungshinweis 1,5 Kilometer ist das Dorf Oppède kaum zu sehen, so sehr geht es dort oben in Fels und Wald über. Neben dem Parkplatz für die Besucher ragen sorgsam restaurierte Renaissance-Fassaden. Aber es klappern auch Fensterläden in leeren Mauern, die Karies der Zeit hat Prachtbauten ausgefressen, Bäume wurzeln im Verfall, Efeuarme drücken Fugen auseinander – überall die ans Herz greifende Schönheit des Niedergangs. Aber hier und da gibt es auch Zeichen eines bewahrenden Neuanfangs. Doch nur wenige, die im Zikadensommer von einem Leben hier träumten, hielten auch dem Winter stand, der spät kommt, aber hart sein kann und lange dauert.

Der Dichter und ruhelose Himmelsstürmer Saint-Exupéry entdeckte hier, ein Jahr vor seinem Fliegertod, die Köstlichkeit der langsamen Fortbewegung und meinte, er sei Zeit seines eiligen Lebens ein Dummkopf gewesen. Ein liebenswertes Phantom ist dieser Ort, den man gemächlich bis hoch hinauf zum Bergfried erkunden sollte. Manches macht auch schauern: Ein Baron von Oppède, Jean Maynier, ging mit der Jahreszahl 1545 in die Geschichte ein als grausamer Schlächter der ketzerischen Waldenser, die sich in den Falten des Luberon niedergelassen und wohl auch durch ihre Tüchtigkeit unbeliebt gemacht hatten.

Ostwärts, auf einem Felsen wie ein Schiff, drängt sich **Ménerbes**, eine letzte Bastion der waldensischen Calvinisten, im Zweiten Weltkrieg Hort des Widerstands, dann Künstlerdorf. Picasso lebte hier und Nicolas de Stael, dessen letzte Werke im Picasso-Museum von Antibes hängen. Reicher als Oppède, besser erhalten ist diese winzige Stadt, sie erscheint weniger geheimnisvoll. Aber schon **Lacoste**, der nächste Ort, wartet wieder mit Legenden auf. Hoch über dem Dorf reckt sich die Burgruine des »göttlichen Marquis« de Sade, der hier seine Exzesse zelebrierte und die Gesellschaft herausforderte. Über viele Jahrzehnte setzte ein französischer Lehrer, angeblich Nachkomme von de Sades Burgvogt, mit ein paar freiwilligen Hel-

Kirschblüte im Luberon ▷

fern wieder Stein um Stein in die während der Französischen Revolution geschleifte Feste – als würde sein Leben ewig währen, als könnte ein Menschenleben reichen für solch ein Werk.

An der D 109 zwischen Ménerbes und Lacoste, am Hang der Valmasque, wuchs seit dem 5. Jahrhundert aus einer Eremitage die **Abtei von Saint-Hilaire**.

Sie war vor gut zwei Jahrzehnten zu einem Landwirtschaftsbetrieb verkommen: in die Kapelle wurde ein Loch für die Erntewagen gebrochen, die Küche war Pferdestall, das Refektorium Schäferei. Ein gar nicht mal besonders drastisches Beispiel, wurden doch der römische Triumphbogen von Orange eine Zeitlang als Schützenstand, das Palais

Bonnieux, der »Mont-St.-Michel« der Provence

der Päpste als Gefängnis und Kaserne, die Abtei von Silvacane als Scheune malträtiert. Die Abtei ist heute vom Staat als *monument historique* anerkannt, restauriert allerdings hat sie aus eigener Kraft eine Familie aus dem Norden des Landes, und sie glaubt, noch mindestens 10 weitere Arbeitsjahre vor sich zu haben. Der Komplex steht Besuchern

offen, täglich und unentgeltlich. Wer so mit dem Kulturerbe einer Landschaft umgeht, ist längst von den Einheimischen akzeptiert, die sich nicht ganz vertreiben lassen wollen und einen Schrebergarten pusselig kultivieren. Hier ein Quadrat Reben in frisch gepflügter, roter Erde, dort ein Streifen Lavendel in hellem Kalk, die Büsche zu Igeln gestutzt. Dazwischen Kirsch- und Aprikosenbäume, kurzstämmig, trichterförmig, damit es die Pflücker leicht haben.

Eine ganz andere Welt in dieser Vielfalt des Luberon tut sich mit dem **Fort von Buoux** auf, das man über die D 109, D 232 und D 113 erreicht. Eine Abwehretappe nach der anderen durchschreitet man auf diesem seit der Vorgeschichte befestigten Felsensporn – ein in der Provence einzigartiges, mittelalterliches Verteidigungssystem mit Silos, Höhlengängen und Geheimtreppe. Gegenüber hangeln an einer Steilwand Alpinisten. Sie hätten wohl auch diese »uneinnehmbare« Festung bezwungen.

Über die schmale Straße, die vor Buoux links abbiegt, gelangt man zur D 943 und D 36. Kurz vor Bonnieux zweigt links eine Straße ab, die **Route de Crêtes,** die über den Kamm des **Petit Luberon** führt. Von dort verläuft ein Wanderweg durch den Zedernwald mit einem schönen Aussichtspunkt, dem **Belvédère les Portallets,** auf das Tal der Durance.

3. Route Vom Süd-Luberon über die Durance zu Nostradamus
Auf dem Weg nach Salon-de-Provence

Die Schlucht des Aigue Brun, die **Combe de Lourmarin,** führt auf die andere Seite des Luberon. Dort, wo die Route von Bonnieux kommend das Flüßchen quert, kurz nach der Einmündung in die D 943, führt links hinter der Überführung ein

Feldweg ein paar hundert Meter stromauf zu einer eigenartigen, angeblich von den Römern gebauten **Brücke**. Doch in den Winkel zwischen Weg und Wölbung sind hochkant und strahlenförmig Steine gesetzt wie nirgendwo sonst. Man deutet sie als Glaubensbotschaft der Waldenser: *lux lucet in tenebris* – im Dunkeln leuchtet Licht.

Das südliche Vorland des Luberon ist weitläufiger, das Ambiente schon nicht mehr so pur, die Dörfer wenden dem Berg den Rücken und blicken auf die Durance und Aix.

Lourmarin am Aigue Brun hat ein **Doppelschloß** auf einem Hügel zu bieten. Das Château Neuf ist ein Juwel der Renaissance mit Prachtkaminen und einer durch ihre schlichte Eleganz beeindruckende, steinerne Schneckentreppe. Im Château Vieux aus dem 15. Jahrhundert, heute ein Ableger der Akademie Aix-en-Provence mit Seminar und Biblio-

thek, führt eine andere Treppe zur Plattform eines Sechseckturms, von der man über das Tal der Durance hinweg auf die Montagne Sainte-Victoire blicken kann. Auf dem Friedhof des Ortes ruht der Schriftsteller Albert Camus (1913–60), der in der Nähe bei einem Autounfall ums Leben kam.

Das nahe **Vaugines** lohnt einen Halt. Die romanische Pfarrkirche Saint-Sauveur hinter dem Ort hat durch alle Zusätze der Zeit ihre Ursprünglichkeit bewahrt und war als »schönstes Gotteshaus der Provence« Kulisse in der Verfilmung von Pagnols »Die Wasser der Hügel«.

Auf dem anderen Ufer der Durance liegt die **Abtei von Silvacane**, von den Zisterziensern fast zeitgleich mit Sénanque und Le Thoronet angelegt. In einem damals sumpfigen Gelände und an einem Wald von Röhricht, *silva cana*, auf »nutzlosem«, daher billigen Gelände

Seitab ist das Reich der Hirten

Lourmarin zwischen Luberon und Durance

also wiederum. Die Steinschindeln, die noch die Dächer von Sénanque decken, sind hier inzwischen durch Ziegelpfannen ersetzt, die strenge, fast schmucklose, zur Demut anhaltende Architektur ist die gleiche.

Der Weg nach Salon-de-Provence führt zunächst über die D 543 nach **Rognes**. Die Kirche aus dem 17. Jahrhundert birgt zehn bemerkenswerte Altarbilder. Bekannt ist der Ort durch seine Steinbrüche in der nahen Hügelkette der Chaîne de la Trévaresse, die den *pierre de Rognes* liefern, der in der gesamten Provence zu schönen Bauten gefügt wurde. **Lambesc**, jenseits der N 7, weist mit einem Kirchturm aus dem 14. Jahrhundert, den das Erdbeben von 1909 köpfte, den Weg. Auf einem Uhrturm über einem Tor des 16. Jahrhunderts begleiten bewegte Figuren die Stundenschläge. Kurz vor Salon liegt **Château de la Barben** am Wege, das mit seiner

Eleganz an Schlösser der Ile de France um Paris erinnert, jedoch auf einer mittelalterlichen Festung gründet. Die Gartenterrassen wurden von Le Nôtre entworfen, der auch die Parkanlagen in Versailles schuf. Kinder werden sich für den Freilichtzoo und das Vivarium mit Reptilien, tropischen und europäischen Fischen sowie Vögeln aus aller Welt begeistern.

Die Sehenswürdigkeit von **Salon-de-Provence** ist ein Seher. Michel de Notredame, weltbekannt als **Nostradamus** schrieb hier seine Centurien, je hundert »astronomisch abgefaßte Vierzeiler aufgrund konkreter Berechnungen, die meine nächtlichen Stunden mit erquickendem Odem erfüllten«. Verschlüsselte Weissagungen bis zum »Tag der Katastrophe« im Jahre des Herrn 3797. Vieldeutig auch, weil der Astrologe, obwohl zu großem Ansehen gelangt, stets den Bann der Kirche zu fürchten hatte.

Olivenbäume muß man regelmäßig stutzen ...

... dann tragen sie auch reichlich Früchte

Dornröschenschloß La Barben

Durch die Porte de l'Horloge erblickt man den Propheten als farbenprächtiges Wandgemälde über einem modernen Laden. Man braucht nur darauf zuzugehen, um auf die links schräg abknickende Rue Nostradamus zu stoßen, in der gleich rechts sein schmales Haus, die **Maison de Nostradamus**, liegt. Als »königlicher Arzt« weist ihn die Gedenkplatte aus – seinen Ruf begründete er als mit unkonventionellen Mitteln erfolgreicher und furchtloser Pestexperte. Als Statue stilisiert, begrüßt er den Besucher. Das Monument, das am Ortseingang von Salon stand, wurde von einem Lastwagen umgefahren. Das neue Denkmal, ungefährdet inmitten der Verkehrsinsel, setzte ein Hubschrauber auf den Sockel: »Ich werde durch die Luft nach Salon zurückkehren«, hatte Nostradamus geschrieben ...

Eine enge Wendeltreppe hoch, sitzt der Hausherr heute als Puppe in seiner Stu-

dierstube. Daten und Kopien alter Schriften informieren über sein Leben, berichten, daß bereits 1611 erste Fälschungen seines Werks auftauchten. Die beiden Originalbände der in seinem Todesjahr 1566 erschienenen Prophezeiungen werden nun in der Bibliothek Arbaud in Aix-en-Provence aufbewahrt. Ein Gemälde in einem der drei winzigen Räume illustriert »Die Weissagungen des Nostradamus für Henri de Béarn, Prinz von Navarra, als dieser elf Jahre alt war« – nämlich, daß er als erster Bourbone König von Frankreich sein würde. Das Bild verlegt die Legende in das **Château de l'Empéri** über der Stadt, einst Residenz der Erzbischöfe von Arles und königliche Reiseetappe. Seine Mauern beherbergen heute eine einzigartige Dokumentation der französischen Armee von Ludwig XIV. bis über den Ersten Weltkrieg hinaus.

Zurück und vorbei an der **Fontaine Moussue** vor dem Glockenturm-Tor –

wer weiß wohl noch, daß unter dem dick bemoosten Riesenpilz drei Statuen eine Schale tragen? – und zur Stiftskirche **Saint-Laurent**. Dem offenen Seiteneingang direkt gegenüber, in der dritten Kapelle von rechts, wurde Nostradamus neben einer angestrahlten Notre Dame zur ewigen (?) Ruhe gebettet. Nur eine Platte in der Mauer kündet davon.

4. Programm   Aix-en-Provence
Stadt der Brunnen und des Malers Cézanne

Woher man auch kommt, die Brunnen- und Studentenstadt **Aix-en-Provence** kann für Autofahrer zum Alptraum werden. Wenn man sich nicht zuvor schon einen Plan mit den wichtigsten Einbahnrichtungen besorgen konnte oder sich bei der Zimmerbestellung die Hotelanfahrt genau beschreiben ließ, kann man sich im Gewirr der engen, die Fußgänger begünstigenden, aber auch Autos durchschleusenden Gassen für längere Zeit verlieren. Unvorbereitet sollte man also erst einmal einen der großen Parkplätze aufsuchen und dann das Verkehrsamt an der Brunnen-Rotunde, von der so gut wie alle wichtigen Wege ausgehen.

Restaurants, Cafés, Brasserien und Bistros aller Preisklassen säumen die Nordseite des **Cours Mirabeau**, der trotz aller Kulturdenkmäler so etwas wie die Visitenkarte der Stadt ist. Hohe Platanen werfen flirrende Schatten. Bei einem Snack oder einem Drink hat man Gelegenheit, sich einzustimmen. Aix ist Universitätsstadt, beliebt vor allem bei ausländischen Studenten, die hier nicht nur Französisch lernen, sondern auch die leichte Lebensart des Midi. Diese junge Internationalität prägt das bunte Leben auf dem Bummelboulevard und seinen Nebenstraßen. Überall plätschern

Flanieren auf dem Cours Mirabeau in Aix

Fontänen, mitten auf dem Cours Mirabeau, der Rue Clemenceau gegenüber
sogar eine Thermalquelle, deren Heil-
kräfte an einem anderen Auslaß schon
die Römer nutzten.

Die erste Stadt, wahrscheinlich die
Metropolis der keltoligurischen Saluvier,
lag nicht in der Ebene, sondern etwas
nördlicher auf dem Plateau von Entremont. Die kriegerischen Ureinwohner
griffen immer wieder die Handelskontore
des phokäischen Massilia/Marseille an,
das schließlich die Römer zu Hilfe rief.
Konsul Caius Sextus Calvinus zerstörte
das *oppidum* und gründete die neue
Stadt – jenes Aqua Sextiae, die Wasser
des Sextius, das durch den in der Nähe
errungenen Sieg des Marius über Kimbern und Teutonen (102 v. Chr.) Eingang
in die Schulgeschichtsbücher fand und
als Aix weiterlebt. Nach zahlreichen Inva-
sionen, Machtkämpfen und anderen
Wirren mauserte sich der Ort zur Haupt-
residenz der Grafen der Provence und
entwickelte ein immer stärker betontes
Eigenleben und eine Verwaltungsauto-
nomie, bis Pest und Konzessionskriege
den Aufschwung nochmals unterbrachen.

Die regionalen Autoritäten gehen jedoch gestärkt aus der Misere hervor, die
sie schließlich selbst bewältigen. 1409
gründet Graf Ludwig II. die Universität,
der »gute« König René, dessen Standbild
vom Ende des Cours Mirabeau durch
den Platanentunnel zur Rotunde schaut,
zugleich Graf der Provence, Herzog von
Anjou und Lothringen, König von Neapel
und Sizilien, erwarb sich zwar keinen
Lorbeer als Politiker, wohl aber als För-
derer der Künste, wovon Aix noch heute
profitiert. Weitere komplizierte Verschie-
bungen im Machtspiel französischer
Herrscher folgen, die Dynamik der Stadt
beeinträchtigten sie kaum.

Im 18. Jahrhundert trat sie in ein »Zeit-
alter des Lichts«, der Cours erhielt seine
heutige Breite, die Rotunde wurde geschaffen. Ein bereits 1501 gegründetes

Aix: der Uhrturm am Rathaus ▷

Der Santonnier Fouque schuf auch ...

»Parlament«, in Wirklichkeit ein souveräner Gerichtshof, ist zugleich Abstimmungsort der Stände, doch die Parlamentarierposten werden bald das Monopol einer geldschweren Clique von Höflingen und Juristen, die sich die zum großen Teil noch erhaltenen *hôtels*, feudale Stadtpaläste, bauen.

Parlament, Mistral und Durance – der damals noch ungezügelte Fluß – seien die Geißel der Provence, sagte ein Sprichwort jener Zeit. Ungebärdig war auch Honoré Graf Mirabeau. Daß er 200 000 Livres Schulden machte bei den Kaufleuten von Aix, daß er die umworbene Demoiselle de Marignane zynisch kompromittierte, um durch die danach unumgängliche Heirat an ihre Mitgift zu gelangen, war kein Hindernis, ihn dennoch als großen Sohn der Stadt zu ehren. Denn in der Französischen Revolution ließ er sich nicht als Vertreter des von ihm verhöhnten Adels, sondern als Abgeordneter des Dritten Standes in die Pariser Generalstände wählen. Dort spielte er mit seinem politischen Talent eine triumphale, wenn auch durch den Tod bald beendete Rolle als Volkstribun.

Auf der stillen Seite des Cours Mirabeau beginnt der Rundgang. Jenseits der ständig 34 Grad warmen Tropffontäne stößt die Rue du 4 Septembre an der ersten Kreuzung rechts auf das **Musée Paul Arbaud**. Eigentlich Sitz der Akademie der Wissenschaften und Schönen Künste von Aix, spiegelt dieses stille Haus eines Sammlers die Zeit von einst. Es fasziniert mit einer Kollektion provenzalischer Fayencen, mit Skulpturen, Möbeln und Gemälden, darunter auch Porträts des häßlich-attraktiven Schürzenjägers Mirabeau. Die Bibliothek ist eine Fundgrube provenzalischer Geschichte vom 14. bis 20. Jahrhundert. Um die Ecke, 122, rue Mazarine, das Stadtpalais der Familie Marignane, vor dessen Tür

Mirabeau nachts demonstrativ seine Kutsche stehen ließ, um die Hochzeit mit der Erbin zu erzwingen.

Zwei Quergassen weiter sprudelt der Delphinbrunnen von 1667, Wendepunkt nach links auf die Kirche **Saint-Jean-de-Malte** zu, das erste gotische Bauwerk der Stadt (Ende 13. Jahrhundert). Hier wurden einst die Grafen der Provence bestattet. Das **Musée Granet** lehnt sich an, einst ebenfalls Besitz, *prieuré* (Prioratsabtei), der Malteserritter. Was die Besucher anzieht, ist ein kleiner Saal im ersten Stock, Cézanne gewidmet. Aix hat sein Schaffen lange verkannt, und er hielt seine Mitbürger für Barbaren. Kein Wunder also, daß bei seinem Tod 1906 nur wenige frühe Zeichnungen im Besitz der Stadt waren, aber nicht ein einziges seiner 900 Gemälde. Der Staat hat nun hier und erst seit 1984 acht Werke deponiert, die einen sehr summarischen, chronologisch-thematischen Querschnitt seines Schaffens geben. Darunter eine wunderbare Vorstudie der »großen Badenden« – wenn sie nicht gerade ausgeliehen ist ... In der kleinen »Apothéose de Delacroix« hat sich Cézanne, mit dem Rücken zum Betrachter, neben Pisarro und Monet selbst ins Bild gebracht.

Im Besitz des Museums sind viele Meisterstücke europäischer Malerei. Doch ein Höhepunkt wartet in der Tiefe des Kellers: Funde aus der ersten, der Saluvier-Stadt von Entremont. Lange waren nur Reliefs von dieser Stätte bekannt, 1943 aber stießen deutsche Soldaten bei Befestigungsarbeiten auch auf Statuen der ursprünglichen, hier schon urban gegliederten Zivilisation. Werke, die sich wohl an etruskischen und griechischen Vorbildern orientieren, aber eine ganz eigene, brutale Ausdruckskraft besitzen. Vor allem eine Gruppe von Köpfen mit starren, hervorquellenden Augen, die von Händen an den Haaren gehalten werden. Die Saluvier waren Kopfabschneider, bewahrten die Schädel getöteter Gegner kultisch auf, bildeten sie jedoch auch noch einmal in Stein nach.

Aix ist eine Stadt, die nicht ständig mit dem Plan in der Hand entdeckt werden will – sie ist geradezu eine Versuchung zum Flanieren ohne bestimmtes Ziel. Irgendwo wird man nach dem Museumsbesuch dann auch sein Restaurant entdecken oder man genießt die Mittagspause in einem Sessel am Cours Mirabeau. Was da auf dem Trottoir vorüberzieht, ist wie Fernsehen – live.

Auch auf der Altstadtseite mit ihrem Gassengewirr sollte man sich einfach treiben lassen, die Entfernungen sind gering, Umwege fallen nicht ins Gewicht. Vom oberen Ende der Brunnen- und Platanenallée taucht man ein. Durch eine der Gassen zur Place de Verdun vor dem Justizpalast und zur gleich angrenzenden **Place des Prêcheurs**. Zwei Brunnen eines Baumeisters, Beispiele für frühes *recycling*: Der erste bedient sich einer römischen Säule (1755), den zweiten krönt ein Obelisk (1758). Hier ist Diens-

... Cézanne als Krippenfigur

127

tag, Donnerstag und Samstag Markt. In der neuzeitlich wirkenden Kirche **Sainte-Marie-Madeleine** aus dem 17. Jahrhundert ist das Mittelstück eines Triptychons *de l'annonciation*, der Verkündigung (15. Jahrhundert) erhalten. Schöpfer soll ein Verwandter des flämischen Malers van Dyck gewesen sein. Ein Riesengemälde links im Querschiff wird Rubens zugeschrieben.

Im Bogen hinüber zur Place Richelme und an der Post vorbei zur **Place de l'Hôtel de Ville**; außer Dienstag und Donnerstag ist hier jeden Tag Markt. Das Rathaus hat einen schönen Innenhof, an das Gebäude lehnt sich der Uhrturm, ursprünglich Burgfried (16. Jahrhundert) mit einem schmiedeeisernen Glockenkäfig und einer Sonnenuhr unter dem Zifferblatt, die zu jeder Jahreszeit ein anderes Symbol zeigt. Hinter dem Durchgang tut sich die Rue Saporta auf mit besonders zahlreichen, besonders schönen Parlamentarier- und Adelspalais. In Nummer 17, dem Hôtel d'Estienne Saint-Jean, logiert das sehenswerte **Musée du Vieil Aix** mit seinen »sprechenden« Marionetten: sie führten früher in 20 Krippenbildern und auf provenzalisch das Mysterium Christi Geburt vor. Im Hôtel Châteaurenard, Nr. 19, in dem 1660 Ludwig XIV. nächtigte, heute Sitz des Sozialamts, ist die Treppe mit perspektivischem Trompe l'œil-Dekor ein paar Stufen wert. Nr. 23, Hôtel Maynier d'Oppède, wurde schon 1490 gebaut und gehörte dem Baron, der im Luberon die Waldenser niedermetzelte.

Diesem Palazzo gegenüber öffnet sich die **Place des Martyrs de la Résistance** mit dem einstigen Erzbischofspalais im Hintergrund. Sein Innenhof ist Bühne beim Festival d'Aix, in der ersten Etage, im **Musée des Tapisseries**, ist die sehenswerte bischöfliche Kollektion von Wandteppichen berühmter Manufakturen aus dem 17. und 18. Jahrhundert ausgestellt. 1970 wurde dem Museum eine Abteilung für neuzeitliche Textilkunst angegliedert.

Vom Platz vor dem Palais führt eine verwitterte Pforte in den Kreuzgang eines Residenz und Kathedrale verbindenden **Klosters** (um 1170). Seine Säulen sind besonders zierlich, haben sie doch kein Steingewölbe, sondern nur gezimmertes Dach zu tragen. In 60 gelassenen Schritten rundet man das kleine Geviert. Den nordöstlichen Eckpfeiler schmückt ein romanisches Petrus-Relief.

Die **Kathedrale Saint-Sauveur** nebenan betritt man durch einen Nebeneingang. Das Hauptportal mit seinen prachtvoll skulptierten Flügeln (1510) ist mit Schutzverschlägen gegen Umwelteinflüsse und Vandalismus gesichert und wird nur auf Wunsch oder bei Führungen kurz geöffnet – und wenn es dem etwas mürrischen Sakristan paßt. Wie auch das berühmte Mittelstück des Triptychons rechts im Hauptschiff – die Darstellung von Maria mit dem Jesuskind im »Brennenden Busch«, so wie Gott dem Moses erschienen sein soll.

Lange hieß es, *le bon roi* René selbst habe dieses Werk geschaffen, heute weiß man, daß es Nicolas Froment 1476 vollendete, der auch in Avignon bedeutende Werke hinterließ. König René und Königin Jeanne knien anbetend auf den Seitenflügeln. Auch Brüsseler Tapisserien aus der Kathedrale von Canterbury hängen hier. Zum Kloster hin wurden in einem Bapitisterium aus der Merowingerzeit römische Mosaikreste und Trittsteine des antiken Forums freigelegt. Auch von außen, etwa bei einem Tee auf der schmalen Place de l'Université, bietet die Kathedrale viel fürs Auge mit ihrem Skulpturenschmuck – ganz hoch oben ragen die Fratzen der grotesken Wasserspeier.

Der Stadtbummel führt zurück an der Place des Cardeurs vorbei, wieder durch den Uhrturm und die Rue Aude zur Rue Espariat. Links, zur Place Saint-Honoré hin, die von einem offenen Rechteck alter *hôtels* gerahmte **Place d'Albertas** mit einem schönen Schalenbrunnen (1912), im Sommer werden hier Konzerte gegeben. Gegenüber das **Naturgeschichtliche Museum**, schon als Gebäude sehenswert, mit der seltenen Attraktion einer Sammlung von Dinosauriereiern aus dem nahem Urstromtal.

5. Route Himmel und Berge mit Maleraugen
Entremont, Cézanne und Montagne Sainte-Victoire

Aix. Ein Blinder glaubt, es regnet
Aber könnte er seinen Stock sehen
Sähe er auch hundert blaue Fontänen
Ein Loblied singen für Cézanne.
Jean Cocteau

Die erste Begegnung mit dem Schaffen von Paul Cézanne und mit den Werken der kelto-ligurischen Salyer oder Saluvier im Musée Granet läßt sich vertiefen. Am Nordrand der Stadt **Aix**, nur ein paar hundert Meter von der Kathedrale, aber schon außerhalb des Rundum-Boulevards, ließ sich der große Maler 1897 das Anwesen **Les Lauves** bauen. Damals lag es noch »auf dem Lande«. Zuvor hatte Cézanne bei seiner Mutter im Küstenort L'Estaque bei Marseille gemalt, hin und wieder auch kurzzeitig in anderen Orten. Hier nun entstand im ersten Stock ein Atelier nach seinen Angaben. Mit seinem Sammelsurium eigenartiger Inspirationsobjekte, die man auf seinen Stilleben wiederfindet und vielen persönlichen Dingen ist es seit seinem Tod 1906 unverändert geblieben. Dank amerikanischer Kunstfreunde, die das Haus erwarben und der Stadt Aix übereigneten. Durch einen schmalen Einschnitt in der Mauer konnte der Meister seine großformatigen Gemälde nach draußen bringen.

Montagne Ste.-Victoire

Von dort ist es nicht weit zu den Ausgrabungstätten auf dem **Plateau d'Entremont**. Im 2. Jahrhundert v. Chr. lag dort eine befestigte Stadt der Ureinwohner. Ein Steilhang auf der einen Seite und ein Wall mit Vorwerken und Türmen schützten eine Unterstadt mit Handwerksbetrieben und eine nochmals befestigte Oberstadt. Eine Säulenhalle zwischen zwei Bastionen diente vermutlich als Schaustätte für abgeschlagene Feindesköpfe. Außer Skulpturen fand man hier auch vergrabene Münzschätze und steinerne Katapultkugeln, mit denen die Römer diesen Hauptstützpunkt sehr ernst zu nehmender Widersacher schließlich zerstörten. Cézanne hat hier oft seine Staffelei aufgebaut, denn hier öffnet sich eine besonders schöne Sicht auf die **Montagne Sainte-Victoire**, eins seiner Hauptmotive. Am Rand des Plateaus weist eine Orientierungstafel auch auf Aix, die Chaîne de l'Étoile vor Marseille und das Massif de la Sainte-Baume.

Die »Route Cézanne« führt vom Ringboulevard in Aix über die D 10 unvermittelt in eine fast unbebaute Landschaft und auf die Sainte-Victoire zu. An einem Stausee vorbei gelangt man zum einzigen Dorf auf der Nordseite der Bergkette, nach **Vauvenargues**. Dort kann man bei einem *petit noir* oder einem Terrassenlunch eine Pause einlegen und dabei zu den hier sanft gewölbten und teils bewaldeten Hängen hinaufschauen. Davor liegt das Schloß, in dessen Park Picasso seine letzte Ruhestätte fand. In diesem Familieneigentum bleibt er auch ungestört.

Die Umrundung läßt sich weiter auf der D 10 und D 57 fortsetzen, dann ab dem Weiler Puyloubier auf der D 17 bis zu einem weiteren Standplatz des Malers, dem »**Refuge Cézanne**« bei Le Bouquet, von wo aus man die Bergspitze der Sainte-Victoire erklimmen kann. ❖

Schloß Vauvenargues – im Park ruht Picasso

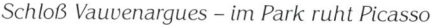

Von der Bergwelt der Alpes-de-Haute-Provence zum Mittelmeer nach Marseille

Route: Aix-en-Provence – Moustiers-Ste.-Marie – Grand Canyon du Verdon – Barjols – St.-Maximin-de-la-Ste.-Baume – Cassis – Marseille (435 km)

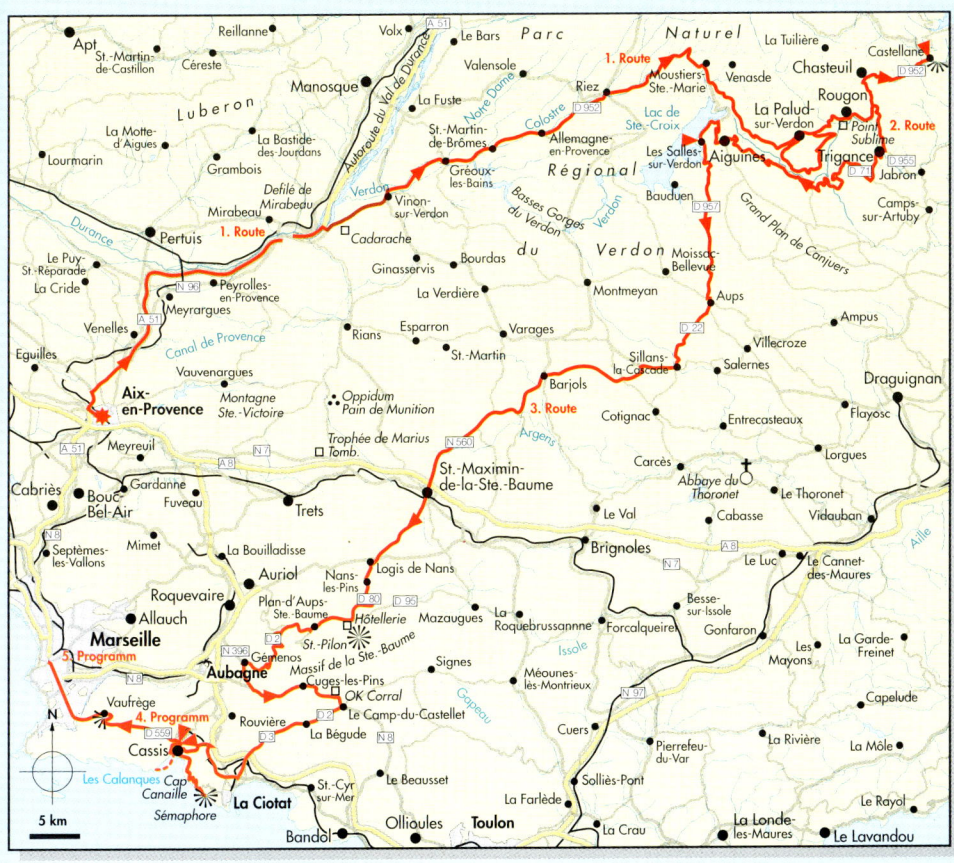

1. Route: Aix-en-Provence – Moustiers-Ste.-Marie – Grand Canyon du Verdon – Castellane (160 km)

Vormittag   Von Aix nordwärts zur Autobahn A 51 Richtung Manosque. Bei der Flußenge von Mirabeau weisen braune Schilder zur Abfahrt Richtung Gorges du Verdon. Auf der D 952 via Gréoux, Allemagne-en-Provence und Riez nach **Moustiers-Ste.-Marie**. Ortsbesichtigung.

1. Route: Aix-en-Provence – Moustiers-Ste.-Marie – Grand Canyon du Verdon – Castellane (160 km)

Nachmittag Auf der D 952 am Nordhang des **Canyons** bis **La Palud-sur-Verdon**. Ab dort auf die ufernahe Straßenschleife der D 23, **Routes des Crêtes**, die wieder zur Hauptstraße zurückführt. Übernachtung z. B. in **Castellane** oder auch in **Rougon** bzw. **Trigance**.

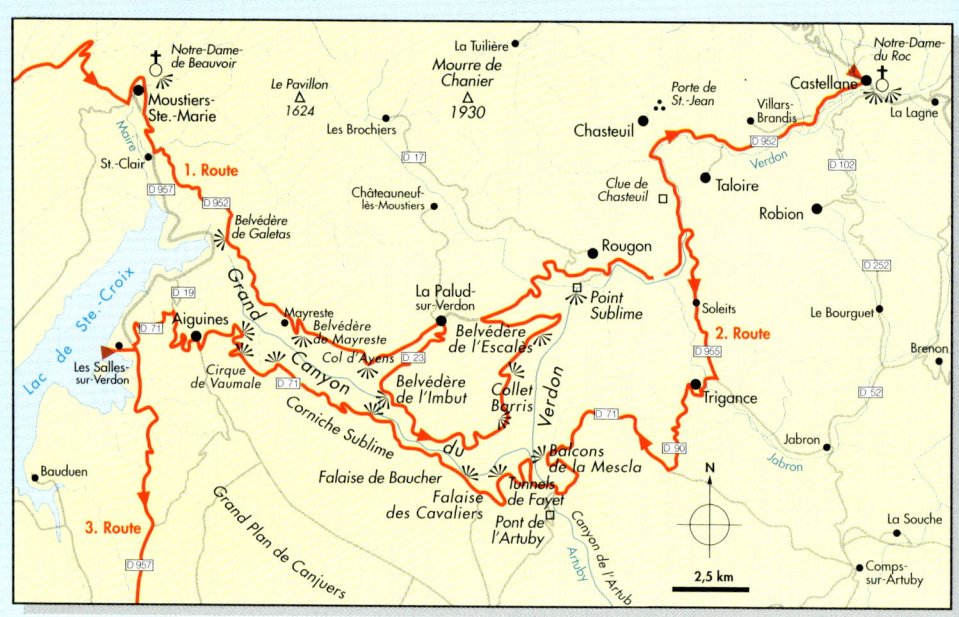

2. Route: Castellane – Corniche Sublime – Lac de Ste.-Croix bzw. Barjols (65/115 km)

Tagestour Vom Nachtquartier in Castellane oder Rougon bzw. Trigance über die D 955 bzw. D 90 zur D 71, der **Corniche Sublime** auf der Südseite des Canyons. Halt an mehreren grandiosen Aussichtspunkten. Übernachtung am **Lac de Ste.-Croix,** z. B. in **Les Salles-sur-Verdon**, oder in **Barjols**.

3. Route: Lac de Ste.-Croix bzw. Barjols – St.-Maximin-de-la-Ste.-Baume – Cassis (150/100 km)

Vormittag   Anfahrt nach **St.-Maximin-de-la-Ste.-Baume** über die D 957, D 22 und D 560. Besichtigung der gotischen **Basilika** mit dem Sarkophag der heiligen Maria Magdalena. Picknick besorgen für die Bergwanderung zum St.-Pilon. Über die N 560, dann D 80 via Nans-les-Pins zum **Massif de la Ste.-Baume**, dem ausgedehntesten Gebirgszug der Provence.

Nachmittag   Vom Carrefour des 3 Chênes (an der Gabelung D 95/D 80) oder etwas weiter vom Wallfahrtszentrum L'Hôtellerie aus Wanderung zum Gipfel **St.-Pilon**; Panoramablick. Wieder zurück zum Auto führt die D 80 weiter durch das zerklüftete Massiv und über Gémenos auf die N 8. Dort bei Cuges-les-Pins eventuell Besuch des Wildwest-Erlebnisparks **OK Corral**. Bei Le Camp-du-Castellet auf die D 2 abbiegen, dann über die D 3 und D 559 nach **Cassis**.

Abstecher: Die Zisterzienserabtei von **Le Thoronet** (12. Jh.) gehört mit Sénanque und Silvacane zu den »drei provenzalischen Schwestern«. Im Juli findet hier ein Festival mittelalterlicher Musik statt (Auskunft ℂ 04 94 60 10 94). Die Abtei ist von Aups über Cotignac und Carcès oder über Villecroze und Lorgues zu erreichen. Den Anschluß an die Route findet man ab Le Cannet-des-Maures über die Autobahn A 8 bis St.-Maximin-de-la-Ste.-Baume oder via Brignoles und die N 7. Ein Umweg von rund 80 km.

4. Programm: Cassis – Cap Canaille und Grande Tête – Bootstour zur Calanque d'En-Vau – Cassis (20 km)

Vormittag   In **Cassis** vom Hafen her über die Rue de l'Arène (oder vom Zentrum erst landein, dann rechts auf die Ave. Maréchal Foch) und sich rechts haltend zur **Route des Crêtes**, D 141. Blick auf den Ort und die Calanques-Küste vom **Cap Canaille** (362 m) und vom Sémpaphore an der **Grande Tête** (399 m). Vor 12 Uhr mit Picknick und Ausflugsboot zur **Calanque d'En-Vau**.

Nachmittag   Baden in der Calanque. Am Spätnachmittag zurück mit dem Boot nach Cassis (vorher nach Zeiten erkundigen!). Abendbummel am Hafen.

Abstecher oder Alternative: Falls das Wetter nicht zur Fahrt in die Calanques verlockt, läßt sich die Spritztour des Vormittags über die **Route des Crêtes** hinaus nach **La Ciotat** und **Bandol** verlängern. Holen Sie sich in Bandol bei der Winzer-Information oder im Office de Tourisme (ℂ 04 94 29 41 35, Fax 04 94 32 50 39), beide an den Allées Alfred Vivien, ein Faltblatt für die Weinstraße des Hinterlands mit dem hübschen mittelalterlichen Städtchen **La Cadière d'Azur**.

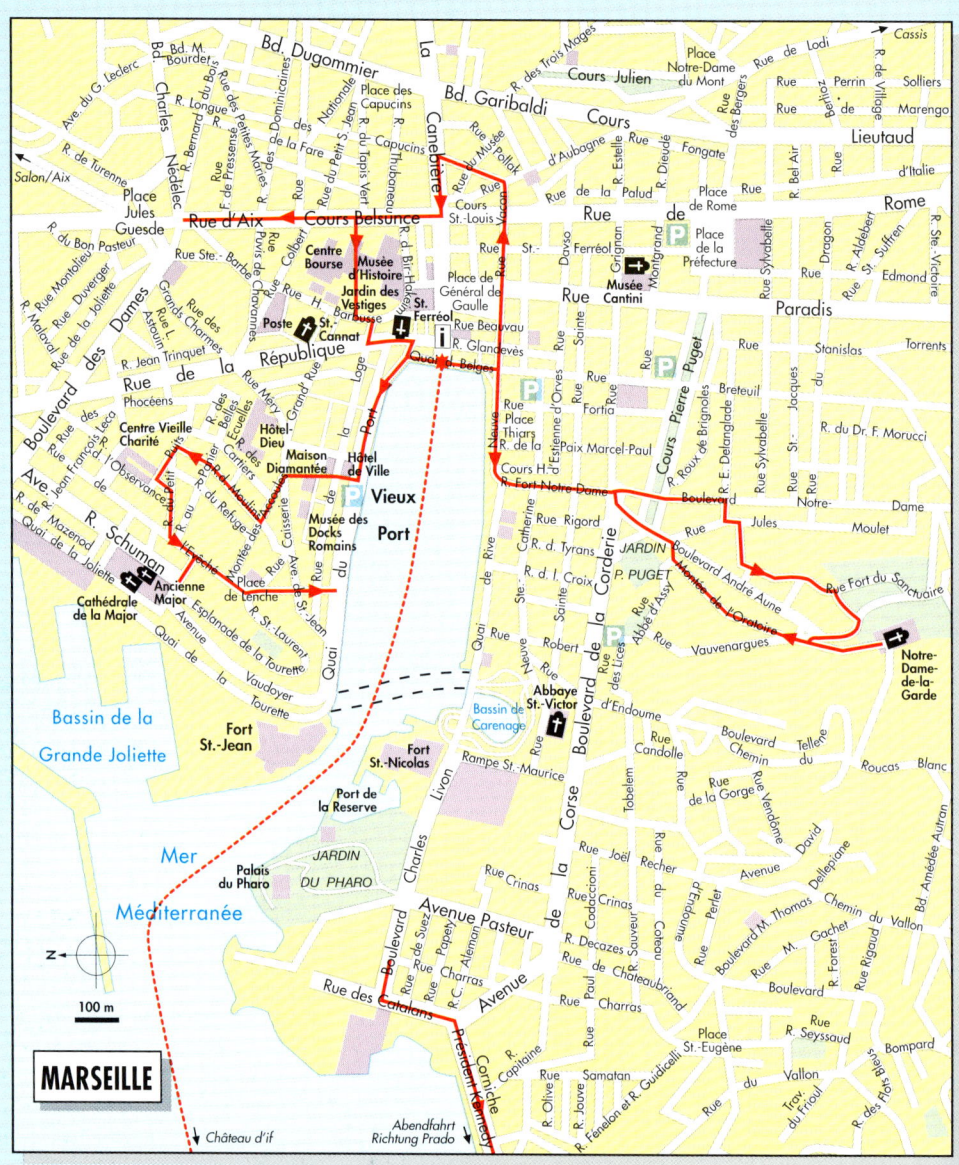

5. Programm: Cassis – Marseille – Bootsfahrt zum Château d'If – Ausflug über die Corniche (ca. 40 km)

Vormittag Von Cassis auf der D 559 über den Col de la Gineste nach **Marseille**. Bummel über den **Fischmarkt** am **Quai des Belges**, zur Rue de Rome und in die exotische Welt hinter dem **Cours Belsunce**, weiter bis zur Place Jules Guesde. Zurück über den Cours Belsunce und von den Resten der Stadtgründung im **Jardin des Vestiges** ins **Historische Museum** unter dem **Centre Bourse**. Hinauf zum Wahrzeichen **Notre-Dame-de-la-Garde**, Mittagessen am Vieux Port oder am Meer.

Nachmittag Bootsfahrt zum **Château d'If** auf der Kerkerinsel Ile d'If des »Grafen von Monte Cristo«. Abstecher zu den Resten des **Vieux Quartier** mit dem **Hôtel de Ville**, dem **Centre de la Vieille Charité** und der Kirchen **La Major** und **Ancienne Major**. Abendausflug über die **Corniche** zum Strandkomplex von **Prado**.

Informationen

04360 Moustiers-Ste.-Marie

 Office de Tourisme
Im Ortszentrum
✆ 04 92 74 67 84, Fax 04 92 74 60 65

 Le Colombier
Route de Castellane, Quartier St.-Michel
✆ 04 92 74 66 02, Fax 04 92 74 66 70
Balkonzimmer und schattige Terrasse. F

 La Ferme Rose
2 km Richtung Lac de Ste.-Croix
✆ 04 92 74 69 47
In einem ausgebauten Gehöft am Weg zum Stausee. FF

 Musée de la Faïence
Place du Presbytère
April–Okt. tägl. außer Di 9–12 und 14–18, Juli/Aug. bis 19 Uhr
Sammlung von Fayencen und Geschirr.

 Les Santons
Place de l'Église
✆ 04 92 74 66 48, Fax 04 92 74 63 67
Provence-Ambiente am Wildbach. FFF

 Nördliche D 952 mit dem Rundkurs Route des Crêtes und südliche Corniche Sublime
Beide Höhenstraßen steigen zeitweise bis über 1 000 m an. Nov.–Ende März muß hier mit Schneeverwehungen gerechnet werden. Bei winterlicher Wetterlage empfiehlt es sich deshalb, in Moustiers-Ste.-Marie Erkundigungen über den Straßenzustand einzuholen. In der Hochsaison dagegen können »Blechlawinen« das Fortkommen behindern. Einen guten halben Tag für je eine der beiden Straßen zu berechnen, gibt ein Besichtigungs-Zeitmaß ohne Streß. Doch weit mehr hat man davon, wenn man den Erlebnisreichtum auf zwei Tage verteilt.

Informationen

 Der Grand Canyon ist auf seiner schönsten Strecke auch durch einen grandiosen Wanderweg erschlossen. Diesen »Sentier Martel«, Teil des GR 4 (Sentier de Grande Randonée) sollte man jedoch keinesfalls aus einer Augenblickslaune angehen. Abgesehen davon, daß man von und bis zur Höhenstraße zwischen dem Chalet de la Maline und dem Point Sublime etwa sechs stramme, recht fordernde Marschstunden ohne Pause rechnen muß, sollte man sich gut vorbereiten: mit Wanderkarte, Bergschuhen, warmer Kleidung, Taschenlampen für Tunnelstrecken sowie mit Proviant und sogar Trinkwasser. Kanu- und Kajakfahrer müssen sich einschlägige Beschreibungen dieses Wildwassers besorgen, dessen Wasserstand sich durch Schleusenöffnungen zweier Elektrizitätswerke am Oberlauf kurzfristig stark verändern kann (Auskunft über den Wasserstand: Électricité de France, ✆ 04 92 83 62 68).

 Auskunft über sportliche Aktivitäten:
Verdon accueil
83630 Aiguines
✆ 04 94 70 21 64
und in 04120 Castellane
✆ 04 92 83 67 36, Fax 04 92 83 73 11

 Auberge du Point Sublime
Route des Gorges du Verdon (D 952)
04120 Rougon
✆ 04 92 83 60 35, Fax 04 92 83 74 31
Zimmer (F), deftige Gerichte. FF–FFF

04120 Castellane

Nouvel Hôtel de Commerce
Place de l'Église
✆ 04 92 83 61 00, Fax 04 92 83 72 82
Modern-sachlich mit Restaurant. FF

Hôtel-Restaurant La Forge
Place de l'Église
✆ 04 92 83 62 61

 Preiswerte Zimmer und Menüs in diesem alten Haus an einem kleinen Platz. F–FF

 Ma Petit Auberge
Avenue Frédéric Mistral
 ✆ 04 92 83 62 06, Fax 04 92 83 68 49
Schlicht, ruhig mit Restaurant. F

 Château de Trigance
An der D 90 zwischen Corniche Sublime
 und D 955 (Privatweg vom Ort Trigance)
83840 Trigance
✆ 04 94 76 91 18, Fax 04 94 85 68 99
In Mauern aus dem Mittelalter; schöne Aussicht. Mit Halbpension. FFF

 Altitude 823
Corniche Sublime (nahe Moustiers)
 ✆ 04 94 70 21 09
Deftige Gerichte; einfache Zimmer. F

 Auberge des Salles
D 957 (am Lac de Ste.-Croix)
✆ 04 94 70 20 04, Fax 04 94 70 21 78
Einfach, sehr ruhig, Seeblick. F

 Le Verdon
83630 Les Salles-sur-Verdon
Modernes Haus, ruhig, Seeblick. F–FF

 Le Pont d'Or
Route de St.-Maximin
83670 Barjols
✆ 04 94 77 05 23, Fax 04 94 77 09 95
Einfaches Etappenhotel im »Brunnendorf«. F

83470 St.-Maximin-de-la-Ste.-Baume

 Syndicat d'Initiative
Place Jean Salusse (Hôtel de Ville)
✆ 04 94 59 84 59, Fax 04 94 59 82 92

 Basilika Ste.-Marie-Madeleine
Tägl. 9–12 und 14–18.30 Uhr; 12–14 Uhr über den Couvent Royal zugänglich
In der Krypta Sarg der hl. Maria Magdalena.

Informationen

 Couvent Royal
Tägl. 9–18 Uhr (Juli/Aug. bis 18.30 Uhr)
Weitläufiges Dominikaner-Kloster, Kreuz-
gang aus dem 15. Jh., neben der Basilika.

 Chez Nous
3, boulevard Jean-Jaurès
✆ 04 94 78 02 57, Fax 04 94 78 13 04
Beste Adresse im Ort. F–FFF

 St.-Pilon
 Von der Gabelung D 95/D 80 oder 1 km
weiter ab L'Hôtellerie den rot-weißen
Markierungen des GR 9 folgen. Aufstieg
zur **Grotte** der hl. Maria Magdalena und
weiter zum Gipfel des **St.-Pilon** (994 m).
Großartiger Weitblick auf die provenzalische Bergwelt und die Bucht von La
Ciotat. Hin und zurück ca. 3 ¹/₂ Stunden.

 Wildwest-Erlebnispark OK Corral
13780 Cuges-les-Pins
 ✆ 04 42 73 80 05, Fax 04 42 73 93 05
Wildwestdorf mit zahlreichen Shows.

13260 Cassis

 Office Municipal de Tourisme
Place Baragnon
✆ 04 42 01 71 17, Fax 04 42 01 28 31

Les Roches Blanches
Route Port-Miou
✆ 04 42 01 09 30, Fax 04 42 01 94 23
Mit Blick über die Bucht, Swimmingpool.
FFF–FFFF

La Plage du Bestouan
Avenue de l'Amiral
✆ 04 42 01 05 70, Fax 04 42 01 34 82
Nur durch die Straße vom Meer getrennt.
FFF

Le Cassitel
Route Clemenceau
✆ 04 42 01 83 44
Im Ort. F

 Bootsfahrt zur Calanques-Küste
 Abfahrt vom Quai St.-Pierre mit einem
Dutzend verschiedener Boote.
✆ 04 42 01 71 17

 La Presqu'île
2 km Richtung Port-Miou
✆ 04 42 01 03 77
Pinien und Felsen, Terrasse über dem
Meer. Aparte Fischgerichte. FFF

 Nino
Quai Barthélemy
✆ 04 42 01 74 32
Blick auf Hafen und Kap. Provenzalische
Küche und Fisch. FF–FFF

 Romano
15, quai Barthélemy
✆ 04 42 01 08 16
Seegetier aller Art mit Lokalkolorit. FF

Bistrot d'Hugo
39, avenue Victor Hugo
✆ 04 42 01 78 61
Im Licht des Midi kocht ein Elsässer. FF

Informationen

13001 Marseille

i **Office de Tourisme**
4, la Canebière
☏ 04 91 13 89 00, Fax 04 91 13 89 20

P **Parkplatz:** etwas stadtein vom Vieux Port unter dem Centre Bourse; auf der Hafen-Nordseite hinter dem Hôtel de Ville; auf der Südseite unter dem Cours d'Estienne d'Orves; am Ende der Einkaufsstraße Rue St.-Ferréol vor der Préfecture.

St. Ferréol's
19, rue de Pisançon
☏ 04 91 33 12 21, Fax 04 91 54 29 97
Je ein großer Maler stand Pate für das Ambiente der Zimmer in diesem hafennahen Hotel in der Fußgängerzone. FF

Alizé
35, quai des Belges
☏ 04 91 33 66 97, Fax 04 91 54 80 06
Einen großartigen Blick über den Hafen gewährt dieses schlichte Haus mit lärmgeschützten Zimmern.
F–FF

New Hotel Select
4, allées Gambetta
☏ 04 91 50 65 50, Fax 04 91 50 45 56
Zwischen Endbahnhof St.-Charles und der Canebière liegt dieses zweckmäßige Reisehotel. F

Musée d'Histoire de Marseille
Im Tiefparterre des Centre Bourse
Tägl. außer So 12–19 Uhr
Um das Wrack eines römischen Schiffs aufgebaute, lehrhafte Schau der Entwicklung Marseilles von der Vorgeschichte bis zur gallo-römischen Zeit.

Kathedrale Notre-Dame-de-la-Garde
Tägl. 7–20, im Winter bis 19 Uhr
Neobyzantinisches Bauwerk. Vom Hügel aus schöner Ausblick auf die Stadt.

Maison Diamantée
Rue de la Prison
Gebäude aus dem 16. Jh. mit interessanter Fassade. Hier war bis vor kurzem das Musée du Vieux Marseille untergebracht.

Centre de la Vieille Charité
2, rue de la Charité
☏ 04 91 56 28 38
Juni–Sept. tägl. außer Mo 11–18, sonst 10–17 Uhr
Einstiges Armenhospiz (um 1700), heute Kulturzentrum mit wechselnden Kunstausstellungen; mit dem **Musée d'Archéologie mediterranéenne** (griechische und römische Antike, ägyptische Sammlung), und dem **Musée des Arts Africains, Océaniéns et Amérindiens** (afrikanische, ozeanische und indianische Kunst).

Cathédrale de la Major (»La Major«)
Über dem Fährhafen de la Grande Joliette
Tägl. außer Mo 9–12 und 14.30–17.30 Uhr
Prunkvoll ausgeschmücktes Bauwerk im romano-byzantinischen Stil von 1853–93.

Ancienne Major
Gleich neben »La Major«, durch deren Bau verstümmelt. Reinster provenzalisch-romanischer Stil. Reliquienaltar von 1073. Zur Zeit keine Besichtigung.

Musée des Docks Romains
Place Vivaux
Juni–Sept. tägl. 11–18, Okt.–Mai 10–17 Uhr
Ausgrabungen aus der Antike; am Schauplatz der Funde von u. a. riesigen Vorratskrügen.

Abbaye St.-Victor
Rue Sainte
Tägl. 8.30–19 Uhr
Rest eines weit größeren Bauwerks aus dem 11. Jh. des »Schlüssels zum Hafen Marseille«. Die Krypta ist die überbaute Basilika aus dem 5. Jh. In den Katakomben werden Lazarus und Maria Magdalena verehrt.

Informationen

 Musée Cantini
19, rue Grignan
Juni–Sept. tägl. 11–18, Okt.–Mai 10–17 Uhr
Wechselnde Ausstellungen zeitgenössischer Kunst: u. a. Arman, Arp, Bacon, César, Hartung, Miró, Picabia, Soulageo.
Sammlung provenzalischer Fayencen.

 Exposition Permanente Grotte Henri Cosquer (Les Docks de la Joliette)
10, place de la Joliette
Tägl. 10–18 Uhr

 Markt
Jeden Vormittag (außer So) am Place des Capucins und Nebengassen.

 Foire aux Santons
Letzter So im Nov. bis Dreikönigstag: Verkauf von provenzalischen Krippenfiguren, auch zum Selberbemalen, am oberen Abschnitt der Canebière.

Nordseite Vieux Port:

 Miramar
12, quai du Port
℡ 04 91 91 10 40
Einfallsreiche Kreationen. Fisch in Salzkruste – das kostet. Aber der Blick auf Flaneure, Vieux Port und Bonne Mère ist inbegriffen. FFFF

 Le Chaudron Provençal
48, rue de la Caisserie
℡ 04 91 91 02 37
Echt Marseiller Lokalkolorit herrscht in diesem Altstadt-Bistro, dessen Stolz authentische Fischgerichte und eine Bouillabaisse comme il faut sind. FF–FFF

Südseite Vieux Port:

 Le Patalain
49, rue Sainte
℡ 04 91 55 02 78

Die Patronne, Madame Quaglia, hält in einem authentischen Rahmen alte Marseiller Kochkunst auf hohem Niveau in Ehren. FFF–FFFF

 Les Arcenaulx
25, cours d'Estienne d'Orves
℡ 04 91 54 77 06
Im einstigen Galeeren-Arsenal mit Zugang durch Galerie und Buchladen. Marseiller Traditionsküche. FFF

 Maurice Brun/Les Mets de Provence
18, quai Rive-Neuve
℡ 04 91 33 35 38
Nach fast 60 Jahren erlebte diese Institution provenzalischer Traditionen eine gelungene Verjüngungskur. FFF

 Mercure-Beauvau Vieux Port
4, rue Beauvau
℡ 04 91 54 91 00, Fax 04 91 54 15 76
Dem Zeitgeschmack angepaßt wurde dieses ehemalige Palace-Hotel mit einzigartiger Lage am Ende des Vieux Port. In der Bar soll Chopin gesessen haben. FFF

 Bistro Gambas
29, place aux Huiles
℡ 04 91 33 26 44
Ein Paradies für Krabben-Freunde. F–FF

An der Corniche:

 L'Epuisette
Vallon des Auffes
℡ 04 91 52 17 82
Auch die schöne Lage auf dem Felsen an der engen Hafeneinfahrt addiert sich natürlich à la carte, aber auch Menüs und Bouillabaisse. FFF–FFFF

 Chez Fonfon
140, Vallon des Auffes
℡ 04 91 52 14 38
Die Fischerboote machen vor dem Lokal am Ende des winzigen Hafens fest. FFF

Von der Bergwelt der Alpes-de-Haute-Provence zum Mittelmeer nach Marseille

1. Route Frankreichs Grand Canyon
Die Schluchten des Verdon

Die bisher vorgeschlagenen Stadtbesichtigungen, Ausflüge oder Strecken orientieren sich – abgesehen von der Camargue – vor allem an sehenswerten Kulturdenkmälern, auch wenn sie stets eingebettet waren in großartige oder lieb-

Moustiers-Ste.-Marie

liche Landschaftsrahmen. Doch auch Kunst und Kultur kann irgendwann »satt« machen und die Sehnsucht nach »Natur pur« wecken. Die Schluchtenwelt des Voralpenflusses Verdon, der schließlich ganz sanft in die Durance mündet, ist da ein spektakulärer Höhepunkt. Am schnellsten führt die Autoroute A 15 im Tal der Durance an diese Wunderwelt heran. Sie ist meist nicht so stark befahren wie die anderen Autobahnen. Die braunen Sehenswürdigkeit-Signale weisen bereits hinter dem Défilé und Tunnel von Mirabeau zu den Gorges du Verdon, den Fluß Verdon kreuzt man wenig später in Vinon.

Kurz zuvor führte die Straße am abweisenden Gelände des Atomforschungszentrums von Cadarache entlang und überschritt die Grenze zum Département Var, wenig später schon ist man an diesem Drei-Regionen-Eck im Département Alpes-de-Haute-Provence. Das Thermalbad Gréoux-les-Bains kann man links liegen lassen, sich aber vielleicht in **Allemagne-en-Provence** die Beine vertreten und einen Blick auf das Renaissance-Schloß werfen, das eher westfranzösisch wirkt. Die Einheimischen lächeln schon, wenn wieder mal ein Tourist mit deutschem Autokennzeichen auf sie zutritt und fragt, wie ein so winziges »Deutschland« in die Provence geraten ist. Nein, da gibt es keinen kuriosen Hüpfer der Geschichte, der Name ist ganz einfach eine Verballhornung, vor einem halben Jahrtausend noch hieß der Flecken Aramagna.

Die Durchfahrt in **Riez** ist schlecht beschildert, man muß hinein in den Ort, um auf den Hinweis nach Moustiers und Castellane zu stoßen. Dann rückt schon die Voralpenkette über dem Verdon nahe, eine verheißungsvolle Landschaft ist das, und auch **Moustiers-Sainte-Marie** stimmt ein auf das Grand-Canyon-Erlebnis, liegt es doch selbst am Ende einer tiefen Schlucht um eine wasserreiche Quelle.

Die Parking-Schilder scheinen erst weg vom Ziel zu führen, doch von den sich am Hang hinauf staffelnden Plätzen ist man schnell in dem dann etwas tiefer liegenden Ort, und auch zur Wallfahrtskapelle **Notre-Dame-de-Beauvoir** ist es auf einem von hier aus ansteigenden Serpentinenpfad nicht weit. Hoch darüber noch spannt sich von Kliff zu Kliff eine Kette mit einem Stern über die Schlucht. Sie ist natürlich nicht mehr die gleiche, die der Legende nach ein Kreuzritter anbrachte, als Dank für die Errettung aus ferner Gefangenschaft. Der Stern, der da heute weithin blinkt, ist auch nicht mehr vergoldet, sondern aus Neusilber, hat einen Durchmesser von 1,17 Metern, wiegt 18 Kilo und wurde im August 1957 an einer neuen, 220 Meter langen Kette hochgezogen.

Auch im Ort schimmert es allenthalben. Die Fayencen von Moustiers hängen an Türen und Fenstern, stapeln sich auf Tischen, sind in Vitrinen gefällig arrangiert. Seit etwa 1680 waren sie in ganz Frankreich berühmt und begehrt, wurden dann durch billigeres Steingut aus England lange verdrängt und schließlich ab 1874 nicht mehr hergestellt. Nach einem Neubeginn 1925 sind sie heute wieder höchst beliebt – schönere Souvenirs provenzalischer Kunsthandwerkstradition lassen sich kaum finden. Die Dekors der Neuschöpfungen stehen denen der alten Vorbilder nicht nach,

einige führen streng den Stil früherer Manufakturen weiter, andere Hersteller haben neue, aber sehr landschaftlich beeinflußte Motive entwickelt. Über die verschiedenen Stilformen informiert ein **Musée de la Faïence** in einer mittelalterlichen Krypta unter dem Presbyterium neben der Kirche.

Die romanische **Kirche** aus dem 12. Jahrhundert nebenan, mit einem lombardischen Turm, hat einen leicht angewinkelten Chor – so erinnerten die Baumeister damals symbolisch an Christi Haltung am Kreuz. Auf dem Terrassenplatz am Campanile mit seinem abgestützten Fundament, hoch über dem kurzen Gießbach – er endet im nahen Stausee – möchte man verweilen. Ein guter Ort, um zu überlegen, wieviel Zeit man sich für die Umrundung des **Grand Canyon du Verdon** nehmen will. Die beiden Höhenstraßen, die *corniches*, bieten natürlich ganz verschiedene Perspektiven.

Es mangelt nicht an Aussichtsplätzen, und sogar eine recht stramme Wanderung hinunter in die Schlucht und am Flußbett entlang läßt sich unternehmen. Aber wie schon am Mont Ventoux hängt vieles auch vom Wetter ab. Man sollte die Rundfahrt, wenn man sich zwei Tage dafür nimmt – und das ist es wert –, im Uhrzeigersinn um den eindrucksvollsten Abschnitt, den Grand Canyon du Verdon angehen, also über die D 952 Richtung Castellane. Dann steigern sich die Höhepunkte. Da gibt es zuerst den **Belvédère de Mayreste**, bald darauf einen zweiten Tiefblick über einen Nebenzufluß vor dem **Col d'Ayens**. Ab **Palud-sur-Verdon** folgt ein schmaler, kurvenreicher, teils durch Tunnel führender Rundkurs, die **Route des Crêtes** (D 23), der Schluchtsteilkante. Wieder auf der Hauptstraße angelangt, gewährt der **Point Sublime** einen Rückblick. Man muß sich einfach trudeln lassen, jeden Augenblick wahrnehmend, das Wechselspiel von Hell und

Dunkel, Smaragdgrün und Kalkweiß genießend. Leicht vergißt man dabei die Stunden.

In der Hauptreisezeit sollte man deshalb schon ein Abendquartier festgemacht haben, in den ruhigen Monaten kann man sich auch spontan für einen Etappenort entschließen. Es gibt mehrere Übernachtungsmöglichkeiten, und sie liegen nicht weit auseinander.

Sehr urig, oft von Bergsteigern bevölkert und deshalb üppige Mahlzeiten auftischend, ist die Auberge am Point Sublime. Hält man hier an, kann man diesen – wie der Name sagt – wohl erhabensten Blickpunkt in die Szenerie sowohl im Spät- wie im Frühlicht erleben. Morgens, wenn der Nebel zerreißt und sich in schnell verdunstenden Bändern aus dem Flußtal hebt. Oder man sucht den höchst luxuriösen Kontrast schon auf dem anderen Ufer im Schloß von **Trigance** – dort allerdings schiebt sich ein Bergrücken vor den Canyon. Sonst bietet sich **Castellane**, das an der Route Napoléon liegt, als End- und Ausgangspunkt der beiden Uferstrecken an. Über dem Ort thront auf einem Felsen die Kapelle **Notre-Dame-du-Roc**, sie ist über einen steilen Pfad in etwa 30 Minuten zu erreichen – man genießt von dort einen sehr lohnenswerten Ausblick.

2. Route Über die Corniche Sublime zum Lac de Sainte-Croix

Von Castellane, Rougon oder Trigance aus führt die D 71 wieder an die Schlucht heran. Von den **Balcons de la Mescla** sieht man in der Tiefe auch unterhalb der Route des Crêtes den wohl faszinierendsten der Wanderwege dicht am Wasser, den »Sentier Martel«, der vom Chalet de la Maline zum Point Sublime führt. Er gilt jedoch als sehr anstrengend, mit einer Sicherheitsmarge sollte man einen ganzen Tag dafür ein-

kalkulieren. Griffige Bergschuhe, Proviant, zwei Flaschen Mineralwasser pro Person, denn das Flußwasser ist nicht trinkbar, dazu eine warme Jacke für überraschend kühle Passagen und eine Taschenlampe für Tunnelabschnitte sind notwendig. Wanderkarten, Hinweise auf die Wetterlage und Wasserstandzunahme durch Schleusenmanöver der flußauf liegenden Staudämme erhält man in den Übernachtungsorten und durch Schautafeln am Weg. Kinder unter 10 Jahren sollte man auf diesem GR 4-Pfad nicht mitnehmen. Andere Strecken wie der »Sentier de l'Imbut« sind nur für sehr erfahrene Bergwanderer geeignet. Leichter und kürzer ist der vom Point Sublime ausgehende Lehrpfad »Sentier de découverte des lézards«, also der Eidechsen-Entdeckung.

Die großartige **Route de la Corniche Sublime** führt in vielen Windungen über weitere Punkte, die zum Aussteigen und Staunen auffordern: die Brücke von L'Artuby über einen Nebenfluß, die Tunnels de Fayet, die Steilfelsen Falaise des Cavaliers und Falaise de Baucher, den Pas de l'Imbut mit Blick auf ein Felsenchaos, unter dem der Verdon ein Stück lang verschwindet. Gegenüber ringelt sich der Weg des Vortages. Ein paar Felder, Weiden und Höfe kleben darunter am Hang. Schließlich, viel zu schnell, meint man, öffnet sich der **Cirque de Vaumale**, ein bewaldeter Bergkessel schon mit Sicht auf das Canyonende. Die Straße führt über diesen Ausgang hinweg, hinter dem sich der Verdon unmittelbar in den **Lac de Sainte-Croix** weitet.

Die aufgestaute Wassermasse von bis zu 769 Millionen Kubikmetern hat viel fruchtbares, hier rares Land und das alte Dorf Salles verschlungen. Eine nach soviel Urwüchsigkeit etwas artifiziell wirkende Landschaft, aber nicht ohne Reiz ist so entstanden. Bevor man zur Uferstraße gelangt, lockt **Aiguines** mit einem

Paddelfreuden in den Gorges du Verdon ▷

Im Schloß vom Aiguines kann man wohnen

Schloß, dessen vier Rundtürme ganz verschieden mit glasierten Ziegeln gedeckt sind. Hier wohnen! Warum nicht: im klotzigen Bau aus dem 17. Jahrhundert sind *gîtes ruraux*, Appartements für Ferien auf dem Land, eingerichtet. Der kleine Ort am See hat Zukunft als Sommerfrische. Früher war er bekannt für seine Drechslerarbeiten, die typisch sind für provenzalisches Mobiliar.

3. Route **Zur Kathedrale der heiligen Maria Magdalena und zum Meer**
Über Saint-Maximin-de-la-Sainte-Baume nach Cassis

Zum Meer! Zu einem Kontrapunkt, der doch mit weißen Felsen das Thema weiterführt. Zunächst aber klingen die starken Eindrücke in der sanften Landschaft längs der Straße nach Aups aus. Bei

Sillans-la-Cascade ist ein 42 Meter hoher Wasserfall zu erwandern – der halbstündige Ausflug lohnt aber eigentlich nur bei Frühjahrsfluten. In **Barjols** blüht wieder ein besonderes Traditionshandwerk. Hier werden immer noch *galoubets*, Hirtenflöten, und *tambourins*, einfellige Schellentrommeln, hergestellt, die wichtigsten Instrumente bei provenzalischen Volkstänzen und Feiern. Zum Dorffest Mitte Januar gehört in Barjols noch ein ganzer Ochs' am Spieß. Auch 20 Brunnen machen hier Musik.

Durch Weinfelder geht es dann auf der D 560, über die Autobahn hinweg nach **Saint-Maximin-de-la-Sainte-Baume**. Ein langer Name, der auch viel erzählen soll – dafür fehlt der **Kathedrale**, die wuchtig über die Häuser schaut, der Glockenturm. Doch sie allein lohnt einen Aufenthalt. Hier nämlich ist, neben Les Saintes-Maries-de-la-Mer, die wichtigste Stätte eines provenzalischen Glaubens an die direkte, ohne Umweg über Rom erfolgte Christianisierung der Region. In der **Krypta** ruht nach alter Überlieferung die heilige Maria Magdalena, die sich Jesus und seinen Jüngern anschloß. Nach der Strandung der legendären Barke in der Camargue soll sie sich von den anderen getrennt haben und auf Gottes Geheiß dem Lauf des Flüßchens Huveaune stromauf gefolgt sein. Bis zum Berg, nun Sainte-Baume genannt, in dem Engel ihr eine Grotte, provenzalisch *baoumo*, anwiesen. 30 Tage lang, nur gelabt durch himmlische Musik, die vom Gipfel des Massivs ertönte, sei sie von den Engeln siebenmal täglich zum Ort der Sphärenklänge emporgetragen worden.

Auf dem Weg zurück zu den Menschen und zu irdischer Nahrung habe ihr einstiger Weggefährte Maximin sie dem Tode nahe gefunden und ihr die letzte Kommunion erteilt. In einem Mausoleum, dort, wo heute die Basilika steht, sei sie bestattet worden. Die Krypta legten offenbar dann die Merowinger an, sie geriet jedoch in Vergessenheit, da sie bei einer Invasion der Sarazenen mit Sand zugeschüttet wurde. Erst Prinz Karl von Salerno ging der Legende nach und stieß 1279 bei Ausgrabungen auf vier prächtige Sarkophage.

Einer von ihnen habe die Gebeine der *benoiste Magdalaine* enthalten. Jedenfalls wurden sie von der versammelten Geistlichkeit der Provence als authentisch anerkannt. Für den Schädel der Heiligen wurde eine Büste aus vergoldeter Bronze als Reliquiar geschaffen. Auch ein mumifizierter Geweberest wird nun verehrt, der sich bei einer Inspektion der Reliquie 1789 von der Stirn gelöst hatte: die Stelle, auf die Jesus am Auferstehungstag abwehrend seine Finger gelegt haben soll – »denn ich bin noch nicht aufgefahren zum Vater ...«

Als Karl von Anjou gab der Wiederentdecker den Auftrag, in Erwartung großer Pilgerscharen, eine Kathedrale zu

Das Sarazenen-Tor in Aups

errichten. Die Bauarbeiten dauerten von 1295 bis 1532, sie wurden von Geldnöten und Pest unterbrochen, das Werk blieb unvollendet. Der lange von Einsturz bedrohte Bau ist gerade behutsam restauriert worden, deutlicher sichtbar ist dadurch die Aussparung für den nie gebauten Turm auf der Frontseite. Doch auch so gilt die Kathedrale mit ihrem gewaltigen Mittelschiff und durch die Reinheit ihrer Linien als eins der vollkommensten Gotteshäuser der französischen Gotik. Die Krypta liegt unter dem linken Seitenschiff. Der offenbar in Rom gefertigte Sarkophag der Maria Magdalena ist aus dem seltenen, besonders feinkörnigen Marmor der kaiserlichen Steinbrüche am Marmara-Meer gemeißelt.

Vieles ist geheimnisvoll und unergründlich um den geduckten Ort und um das zerklüftete Massiv Sainte-Baume. Eine Reliquie fehlt. Graf Karl hatte auch ein

Kristallgefäß gefunden, das eine rote Substanz enthielt. Die Kirche identifizierte sie als mit Christi Blut benetzte Kiesel, die Maria Magdalena unter dem Kreuz aufgesammelt habe. An jedem Karfreitag dann habe sich der trockene Inhalt der »heiligen Ampulle« wie kochend verflüssigt. 1904 nahmen zwei Kirchendiebe das Fläschchen mit, wenig später erlagen sie einem rätselhaften Leiden. Das Kristallgefäß aber wurde nie wiedergefunden …

Bereits den Kelten war dieser Bergwald heilig. Cäsars Legionen, die hier Schiffsbauholz schlagen sollten, wagten die Stämme nicht anzurühren. Entlang eines Schattens, den der Gipfel am Mittsommertag wirft, entdeckte man eine Reihe von Orient nach Okzident ausgerichteter Gräber.

Wie wohltuend, daß auch ganz irdisch-rationale Kräfte am Werk waren. Napoleons Bruder Lucien Bonaparte rettete die Basilika im Kirchensturm der Französischen Revolution, indem er sie zum Futtersilo erklärte. Das war wohl nicht nur Frömmigkeit, sondern auch ein Akt der Liebe zu einer Einheimischen. 1794 heiratete der Korse hier die Wirtstochter Christine Boyer. Im heutigen Hôtel Bonaparte im Zentrum von Saint-Maximin wurde die Ehe geschlossen.

Bei der Weiterfahrt rückt das **Massif de la Sainte-Baume** näher. Zu seinem höchsten Punkt, dem **Saint-Pilon**, zu dem die heilige Maria Magdalena entschwebte, gelangt man vom Wallfahrtszentrum L'Hôtellerie zwischen Nans-les-Pins und Plan d'Aups. Der Aufstieg zur **Grotte** in der Bergflanke dauert eine gute halbe Stunde. Von dort bis zum 994 Meter hohen Gipfel des Saint-Pilon und zurück weitere zweieinhalb Stunden. Ein Weg, der etwas schwindeln macht, und oben ein Rundblick, der

Schiff der Basilika von St.-Maximin-de-la-Ste.-Baume

Blick vom Cap Canaille auf Cassis

wahrlich in Verzückung versetzen kann: landein über Sainte-Victoire und Luberon hinweg zum Mont Ventoux, vielleicht sogar bis zu den Seealpen; auf der anderen Seite hinunter auf die Bucht von La Ciotat, hinter deren rechten Begrenzungsfelsen sich das Ziel der Route, **Cassis**, verbirgt.

4. Programm   Cassis – Hochzeit von Berg und Meer

In **Cassis** sind noch einmal die wichtigsten Essenzen dieses Lebens und Miterlebens *à la provençale* vereinigt. Doch die antike Vergangenheit dieses *carsicis portus*, unter den Häusern und Wassern schlummernd, verlangt kein Besichtigungsprogramm mehr. Hier stürzt sich das Weiß all der durchkreuzten, erstiegenen oder umkreisten Bergketten jäh ins Meer, hier wächst noch

einmal ein ganz erstaunlicher Weißwein, der am Abend selbst dem alleine Reisenden ein Kompagnon ist bei der Bouillabaisse.

Die Morgensonne erreicht den Hafen erst spät. Den langen Schatten wirft das steile **Cap Canaille**. Dort hinauf muß man, um das Naturwunder der **Calanques**, die Struktur dieser majestätischen Steilküste zu begreifen, in deren einzigen von Land zugänglichen Bucht der Ort nistet.

Es sind mit dem Wagen nur Minuten zu diesem atemberaubenden Kliff oder, noch ein Stück höher, zum **Sémaphore**, der Seewarte an der **Grande Tête**, die auch den Blick auf La Ciotat freigibt. Verharren möchte man da oder dort lange. Oder eine der Möwen sein, die hier spielerisch Akrobatik im Auf- und Abwind treiben. Doch wenn man den Tag da unten, jenseits des Golfs in einem der wohlgeschützten, in Seewasser ertrunke-

Überall Kletterfelsen

nung steht, gibt es kaum Gelegenheit, seekrank zu werden. Die nächstgelegene der fjordähnlichen, äußerst schmalen Buchten, **Port-Miou**, ist eigentlich nur ein einziger, langgestreckter Sportboothafen. Nach einer Besuchsschleife mit viel Schwell drosselt der Käpt'n wenig später zwischen den Halbinseln Pointe-Cacau und Pointe Castel-Vie dann schon die Maschine.

Wie Hummerscheren greifen die sich landein verjüngenden Felsenrücken ins Meer. Rechts öffnet sich Port-Pin etwas weiter, mit einem schattigen, kleinen Strand tief drinnen, links geht es in die engere **Calanque d'En-Vau**. Sie ist, obgleich an ihrem Ende nur Kiesel knirschen unter dem Kiel, die schönste. Das Wasser durchsichtig, funkelnd von Felsreflexen, ein wahrer Aquamarin eben, gefaßt von weißen Kalksteinnadeln. Über den Schwimmern hängen meist alpine Kletterer in den lotrechten Wänden. Ins Blaue steigen oder springen, tauchen, sich auf dem Rücken treiben lassen – hier geht alles ineinander über, die Intensität des Lichts und des Sich-Lebendig-Fühlens macht schwindeln. Doch irgendwann kommt das letzte Boot.

Jetzt liegt der Hafen von Cassis in der Abendsonne, die alle Farben kräftiger tönt. Von den modernen Terrassenbauten, die sich landein an die Hänge schmiegen, ist beim Pastis am Quai des Baux und Quai Calendal nicht viel zu sehen. Hier ist die Kulisse der unterschiedlich hohen Häuser der Waterfront noch dicht, dichter und intimer als in Saint-Tropez. Die Namen zudem verbürgen, daß man noch in der Provence ist, nicht an der Riviera.

Schob sich nicht der Felsen mit der Raubritterfeste von Les Baux wie ein Schiffsbug in die Ebene der Petit Crau? Ist Calendal nicht eine Gallionsfigur aus der Renaissance des Provenzalischen? Von *calendau*, dem okzitanischen Wort für die Weihnacht, entlieh Mistral den

nen Karsttäler verbringen möchte – *calanco* ist schroff – muß man sich bald wieder losreißen von dieser Kanzel über dem Mittelmeer. Denn die »Kapitäne« der kleinen Pendelflotte sind, solange nicht die Hochsaison alle Gewohnheiten und Werte kippt, mittags gern zu Hause. Und dann kann man die Calanques nur auf zwar naturschönen, aber sich schier endlos dahinziehenden Felsenpfaden erreichen. Um nach En-Vau zu kommen, braucht man so eine gute Stunde.

Mit dem Ausflugskutter aber tuckert man im Handumdrehen in diese weiß-blau-grüne Welt, selbst wenn eine Dü-

Am Hafenkai von La Ciotat

Boote und Bistros am Kai von Cassis

Die Calanque d'En-Vau und jenseits das Cap Canaille ▷

Namen für seinen »einfachen Sardinen-
fischer«, den er voll Stolz sagen läßt:
»Sién de Cassis, vilo marino e calu de
Franço« – Ich bin aus Cassis, einer Stadt
am Meer, dem Schlüssel zu Frankreich.
Auch hier haben Matisse und Vlaminck
gemalt, Derain und Dufy. Der Reifen-
Dynastie Michelin gehört die Dorffestung
mit ihren Zinnen und Mauern hoch über
der Plage de la Grande Mer. Man kann's
verstehen – wer möchte hier nicht bleiben? Allabendlich vor dem Essen eine
Partie Boule spielen auf dem Square
Savon …

Wieder einmal hat man die qualvoll-
köstliche Wahl zu treffen für ein Bistro,
ein Menü, für bislang ungekostete Gerichte. La *soupe du pêcheur* natürlich,
wo, wenn nicht hier? Doch dann? *Civet
de lotte, poivrons à l'anchoiade, soupions
et nouilles à l'encre, pâtes aux coquilla-
ges?* Die strenge Charta der Marseiller

Bouillabaisse wird auch hier noch geach-
tet. Gleichviel – man tafelt in die Nacht
hinein und hebt das Glas auf die Wieder-
kehr.

**5. Programm Über die Kalkfelsen in
Frankreichs größte
Hafenstadt: Marseille**

*»Dieses ist die blühendste und die groß-
artigste der lateinischen Städte. Seit den
Tagen Alexandrias, Roms oder Karthagos
hat man derartiges an den Gestaden des
Mittelmeers nicht gesehen.«*
Hippolyte Taine in seinen
Reisetagebüchern 1863–65

Von Cassis kommend, durchquert man
noch einmal ein Stück weiße Felsen-
wüste. Doch nach nur einem Dutzend
Kilometern eröffnet sich kurz hinter dem

»Cowboys« beim Weinfest von Cassis

![Notre-Dame-de-la-Garde über dem Häusermeer von Marseille](...)

Notre-Dame-de-la-Garde über dem Häusermeer von Marseille

Col de la Gineste ein Panorama über **Marseille** und seine weite Bucht mit den vorgelagerten Inseln. Dann taucht die Straße hinab in das Häusermeer. Ein Verkehrskreisel schleust links hinaus zur Küste mit der Plage du Prado, von dort führt die Corniche Kennedy am Meer entlang zum Vieux Port, dem heftig pulsierenden Herzen der Stadt. Aber auch geradeaus gelangt man ganz in seine Nähe.

Kein Klischee wird heute dieser ältesten der großen Städte Frankreichs gerecht, ihr, die einst so viele trug und die ihren Namen sogar der Nationalhymne gab, der Marseillaise, die doch aus Straßburg kam. Was war sie nicht alles in dem Jahrhundert, seitdem der Philosoph und Historiker Taine sie so überschwenglich zur Einzigartigen erhob! Frankreichs Tor zum Orient nach der Eröffnung des Suez-Kanals. Der afrikanische Brückenkopf nach der Unterwer-

Kleiner Handel am Hafen

153

fung Algeriens, das fortan als Teil des Mutterlandes verwaltet wurde. Noch glorifizieren die weißen Skulpturengruppen an der zum Kopfbahnhof Saint-Charles hinaufführenden Prachttreppe allegorisch dieses Kolonialimperium, dessen Reichtümer hier umgeschlagen wurden und das erst in den Nachkriegskonflikten zusammenbrach.

Auch ein Hort der Freiheit schien diese Hafenstadt zu sein. Hier ließen sich nach Abenteuern dürstende junge Männer von der Fremdenlegion anwerben – und nach dem Krieg viele Deutsche, die nichts als das Soldatenhandwerk gelernt hatten oder sich der Verfolgung entziehen wollten. Im Krieg aber waren es die politisch und rassisch Verfolgten Europas, die hier auf ein Visum, auf einen Schiffsplatz in eine freie Welt hofften. Nur ein paar Namen: André Breton, Hans Bellmer, Max Ernst, Claude Lévi-Strauss, Hans Sahl, Anna Seghers. Die französische Widerstandsbewegung, *la résistance*, hatte vor allem im Labyrinth des »häßlichen« *vieux quartier*, mit Verbindungen von Keller zu Keller und unter den Gassen hindurch, einen Stützpunkt, bis die deutsche Besatzungsmacht Anfang 1943 den größten Teil des Viertels in die Luft sprengte.

Doch Untergrund kann sich auf verschiedenen Ebenen, bar aller Ideale abspielen. Ein bißchen Schummerlicht genügt, auch grelles Tageslicht ist nicht unbedingt ein Hindernis, solange als Tarnung die aufgetünchte Wohlanständigkeit genügt. Fast allmächtige *caïds* (Chefs) herrschten über das *milieu*, die Namen Carbone und Spirito, Korse der eine, Süditaliener der andere, sind noch heute in ganz Frankreich bekannt. Ihr Regime verzweigte sich in die Politik – eine wahre Holding des organisierten Verbrechens. Sie überlebte auch den Krieg – die Erben Carbones hatten sich teils mit der *résistance*, teils mit der fremden Macht liiert, sicher ist sicher.

Daraus erwuchs schließlich, mit einem gigantischen Schmuggel amerikanischer Zigaretten als Grundstein, die *french connection*.

Um das Erbe dieser Erben wird immer noch gekämpft. Das fast ständige Quäken und Schrillen der Polizeiwagen und Ambulanzen liefert den passenden Soundtrack. Aber das Marseille der

Frisch aus dem Netz werden Fische am Vieux Port verkauft

Nachkriegszeit war auch eine Plattform der Moderne. Le Corbusier konnte hier 1952 seine erste Modulor-Wohneinheit als Cité Radieuse, als strahlende Stadt, verwirklichen – ein Signal für Europas Wiederaufbau. Der weitgehend zerstörte Hafen wurde zu einem Zentrum des Roll-on/Roll-off-Transports, nur 50 Kilometer westwärts gehört nun auch der Industriehafen von Fos zum Ensemble des Port Autonome de Marseille, dessen Gesamtkapazität in Europa nur noch von Rotterdam übertroffen wird.

Ewig erscheint in diesem raschen Wandel der **Vieux Port**, wo vor nunmehr 2 600 Jahren alles begann, wo auch der Stadtbummel seinen Ausgang nehmen sollte. Als erster berichtete der römische

Fischstand am Kai

Geschichtsschreiber Justinius von einer Legende über die Gründung von Marseille. Nach der Zerstörung ihrer Stadt durch die Perser seien die Griechen von Phokäa in einer schmalen Bucht gelandet, die sie an ihre Heimat erinnert habe. Von den ligurischen Segobriden, die zuvor offenbar schon Handel mit Phöniziern, Etruskern und Iberern getrieben hatten, wurden sie freundlich aufgenommen. Der ligurische König Nannus, den sie um Land bitten wollten, lud sie zu einem Fest ein, in dessen Verlauf seine Tochter Gyptis aus einer Schar von Freiern ihren Mann wählen sollte. Sie aber ließ an diesem Abend alle Bewerber außer acht und reichte dem griechischen Anführer Protis ihre Schale als Zeichen, daß sie seine Frau sein wolle. Der zum Schwiegersohn erkorene Gast erhielt als Mitgift Land genug, um darauf eine Stadt zu gründen.

Der Landeplatz, die Bucht von Lacydon, das ist heute der Vieux Port. Nachdem der Wagen geparkt ist – in der Tiefgarage des nahen Centre Bourse, an einem *horodateur* (Parkuhr) am Hôtel de Ville oder in der Verzweiflung meerwärts hinter dem Fort Saint-Jean auf dem Hafengelände, so als wolle man sich am Abend einschiffen nach Korsika –, ist der Magnet des Morgens der **Quai des Belges** am inneren Hafenende. Direkt von den tuckernden Booten an Land getragen und auf bunten Ständen aufge-

schüttet, gibt es hier alles zu bestaunen, was das Mittelmeer noch an eßbarem Getier zu bieten hat. Da werden Rochenflügel gekappt, Seeaale gekehlt und zersäbelt, werden Preise grell ausgesungen, wird den gerade im ersten Krampf erstarrten Fischleibern durch ein paar Spritzer Wasser immer wieder Glanz verliehen, werden Seeigel aufgebrochen, geraten Stapel glitschiger Seeveilchen ins Gleiten, und ein Würzweiblein schiebt einen kleinen Wagen mit den Kräutern der Provence dazu hin und her. Nirgends hört man den Akzent von Marseille so satt wie hier. Will man sich auch noch einen Überblick über alle Arten von Muscheln und Crevetten aus dem *mare nostrum* (Mittelmeer), aber auch aus dem Atlantik verschaffen, genügen ein paar Schritte landein zur Rue de Rome gleich an der Canebière – da wird Meergeborenes gleichsam zu Mondrian-Gemälden arrangiert.

Die **Canebière**, in den Erzählungen der Seeleute einst eine der Prachtstraßen der Welt, ist heute eher ein Alptraum an Getöse, Abgasen, verkrusteten Fassaden und ans Herz greifender, aber häufig auch widerwärtig inszenierter Bettelei. Hier stand in der Revolution die Guillotine, hier wurde 1934 König Alexander von Jugoslawien ermordet. Zum Bummel lädt der Boulevard, der seinen Namen vom Hanfanbau *(cannabis)* und Seilerhandwerk (Reeperbahn) erhielt, kaum noch ein. Die Verlängerung der Rue de Rome jenseits dieser schrillen Hauptverkehrsader ist der **Cours Belsunce**. Er führt direkt zu einem Triumphbogen von 1830 – aber auch in die Welten Afrikas.

Billigstkoffer und Plastiktaschen quellen aus den Läden und warten auf die Habe jener, die hier eintreffen, um in Frankreich Arbeit zu finden oder solcher, die Früchte jahrelanger Arbeit zurück übers Meer tragen möchten. Füllige Zentralafrikanerinnen zeigen in farbenprächtigen, wallenden *boubous* Heimatstolz, aber auch, daß sie sich diesen Luxus leisten können. Araber hocken in *djellabahs* vor Auslagen mit übersüßem Naschwerk oder beugen sich, jeglichen Verkehr ausschließend, zum Gebet – dann steigt Inbrunst aus der Rue du bon pasteur nahe der Place Jules Guesde – aber ist nicht auch Allah ein guter Hirte? Das meinen jedenfalls die frommen Muslime, die hier vor allem bei den zwischen zwei Welten geratenen Jungen für den Islam missionieren und die den Alten Trost in der Hoffnungslosigkeit spenden.

In dem Viertel zwischen Cours Belsunce, Canebière und Boulevard Dugommier gibt es alle Schattierungen der Haut, alle Stufen der Anpassung und des Scheiterns. Demütige Neuankömmlinge und arrivierte Arroganz. Marabus, »weise« Männer, lassen Zettel verteilen mit ihrer Sprechstundenzeit. Sie machen Zuspruch, Weissagung und Amulette, *gris-gris*, zu Geld oder verdienen fingerfertig bei der wundersamen »Vervielfachung« hart erschufteter Franc-Scheine. Neugier sollte in diesem *souk*, den die Marseiller auch *cage*, Käfig, nennen, diskret bleiben. Den Fotoapparat anzusetzen kann zu Ärger oder gar Attacken führen.

Wieder dem Vieux Port zu, liegt zwischen Cours Belsunce und Hauptpost der kühlarchitektonische Einkaufskomplex des **Centre Bourse**. Aber zu seinen Füßen auch das, worauf man bei den Ausschachtungsarbeiten 1967 stieß: Reste der phokäischen Stadtbefestigung (3. und 2. Jahrhundert v. Chr.), die Kais des antiken Hafens (1. Jahrhundert n. Chr.) und der »italienische« Stadteingang (4. Jahrhundert n. Chr.). Was man in diesem archäologischen »Garten« fand, so ein im Schlamm konserviertes Handelsschiff der Römer, ist gleich daneben im Tiefparterre des Centre Bourse im wunderschönen **Musée d'Histoire de Marseille** ausgestellt.

Der Vormittag reicht noch, um hinaufzufahren zur Kathedrale **Notre-Dame-de-la-Garde**, Ausguck, Wahrzeichen und Wallfahrtsort zugleich. Kein tief empfundener Marseiller Fluch, den die Einbeziehung der »bonne mère«, der Madonna, nicht erst so richtig würzt. Am einfachsten ist es, den Bus (Nr. 60) vom Fischmarkt am Vieux Port zu nehmen, aber es gibt auch einen Parkplatz auf der Kuppe. Die 1864 geweihte Basilika im romano-byzantinischen Stil wird von einer fast zehn Meter hohen, neun Tonnen schweren, galvanisierten und mit Blattgold belegten Pappmaché-Madonna gekrönt. Die große Glocke, *le bourdon*, acht Tonnen schwer, kann mit ihrem Dröhnen alle anderen Laute der Stadt übertönen. Aus massivem Silber ist die Jungfrau über dem Altar, die ganze Kirche ist ein mediterranes Spektakel mit kostbaren Täfelungen und Mosaiken und Marmorintarsien, mit Flugzeug- und Schiffsmodellen, Dankbarkeitszeichen für Rettung aus Not wie die unzähligen, noch außen die Brüstungen überwuchernden Votivtafeln. Wie auch jene, mit der sich *les dames télégraphistes* dafür bedanken, daß Unsere Liebe Frau sie und ihre Familien 1884 vor der Cholera bewahrt habe.

Der Riesenkirche liegt ganz Groß-Marseille zu Füßen, mit den einrahmenden Kalkgebirgen von L'Estaque und L'Étoile und dem Massiv von Marseilleveyre, das die urbane Expansion nach Süden an der Küste stoppt. Auch auf die vorgelagerten Inseln Ratonneau und Pomègues schaut man und auf das Château d'If, in dem Alexandre Dumas seinen »Graf von Monte-Christo« schmachten ließ. Doch das ist eine Nachmittagsstation.

Am auch fast schon »antik« wirkenden Panzer »Jeanne d'Arc« vorbei, der hier bei letzten Kämpfen des Zweiten Weltkriegs abgeschossen wurde, ist man über die rechts davon abwärts führende Montée de l'Oratoire zu Fuß in wenigen Minuten wieder am Vieux Port, dort wo auf seiner anderen Seite das Hôtel de Ville aus dem 17. Jahrhundert immer noch Amtssitz des Bürgermeisters ist. Sein Posten wird geradezu als »Lehen« betrachtet, das viel Ehre und manchmal Aufstieg verheißt, vor allem aber Feinde schafft. Der ehemalige *maire* und spätere Innenminister Gaston Deferre hatte es von 1953 an über drei Jahrzehnte inne. In einem Interview nach den ersten sechs Jahren zog er selbstbewußt Bilanz: »Marseille war seit hundert Jahren nicht mehr administrierbar. Nun, es hat sich gezeigt, daß ich es verwalten konnte, daß ich für Ordnung gesorgt habe. Das ist nicht leicht in einer Stadt, die sich doppelt so weit erstreckt wie Paris, fünfmal so weit wie Lyon, mit einer Industriedecke, die dreimal dünner ist als die von Lille und die Defizite von einem halben Jahrhundert mit sich schleppt. Vor mir gab es im Rathaus nur dreierlei Menschen: Zuhälter, Duckmäuser und Flics. Jeder Bürgermeister ließ die seinen zurück – das war wie ein paar Matratzen übereinander.« Auch das politische Erbe, wie die Herrschaft im Milieu, ist unerschöpflicher Gesprächsstoff für »Marius« und »César«, die Prototypen des Manns auf der Straße.

Der Besucher aber hat ein Mittagessen am alten Hafen verdient. Einen Snack auf der Sonnenseite des Quài du Port, eine Bouillabaisse am schattigen Quai de Rive Neuve oder ein die Traditionen ehrendes, fast schon museales *ménu provençal* bei Monsieur Brun gegenüber der *mairie*.

Gesättigt also. Da ist eine Weile Sightseeing mit ausgestreckten Beinen vielleicht gerade das richtige. Dort, wo früh die Fischhändler standen, legen die Boote zum Château d'If ab – manchmal halten sich die Skipper nicht an die angeschlagenen Zeiten, sondern kalkulieren kühl das Kundenaufkommen, da braucht man Geduld. Das Ausflugsschiff schiebt sich schließlich durch die Sportboot-Marina, die den ganzen Vieux Port

säumt, über die Untertunnelung hinweg, in die hinab vor der festungsähnlichen Basilika Saint-Victor eine Schnellstraßenrampe führt. Durch den Engpaß der beiden, den Hafeneingang bewachenden **Forts Saint-Jean** und **Saint-Nicolas** geht es – auf der Straßenseite des linken, unteren Befestigungswerks ist noch immer das Rekrutierungsbüro der Fremdenlegion. Gleich hinter Fort Saint-Nicolas grüßt der **Palais du Pharo**, einst von Napoléon III. als Schloß für die Kaiserin Eugénie in Auftrag gegeben, nun Schauplatz von Kongressen und einem Theaterfestival. Ein wunderschöner Aussichtsplatz auch auf den alten Hafen.

Nach zehn Minuten schon macht das Boot am **Château d'If** fest. Ein Graf von Monte-Christo und ein Abbé Faria saßen hier nie in den Verliesen des berüchtigten Staatsgefängnisses, wohl aber der rebellische Graf Mirabeau, Hugenotten und der geheimnisvolle »Mann mit der eisernen Maske« königlicher Bankert oder Geheimagent. Schon der Blick zurück auf Marseille im Nachmittagslicht lohnt die Fahrt. Auf dem nahen Inselkomplex von Frioul wird ein Freizeitzentrum geschaffen.

Nach der Rückkehr noch ein Abstecher in das, was vom **Vieux Quartier**, dem »häßlichen« Viertel übrigblieb? Links hinter dem **Hôtel de Ville** – in seine erste, die »noble« Etage führt nur das rückwärtige Brückchen – liegt eins der wenigen, bei der Sprengung verschonten Gebäude, die **Maison Diamantée**. Seinen Namen hat das Haus von Facettenschliff der Fassadensteine. Dahinter geht es an dem gotischen, leider aus einem religiös gemeinten Kitsch ragenden Glockenturms des Accoules vorbei ins zerbröckelnde **Quartier du Panier**, einst Revier der roten Laternen. Es wird nun allmählich saniert, vermittelt aber noch ein wenig den Charme der alten Tage. Die einstige **Charité**, lange zerfallen, ist bereits restauriert und nun stilvoller Ausstellungsort für Kunstsammlungen.

Einst Prominenten-Gefängnis: das Château d'If

Von der Charité gelangt man zur nahen **Cathedrale de la Major** nur über eine Fußgängerbrücke aus Stahl, der Versuch, die dazwischenliegende Straße mit ihrem abwechselnd vom Vieux Port oder aus seiner Untertunnelung hervorschießenden Verkehr überqueren zu wollen, gleicht russischem Roulett. Die kleinere, von Abgasen fast zur Unkenntlichkeit geschwärzte romanische **Ancienne Major**, eingeklemmt zwischen Autostrom und ihrer romano-byzantinischen Nachfolgerin, birgt Kirchenkunst aus dem 11.–15. Jahrhundert, ist aber seit langem geschlossen. Den kolossalen Prunkbau daneben ließ ab 1852 der spätere Kaiser Napoléon III., damals noch Präsident der Republik, errichten.

Vielleicht möchte man hier und da länger verweilen, hat dafür etwas ausgelassen, etwa die unter einem Häuserblock gelagerten **Docks Romains** zwischen Hôtel de Ville und der idyllischen Place de Lenche am Altstadthang, einst die Agora der griechischen Gründer. Oder eine der phantastischen Sammlungen im Centre de la Vielle Charité, das unter anderem das **Musée d'Archéologie mediterranéenne** und das **Musée des Arts Africains, Océaniéns et Amérindiens** beherbergt. Auf jedem Fall gibt es Sehenswertes genug auch für einen zweiten oder dritten Tag.

Von der Kirche La Major aus zieht sich nordwestwärts der Fähr- und Passagiertrakt des dann noch schier endlos reichenden **Autonomen Hafens** hin. Die schönen, aus Stein und Ziegel gemauerten **Lagerhäuser**, die an der Place de la Joliette beginnen, haben ihre Bestimmung längst verloren. Sie wurden ausgekernt und mit neuem Innenleben, meist Büros, versehen. Hier liegt aber auch das **Musée Cosquer**, in dem Farbfotos die rund 27000 Jahre alten Höhlenmalereien zeigen, die der Taucher Henri Cosquer

159

1985 in einer Grotte in den Calanques entdeckte. Sie ist nur durch einen tief unter dem Meeresspiegel liegenden Korridor zugänglich und wurde vorerst zugemauert.

Sonntags und an Feiertagen kann man auch von dem ein Stück weiter nördlich liegenden Hafenzugang Porte d'Arenc 2 zum Bummeln auf die langgestreckte, das Meer abschirmende Mole, die **Digue du Large**, von der sich ein neuer Stadtblick öffnet.

Auf der Südseite des Vieux Port kehrt man zu den Gründungszeiten der Stadt zurück: Die einer Festung gleichende Basilika **Saint-Victor** aus dem 11. Jahrhundert ist der Rest einer im 5. Jahrhundert gegründeten Abtei. Die Krypta gewährt Zugang zur Grotte des im 3. Jahrhundert zwischen Mühlsteinen zerquetschten Märtyrers Victor, zu frühchristlichen Katakomben und einer Sammlung heidnischer und christlicher Sarkophage. Unterhalb, an der Capitainerie des Yachthafens am Quai Marcel

Pagnol, erinnern vier schimmernd weiße, nur angedeutete Säulen aus griechischem Marmor an den Ursprung der Stadt.

Abrunden läßt sich der Tag in Marseille mit einer Fahrt südwärts entlang der Küste. An dieser *corniche* liegen unmittelbar hinter dem Vieux Port namhafte, nicht gerade billige Restaurants direkt über dem Meer; hinter dem Mahnmal für die Gefallenen der Orientkriege öffnet sich unter der überbrückenden Straße der pittoreske, winzige Hafen des **Vallon des Auffes**, in dem sich die Fischlokale nur so drängeln.

Die **Corniche Président Kennedy** führt dann an erstaunlichen Prunkvillen aus dem vorigen Jahrhundert vorbei zu einem zehn Hektar großen Strandparadies, dem **Parc Balnéaire du Prado**, künstlich angelegt mit einem aus zertrümmertem Kalkstein gewonnenen Sand, der leicht zu reinigen ist und vom Wind nicht aufgewirbelt wird. Hier ist das Wasser sauber – erfrischt kann man sich auf die Rückfahrt begeben. ❖

Der Mistral läßt die »fun boards« hüpfen

Die Côte d'Azur

Zusatzroute: St.-Tropez – Cannes – Antibes – Nizza – Menten
(180 km)

1. Route: St.-Tropez – St.-Raphaël – Cannes – Mougins – Vallauris – Antibes (100 km)

Vormittag   Nach einem Morgenbummel von **St.-Tropez** an der Bucht entlang zur Küstenstraße N 98, besonders schön ist der Abschnitt St.-Raphaël – La Napoule. Mittagessen an der **Croisette** in **Cannes** oder im Gastronomiedorf **Mougins**. Dazu westlich von Hafen und Burghügel Le Suquet in Cannes über den Schnellstraßen-Boulevard du Riou auf die N 85.

Nachmittag   Auf den Spuren Picassos. Zunächst im **Musée de la Photographie** von **Mougins**, dann nördlich vom Ort auf die D 35 und bald wieder rechts ab auf der D 435 nach **Vallauris** mit seinen Töpfereien. Weiter dann über die N 98 via Golfe-Juan nach **Antibes** und zum **Grimaldischloß**.

161

2. Route: Antibes – Cagnes-sur-Mer – Vence – St.-Paul – Nizza (45 km)

Vormittag   Von Antibes nach **Biot** zum **Musée Fernand Léger**, über die D 4 wieder auf die N 98 und am Meer entlang nach **Cagnes-sur-Mer** mit seiner Altstadt Haut-de-Cagnes und dem **Musée Renoir**. Auf der D 36 zunächst nach **Vence** mit seinem alten Ortskern und der **Chapelle Matisse**. Über die D 2 zum Nachbarort **St.-Paul** und zur **Fondation Maeght**. Zurück zur Küste und möglichst noch in der verkehrsschwachen Mittagszeit nach **Nizza**.

Nachmittag   Bummel über die **Promenade des Anglais** und den **Quai des Etats-Unis**. Hoch zum **Schloßfelsen** (Treppe oder Fahrstuhl). Hinunter auf der anderen Seite und am Hafenende links durch das **Antiquitätenviertel**, Rue A. Gauthier und Rue Ségurane, über die Place Garibaldi links in die **Altstadt**. An der Präfektur vorbei zur Place Masséna, Abendessen am **Cours Saleya**.

3. Route: Nizza – Moyenne Corniche – Eze-Village – La Turbie – Menton (35 km)

Vormittag   Markt auf dem **Cours Saleya** in **Nizza**. Museumsbesuch, z. B. das **Chagall-** und das **Matissemuseum** im nördlichen Hügelvorort **Cimiez**. Zurück in die Stadt bis zum Kongreßzentrum Acropolis und über die Place Max Baret auf die Moyenne Corniche N 7 nach **Eze-Village**.

Nachmittag   Nach einem Ortsbummel in Eze weiter – entweder auf direktem Weg über **La Turbie** an der Corniche Supérieure (D 256) oder alternativ über die N 7 zur Corniche Inférieure (N 98) und via Monaco nach **Menton**.

Cap Ferrat: im Park der Villa Ephrusi

Informationen

83990 St.-Tropez

 Office de Tourisme
Quai Jean-Jaurès
℃ 04 94 97 45 21, Fax 04 94 97 82 66

 La Bastide de St.-Tropez
Routes des Carles (1 km vom Zentrum)
 ℃ 04 94 97 58 16
Eine luxuriöse Oase, ein »Dorf« um einen
Swimmingpool (FFFF). Das Restaurant
L'Olivier nutzt alle Aromen der Provence.
FFF–FFFF

 Hôtel Sube
Sur le Port
℃ 04 94 97 30 04, Fax 04 94 54 89 08
Ein Stück »altes« St.-Tropez. Bar und
Frühstücksraum mit Blick auf die Yachten.
FF–FFFF

 Les Lauriers
Rue du Temple
℃ 04 94 97 04 88, Fax 04 94 97 21 87
Schlicht, angenehm, unweit der Place des
Lices.
F–FFF

 Musée de l'Annonciade
Place Grammont (zwischen Hafen und
Parking)
Juni–Sept. tägl. außer Di 10–12 und 15–19
Uhr, sonst bis 18 Uhr; Nov. geschl.
In einer ehemaligen Kapelle etwa 100
Werke von Bonnard, Derain, van Dongen,
Maillol, Marquet, Matisse, Seurat, Signac,
Utrillo, Vlaminck u. a.

 Musée Naval
Im Sommer außer Di 10–18 Uhr, im Winter
 bis 17 Uhr
Im Wohnturm der **Zitadelle** über dem
Ort. Von römischen Galeeren bis zur Lan-
dung der Alliierten. Rundblick.

 La Table du Marché
38, rue Clemenceau
℃ 04 94 97 85 20

»Tout« St.-Trop' trifft sich im kühlen Bistro-
Design. FF

 Auberge des Maures
Rue Docteur Boutin
℃ 04 94 97 01 50
Für Nostalgiker: Unter den Weinranken
ließ es sich schon Colette munden. FF

 Le Gorille
Quai Suffren
Nur ein Bistro, aber hier unter den Mar-
kisen Muscheln essen ist ein »Muß«.
F–FF

06400 Cannes

 **Office de Tourisme**
Gare SNCF
℃ 04 93 99 19 77, Fax 04 93 39 40 19
und im Palais des Festivals
1, boulevard de la Croisette
℃ 04 93 39 24 53, Fax 04 93 99 84 23

 La Palme d'Or
73, blvd. de la Croisette (im Hôtel Martinez)
℃ 04 92 98 74 14 und ℃ 04 92 98 73 00
Eins der Top-Restaurants Frankreichs. Ein
ständiges »Film-Festival« mit den Porträts
der großen Stars. FFF–FFFF

 Oscar
16, rue des Frères-Pradignac
℃ 04 93 39 96 00
Nur ein paar Schritte von der Croisette ein
stets proppenvolles Wein-Bistro. F

Strand-Restaurants der großen Hotels
(mit einer Matratze wird's teuer):

 Miramar Beach
67, boulevard de la Croisette
℃ 04 93 94 24 74 FF

 Plage des Dunes
Boulevard de la Croisette
℃ 04 93 94 14 99 FF

Informationen

Feste/Veranstaltungen in Cannes:

In der zweiten Maihälfte **Internationales Filmfestival** in Cannes. Hier trifft sich alles, was Rang und Namen hat.

06250 Mougins

 Syndicat d'Initiative
Avenue J. C. Mallet
✆ 04 93 75 87 67, Fax 04 92 92 04 03

 Musée de la Photographie
Porte Sarrazine
Juli/Aug. tägl. 14–23, sonst außer Di 13–18 Uhr
Fast 100 Fotos illustrieren einen Lebensabschnitt Picassos.

 Musée de l'Automobile
Chemin de Font de Currault
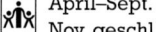 April–Sept. tägl. 10–19, sonst 10–18 Uhr; Nov. geschl.
Autos von 1895 bis zur Formel 1 von heute.

 Le Moulin de Mougins
424, chemin du Moulin
✆ 04 93 75 78 24
Hier zelebriert der Meisterkoch Roger Vergé seine »Cuisine du soleil«. Gepfefferte Preise. FFF–FFFF

 L'Amandier de Mougins
Place du Commandant Lamy
✆ 04 93 90 00 91
Am Herd steht einer von Vergés Schülern. FF–FFF

 Le Feu Follet
Place de la Mairie
✆ 04 93 90 15 78
Preiswert und gut besucht ist dieses Restaurant mit Blick auf den Dorfbrunnen. FF–FFF

 Musée national »La Guerre et la Paix«
Place de la Libération

06220 Vallauris
Tägl. 10–12 und 14–18 Uhr
Von Picasso 1952 mit großen Kompositionen zum Thema Krieg und Frieden ausgemalte romanische Kapelle.

 Atelier-Galerie Madoura
Avenue Georges Clemenceau
Vallauris
In diese Töpferei brannte Picasso Keramiken.

06600 Antibes

 Office de Tourisme
11, place du Général de Gaulle
✆ 04 92 90 53 00, Fax 04 92 90 53 01

 Mas Djoliba
29, avenue de Provence
✆ 04 93 34 02 48, Fax 04 93 34 05 81
Ruhiges Haus in einem kleinen Park zwischen Meer und Stadt. FFF

 La Gardiole
74, chemin de la Garoupe (Cap d'Antibes)
✆ 04 93 61 35 03, Fax 04 93 67 61 87
Provenzalische Herberge mit Bungalows. FF–FFF

 Bleu Marine
614, les Quatre Chemins
✆ 04 93 74 84 84, Fax 04 93 95 90 26
Modern, Balkons zum Meer. F

Musée Picasso/Château Grimaldi
Tägl. 10–12 und 15–19 Uhr
Dies ist vor allem ein Picasso-Museum, mit Werken, die 1946 hier entstanden sind.

Feste/Veranstaltungen in Antibes:

In der zweiten Julihälfte findet das renommierte **Internationale Jazz-Festival** in Antibes/Juan-les-Pins statt mit großen Künstlern aus aller Welt.

Informationen

 Musée national Fernand Léger
Chemin du Val de Pôme (südöstlich vom
Ort nahe der D 4, beschildert)
06410 Biot
Tägl. außer Di 10–12.30 und 14–18 Uhr (im
Winter bis 17.30 Uhr)
Mit 348 Werken des Künstlers.

 Musée Renoir
Avenue des Colettes
06800 Cagnes-sur-Mer/Haut-de-Cagnes
Mai–Sept. tägl. außer Di 10.30–12.30 und
13.30–18 Uhr, sonst bis 17 Uhr
Villa Colettes voller Erinnerungsstücke,
hier verbrachte der Maler Auguste Renoir
seine letzten 12 Lebensjahre bis 1919.

 **06140 Vence**

 La Roseraie
128, avenue Giraud
℡ 04 93 58 02 20, Fax 04 93 58 99 31
In einem exotischen Garten mit weitem
Ausblick. Swimmingpool. FFF

 Chapelle du Rosaire
Di, Do 10–11.30 und 14.30–17.30 Uhr
Matisse betrachtete diese von ihm
1947–52 entworfene und ausgeschmückte
Kapelle als sein Meisterwerk.

 Le Vieux Couvent
37, avenue Toreille
℡ 04 93 58 78 58
Feine Küche in einem alten Kloster. FFF

 Auberge des Seigneurs
Place du Frêne
℡ 04 93 58 04 24, Fax 04 93 24 08 01
Mittelalterliches Ambiente und deftige
Speisen (FFF) in einem Haus in der einsti-
gen Stadtmauer. Mit 7 Zimmern. FF

 Fondation Maeght
06570 St.-Paul
1. Juli–30. Sept. tägl. 10–19, sonst 10–12.30
und 14.30–18 Uhr

Blumenmarkt in Nizza

Auf einem Hügel vor dem Ort liegt diese
Stiftung für moderne Kunst – der Bau ist
ein Kunstwerk.

 La Colombe d'Or
Place du Général de Gaulle
St.-Paul
 ℡ 04 93 32 80 02, Fax 04 93 32 77 78
Üppige Gerichte zum Augenschmaus
großer Kunst: Calder, Miró, Picasso,
Rouault. FFF-FFFF (à la carte)

06000 Nizza

 Office de Tourisme
5, Promenade des Anglais
℡ 04 93 87 60 60, Fax 04 93 82 07 99
Avenue Thiers (am Bahnhof)
℡ 04 93 87 07 07, Fax 04 93 16 85 16

P **Parkplatz:** Erst einmal zum Parking auf
der Place Guynemer, dort wo die Küsten-
straße auf den Hafen trifft. Einfahrt an der
Tankstelle. Verkehrsschilder weisen zu
Park-Tiefgaragen mit Angabe freier
Plätze.

 Negresco
37, promenade des Anglais
℡ 04 93 16 64 00, Fax 04 93 88 35 68
Ein Monument der Belle Époque. Zimmer
und Suiten verschiedener Stilrichtungen
von 1 200 bis über 7 000 Francs. FFFF

Informationen

 Élysée-Palace
59, promenade des Anglais
℅ 04 93 86 06 06, Fax 04 93 44 50 40
Ein Hotel wie eine moderne Skulptur.
Swimmingpool auf dem Dach. FFFF

 Hôtel Beau Rivage
24, rue St.-François-de-Paule
℅ 04 93 80 80 70, Fax 04 93 80 55 77
Zwischen Blumenmarkt, Jardin Albert I.
und Meer wurde dieses Haus renoviert, in
dem schon Matisse und Tschechow wohn-
ten. FFF–FFFF

 Hôtel Brice
44, rue du Maréchal Joffre
℅ 04 93 88 14 44, Fax 04 93 87 38 54
Nahe der Seepromenade, im Grünen. FF–FFF

 L'Oasis
23, rue Gounod
℅ 04 93 88 12 29, Fax 04 93 16 14 40
Viel Grün und Ruhe im Herzen der Stadt.
FF

 Musée national Message Biblique
Marc Chagall
Avenue du Docteur-Ménard (Cimiez)
1. Juli–30. Sept. tägl. außer Di 10–18, sonst
10–17 Uhr
Die von Chagall in verschiedene Bild-
poesie umgesetzte Botschaft der Bibel.

 Musée Matisse
164, ave. des Arènes-de-Cimiez (Cimiez)
April–Sept. tägl. 11–19, sonst 10–17 Uhr
Gemälde, Zeichnungen, Skulpturen und
Keramiken aus den verschiedenen Schaf-
fensperioden.

 Musée des Beaux-Arts Jules Chéret
Avenue des Baumettes
Tägl. außer Mo 10–12 und 14–18 Uhr
Verschiedene Stilrichtungen in der einsti-
gen Residenz einer ukrainischen Prinzessin.

 Terra Amata
25, blvd. Carnot (Richtung Villefranche)

 Prähistorisches Habitat am Ort seiner Entdeckung. Zur Zeit geschlossen.

 Palais Lascaris/Musée des Arts et
Traditions Populaires
Rue Droite
Tägl. außer Mo 10–12 und 14.30–18 Uhr;
Nov. geschl.
Stadtresidenz (ab 1648 bis ins 18. Jh.) im
genuesischen Stil mit einer alten Apo-
theke, Monumentaltreppe und diversen
Kunstschätzen.

 Markt
Außer So und Mo tägl. Blumenmarkt am
Cours Saleya.

 Chantecler (Hôtel Negresco)
37, promenade des Anglais
℅ 04 93 16 64 00
Fürstlicher Rahmen für die hoch bewerte-
te Kochkunst. FFF–FFFF

 Les Dents de la Mer
2, rue St.-François-de-Paule
℅ 04 93 80 99 16
Den Fisch, der auf den Teller kommt, sieht
man durch die Bullaugen eines kitschig-
gemütlichen Wracks …
FF–FFF

 Le Safari
1, cours Saleya
℅ 04 93 80 18 44
Ein Bistro à la mode am Blumenmarkt mit
viel Atmosphäre. FF–FFF

 La Rotonde (Hôtel Negresco)
37, promenade des Anglais
Unter der Hotel-Kuppel kann man gut und
preiswert speisen. FF

 Grand Café de Turin
5, place Garibaldi
℅ 04 93 62 29 52
Schon zum Frühstück kann man in diesem
Traditionslokal Meeresfrüchte schlem-
men. F–FF

Informationen

 Le Tire-Bouchon
19, rue de la Préfecture
✆ 04 93 92 15 23
Für den, der Appetit auf einen Edelimbiß
und ein besonders gutes Glas Wein hat. F

Feste/Veranstaltungen in Nizza:

Im Februar: **Karneval** in Nizza. Umzug mit
Prunkwagen und -kostümen.

 Jardin Exotique
06360 Eze-Village
 Juni–Okt. 8–19, sonst 9–12 und 14–18 Uhr
Kakteengarten in den Resten der alten
Burg, 427 m über dem Meer. Grandioser
Ausblick.

 Château de la Chèvre d'Or
Rue du Barri (nur Fußweg)
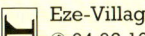 Eze-Village
✆ 04 92 10 66 66, Fax 04 93 41 06 72
Ein wahrer Höhepunkt. Wie in einem
Adlerhorst speist man auf den Terrassen
400 m über dem Meer. Zimmer (FFFF),
regionale Spitzenküche. FFF–FFFF

Feste/Veranstaltungen in Monaco:

Touristenmagnete sind im Januar die
Rallye Monte Carlo und im Mai der
Grand Prix Automobil der Formel 1 auf
dem Circuit de Monaco.

06500 Menton

 Office de Tourisme
Palais de l'Europe
8, avenue Boyer
✆ 04 92 41 76 76, Fax 04 92 41 76 78

 Inter Hôtel Méditerranée
5, rue de la République
✆ 04 93 28 25 25, Fax 04 93 57 88 38
Modern, im Ort, Panorama-Terrasse. FF

 Viking
2, avenue du Général de Gaulle
✆ 04 93 57 95 85, Fax 04 93 35 89 57
Sachlich-kühl, Blick auf Meer und Berge. FF

 Hôtel Riva
600, promenade du Soleil
✆ 04 93 10 92 10, Fax 04 93 28 87 87
Topmodern, gut ausgerüstet. FF

 La Coquille d'Or
1, quai Bonaparte
✆ 04 93 35 80 67
Schon ein Hauch Italien. Trattoria mit
großer Terrasse. FF–FFF

Feste/Veranstaltungen in Menton:

Im Februar **Zitronenfest** mit aus Zitrus-
früchten gestalteten Festzugs-Figuren. Im
August internationales **Kammermusik-
festival** auf dem Kirchplatz von Menton.

Markthalle in Menton

Die Côte d'Azur

1. Route Von Saint-Tropez über die Corniche de l'Esterel

Die Halbinsel von Saint-Tropez: Wendepunkt einer Reise, die durch die Sedimente abendländischer Geschichte führte, die mit den Traditionen der Provence bekannt machte, die vielleicht auch ihren gelassenen Rhythmus auf den Urlauber übertrug. *Dépayser* nennen die Franzosen das Sich-Entspannen durch das Erleben einer anderen Landschaft. Zu sich selbst zurückfinden – hier ist es möglich.

Saint-Tropez aber ist der Auftakt zum Küstenstreifen der Côte d'Azur. Allein ihr Name weckt Erwartungen eines ganz anderen *dépaysements*. Nirgends sonst treffen sich diese beiden Welten so kraß, ergänzen sie sich so harmonisch wie in diesem kleinen Ort, der einmal, im 15. Jahrhundert, eine Stadtrepublik war. Das Hinterland ist noch reine Provence, fern der Autoroute La Provençale, die sich erst zwischen den Gebirgszügen Maures und Esterel und dann bei Cannes der Küste nähert. Ja selbst die Gassen von Saint-Trop', Schritte nur vom quirligen Treiben an den Quais, gehören noch zu dieser anderen Atmosphäre, die an der Côte nur noch in Oasen überlebt, um die sich die Schlingen der Urbanisierung immer enger ziehen. Eine totale Ausbeutung der Sehnsucht von Millionen, die einmal wie »Millionäre« leben möchten. Ein Pyrrhussieg über eine grandiose Natur. Und doch ...

Dreimal mindestens wurde diese Küste »entdeckt«. Zunächst kamen vor über 150 Jahren die feinen Engländer, die Adligen und die Snobs, die dem Nebel entflohen und den schmalen Uferpfad an

Auf der Halbinsel von St.-Tropez

Blick auf St.-Tropez von der Zitadelle ▷

der Engelsbucht vor Nizza zur *Promenade des Anglais* machten. Aber nur im milden Winter, sommers blieben die Einheimischen hier und in Cannes, in Beaulieu und Menton unter sich. Den Briten folgten die Russen. Sie kehrten dem kalten Sankt Petersburg – und später der Revolution – den Rücken, verjubelten stilvoll ihr Geld in den Kasinos, verdienten sich später den Unterhalt als Taxifahrer. Die üppige Architektur der orthodoxen Kirche Nizzas ist Symbol dieser Epoche, dieses Feierns bis zum Katzenjammer.

Die Taufe dieser Küste hatte inzwischen ein französischer Dandy vollzogen, Stephen Liégeard. Der Titel seines 1887 erschienenen Buches »La Côte d'Azur« wurde zu einem Publicity-Slogan mit bis heute ungebrochener Magnetkraft.

Seiner Faszination folgten auch die Künstler, aber sie suchten das, was heute fast schon verschüttet ist. Das einfache und leichte, eben das provenzalische Leben in den Fischerdörfern, in den flirrenden Hügeln.

Und sie trugen das Licht und die Farben und die Sinnlichkeit dieses Stücks Midi in die Museen der Welt: Signac und Seurat, Bonnard und Dérain, Matisse und Dufy.

Der Erste Weltkrieg ließ den Glanz verblassen. Eine Schriftstellerin, Sidonie-Gabrielle Colette, und zwei Jahrzehnte später eine andere, Françoise Sagan, leiteten die dritte Entdeckung ein, waren Gallionsfiguren einer neuen Epoche. Sie weckten in einer über die Kriege gekommenen, lebenshungrigen Generation ein ganz neues Daseinsgefühl: Ein fatalistisches Den-Augenblick-Genießen, koste es, was es wolle, ein Wer-weiß-was-morgen-ist, aber auch eine Rückkehr zum Natürlichen oder was man dafür hielt, ein Abschied von zerbröckelnden Wertvorstellungen. *Bonjour tristesse.*

Seglerfest im Burggraben der Zitadelle

Rassige Yachten vor St.-Tropez

Die Sandalen, von Colette in den zwanziger Jahren getragen, die *spartanes* von Saint-Tropez, sind noch immer Ausdruck lokaler Identität. Und so wie Sagan ihren Jaguar barfuß fuhr, so gehören weiterhin PS und lässiger Protz zum Bild des Orts. Doch erst muß man einmal hineinkommen in dieses Vergnügungsbabel. Das wollen im Sommer, oft schon Ostern nämlich Tausende zugleich, da staut sich das Blech bis zur künstlichen Lagunensiedlung **Port Grimaud**. Schließlich fängt die gigantische Reuse des Parkings die Wagen ab. Schritte nur sind es von da bis zu den Bars, Bistros und Brasserien am Hafen – Logenplätze auf dem Jahrmarkt der Eitelkeiten. Im Blick der jüngste Schick, die ältesten, betulich polierten Yachten aus Miami und Portofino. Mittags erst verkrümeln sich die *beautiful people* per Vespa oder Yamaha über Schleichwege an intime Strände. Fast zwei Dutzend gibt es, jeder hat »sein«

Publikum. Abends sammeln sich die wahren Tropezianer auf der Place des Lices. Die Prominenz holt sich lokalen Status im Boule-Spiel mit den Fischern in ihren blauen Mao-Jacken. Das Nachtleben beginnt erst spät. Ausgeflippt ist Saint-Tropez, aber es ufert noch nicht aus. Das wäre wohl auch sein Tod.

Weiter die Küste hinauf, von Sainte-Maxime über Saint-Aygulf bis **Saint-Raphaël** drohen die letzten Mini-Idyllen schon in einer Flut von Allerweltskonstruktionen zu ertrinken. Dann schieben sich die Felsen des Esterel bis ans Wasser und bremsen so vorerst die »Urbanisierung«. Die beginnt unmittelbar darauf am **Golfe de la Napoule**: Von hier an ist die Riviera eigentlich eine einzige, jede Nische nutzende Stadt – auch wenn sie viele Namen trägt.

Cannes, das ist immer noch die Croisette, der Boulevard der Film- und Fernsehstars, die das alljährliche Festival

Der »nachempfundene« Wohnhafen von Port Grimaud

Ende Mai erst zum Fest machen. Die Zeit aber, als Starlets für Skandale sorgten, indem sie Hüllen fallen ließen, ist von der allgemeinen Freizügigkeit längst überlebt. Ein neues Festival-Palais klotzt zwischen Vieux Port und dem mit bunten Schirmen gespickten, goldgelb aufgeschütteten Strand. Es ist nicht teuer und höchst erfreulich, wie eine Cathérine Deneuve oder ein Robert Redford in einem der Beach-Restaurants der großen Croisette-Hotels zu lunchen. Wer selbst einen Tag lang für einen Typ aus Hollywood gehalten werden möchte, kann sich am Boulevard einen offenen Ferrari oder Excalibur mieten. Cannes hat aber auch ein Eigenleben, ein immer faszinierendes Marktviertel, wo auch die großen Küchenchefs der Côte kaufen, es hat eine Régate Royale und einen Golf-Parcours am Meer.

Nördlich von Cannes, liegt **Mougins**, ein Ort, der nur noch aus Nobel-Restau-rants zu bestehen scheint. Hier starb Picasso 1973 mitten in seinem Schaffen. Im **Musée de la Photographie** halten ihn die Fotografien großer Kamerakünstler für alle Zeit lebendig.

Eine Aufforderung auch, den kurzen Abstecher nach **Vallauris** zu unternehmen. Dort brannte Picasso in der Töpferei Madoura seine Teller und Vasen, dort malte er die romanische Kapelle eines zerstörten Klosters 1952 mit der großen Komposition »Krieg und Frieden« aus.

Ein Stück meerwärts rühmt sich **Antibes** des größten Sportboothafens Europas; wenn der Mistral bis hier vordringt, spielen die Alu-Masten ein ohrenbetäubendes Konzert. Doch Hauptattraktion ist das Picasso-Museum im **Grimaldi-Schloß**: eine heitere, mediterrane Sammlung von Gemälden, Zeichnungen und Keramiken dort, wo der Meister gleich nach dem Krieg sechs Monate lang gearbeitet hat.

Pomp und Palmen: Hotel an der Croisette in Cannes ▷

**2. Route Zu den Kunstmuseen von
Antibes, Vence und Nizza**

Im meeresnahen Hügeldorf, in **Biot** zwischen Antibes und Nizza, steht ein ganzes Museum – selbst seine Monumentalfassade –, im Zeichen des Malers Fernand Léger. Ein Stück weiter in **Cagnes-sur-Mer** verbrachte der Maler Auguste Renoir in der Villa Colettes seine letzten Lebensjahre. In **Vence** hat Matisse die **Chapelle du Rosaire** entworfen und ausgestattet. Die **Fondation Maeght** im vorgelagerten **Saint-Paul** beherbergt eine großartige Kollektion moderner Kunst und ist selbst – von Braque, Chagall und Miró mitgestaltet – ein Meisterwerk der Architektur. Das Schaffen der Titanen

Nizza: breite Promenade des Anglais, schmaler Quai des Etats-Unis

unseres Jahrhunderts vermittelt ganz lebensnah das legendäre, provenzalisch-gastliche Hotel-Restaurant »La Colombe d'Or« im Ort. Über den Tischen hängen Werke von Miró, Picasso und Rouault, im Swimmingpool spiegeln sich ein Mosaik von Braques und ein Mobilé von Calder. Am Platz davor wohnte bis zu seinem Tod Yves Montand.

Nizza ist mit seinen 342 000 Einwohnern fast fünfmal größer als Cannes und mit der ins Meer hineingebauten Drehscheibe des Flugverkehrs die unbestrittene Hauptstadt der Côte d'Azur. Die Stadt ist geprägt vom Charme schöner alter Stuckfassaden in Ocker, Altrosa und Malvenrot: Dies war bis 1860 ein Teil Italiens.

Vor dem einstigen Palais der Prinzen von Savoyen breitet sich der **Cours Saleya**, weltbekannt als Blumenmarkt von Nizza. Doch Nelken und Mimosen sind von Auberginen und Pilzen aus dem Hinterland, von lebenden Hühnern und Karnickeln längst an den Rand gedrängt. Hier kaufen die Einheimischen ein, diese beneidenswerten »Nissardi«. Die akute Gaumenlust des Fremden, der hier nicht gefüllte Taschen in die Küche um die Ecke schleppen kann, besänftigt eine Portion Socca, öligsafrangelbe Kichererbsenfladen, die Thérèsa, stets vor dem kleinen Muschelmuseum postiert, alle paar Minuten per Fahrradanhänger heiß-heiß aus der Altstadt erhält.

Die **Vieille Ville** am Fuß des schloßlosen Schloßberges – nur der Bellanda-Turm ist geblieben – ist eine Welt für sich: mit Leierkastenmännern, arabischem Singsang und Glockengeläut, mit Knoblauchdunst und dem Parfum aller Blumen und Kräuter des Südens. Hier streckt sich ein ganzes Schwein vor einer Fleischerei, dort räkelt sich ein Oktopus auf grünem Kohl, tropft Wäsche quer über den Gassen, sind die neuesten Pariser Kreationen stilvoll in Vitrinen arrangiert, findet nebenan ständiger Billigst-Ausverkauf statt, führt eine Tür in eine Galerie, die nächste in eine Kneipe, sieht man eine Treppe hoch Ballett-Eleven an der Barre hopsen, hört man ein Streichquartett am offenen Fenster üben. Abends rattern kleine Müllzüge durch die Gassen, die Platz schaffen für den nächsten Tag.

Am Schloßberg enden auch die Seepromenaden. Dort rauscht der Verkehr so regelmäßig wie die Kiesel, die jede Woge am Strand bewegt. Kein Sand wie in Cannes, aber noch mehr *plages* mit lockenden Namen und einem breiten Angebot an Sport und Snacks. Für die Flaneure ist dies wie Theater. Mit dem Hotel Negresco als rückwärtigem Versatzstück. Fast schon ein Museum des Savoirvivre. Seinem nostalgischen, blendend herausgeputzten Flair können sich selbst solche Rockstars nicht entziehen, die ansonsten einen Look kultivieren, als gehörten sie zu den Clochards unten an der Kaimauer.

3. Route Über die Höhenstraße nach Eze, Monaco und Menton

An Museen herscht in **Nizza** kein Mangel. Den Meistern Matisse und Chagall sind im Vorort **Cimiez** große Häuser gewidmet. Im versteckten **Musée Jules Chéret** überrascht neben Werken der Impressionisten die Fülle mondäner Szenen von Raoul Dufy, im **Palais Lascaris** mit dem **Musée des Arts et Traditions Populaires** ergötzt das Nizza von anno dazumal, und im Tiefgeschoß eines Appartementkastens schräg oberhalb des Hafens sind die Spuren der ältesten Riviera-Anrainer gesichert: **Terra Amata**, das Ambiente von Menschen, die hier vor 400 000 Jahren siedelten.

Heute liegt der Strand 35 Meter tiefer, rücken auf dem letzten Küstenabschnitt Restaurants und Ruhesitze, die alle *Mon rêve* heißen könnten – Mein Traum –, bis ans Wasser. Denn gleich hinter Nizza wird die Côte steiler und steiler. Drei Corniches, Straßen wie Aussichtsbalkone, ringeln sich um die Felsen und in die Orte. Die Corniche Supérieure – dahinter verläuft noch die Autobahn – führt stracks

Kunst- und Kongreßzentrum Acropolis in Nizza

nach **La Turbie** mit dem Siegesdenkmal des Augustus. Kein anderes Triumphmal dieser Art ist in Westeuropa erhalten geblieben.

Das meiste für's Auge aber bietet die mittlere Corniche. Perle in ihrem Band ist, 427 Meter über dem Mittelmeer, das auf einem Felsen thronende **Eze-Village**. Nietzsche stieg vor hundert Jahren noch zu Fuß von der Bahnstation an der Küste herauf. Bei dieser Kraxelei formte sich die entscheidende Passage von »Also sprach Zarathustra«, vom Menschen, der sich überwinden müsse, der »eine Brücke sei und kein Zweck: sich selig preisend ob seines Mittags und Abends, als Weg zu neuen Morgenröten ...«

Wer hier oben in den gewienerten Quadern des Mittelalters nächtigt und diniert, der kann sich selig preisen. Frühaufsteher erhaschen vielleicht im ersten Morgenrot den Scherenschnitt der 180 Kilometer fernen Insel Korsika.

Nach diesem Höhepunkt klingt die Riviera langsam aus. Von Roquebrunne geht der Blick zurück auf das Fürstentum **Monaco** – es wäre ein eigenes Kapitel wert. Bald darauf vereinigen sich die drei Corniches wieder und münden in **Menton**. Welch Gegensatz zum quirligen Saint-Tropez! Stille Endstation all jener Dörfer und Anlagen und Boulevards und Nester, die sich an den Händen zu halten scheinen, die ineinander übergehen, als seien sie eins, und die doch so verschieden sind. Menton, besonders vor kalten Winden geschützt, nennt sich Stadt der Zitronen und feiert diese saure Frucht wie Nizza seinen Karneval mit Festumzügen. Alles ist hier eine Nummer kleiner, eine Spur intimer. Ein schwarzweißes Kiesel-Ornament füllt die Piazza oben, neben der gelben Kirche Saint-Michel. Ein Ort der Sommernachtskonzerte, eine Stätte zum Träumen, für den Blick zurück auf Zeit und Weg.

Die Côte d'Azur: einst Winterfrische, Ziel von Damen, die edle Blässe hinter

Kirche St.-Michel in Menton

schwarzen Schleiern kultivierten, nun die Illusion eines kaum enden wollenden Sommers.

Auslauf einer genußfreudigen Jugend, die sich auf Wasserscootern und unter Gleitschirmen pendelnd schrill in Szene setzt. Statt weißer Brüstungen um verschwiegene Zypressengärten nun unverhüllte braune Brüste direkt zu Füßen der Müßiggänger. Nach Belle-Époque und Bonjour tristesse nun also »California, here I come«? Nein. Die Hügel hinter Saint-Tropez, das Grimaldischloß in Antibes, die Märkte in Nizza und Cannes und diese Piazza über Menton – sie sind es, die das Urlaubsglück erst vollkommen machen an der Côte d'Azur. So etwas hat Amerika selbst nicht zu bieten – kämen die Yankees denn sonst hierher? ✳

Eze-Village, ein feudales Felsennest hoch über dem Mittelmeer ▷

IV Nicht nur Rosé

Die Weine der Provence

Natürlich kann man in den besseren Restaurants auch einen Beaujolais bestellen, einen Bordeaux oder Elsässer. Auch Franzosen, längst nicht durchweg solche Weinkenner wie angenommen, gehen lieber mit einem renommierten Etikett auf Nummer Sicher. Oder sie entziehen sich der Entscheidung Rot oder Weiß mit der Bestellung eines *petit rosé*, eines Ferienweins, bei dem es nicht so recht darauf ankommt, und der als *passe partout* zu Fleisch und Fisch und Käse und Salat gilt. Doch solch ein Rosé, geradezu Symbol für die Provence, im Glase schillernd zwischen Neonrosa und Orange, ist eben doch meist nur »petit«, ein kleiner Wein. Dennoch paßt er zu in Olivenöl und mit Anchovis geschmortem Rind, zum Atem und Seele mit Knoblauch füllenden Aïoli oder zu schamlos riechenden und tränenden Käsen immer noch besser als ein Saint Emilion, ein Fleurie oder Riesling.

Kein abwertendes Pauschalurteil über den Rosé also, es gibt seit ein paar Jahren einige, die von edlen Sorten stammen, die nur eine Nacht gären durften und die sauber sind und leicht. Die also nichts mehr gemein haben mit den gerbstoffscharfen, schnell zu Kopf steigenden Erzeugnissen, von denen es hieß, die Fremdenlegionäre in Aubagne hätte damit ihre Gewehre geputzt.

Doch eine Reise durch die Provence ist eben auch eine Gelegenheit, rote und weiße und andere Weine zu entdecken, die man sich nicht hätte träumen lassen, die auch solide genug sind, »reisen« zu können, die man unbesorgt mitnehmen kann für den Erinnerungsabend daheim. Als Grundregel gilt jedoch: Dort, wo der Wein wächst, schmeckt er am besten, rundet er die lokalen Gerichte ab. Also sollte man nicht zögern, einen guten *vin du terroir* oder *de la région* zu bestellen, selbst in Nobel-Lokalen wird man beim *sommelier*, dem Weinkellner, mit einer solch selbstbewußten – und meist preiswerten – Wahl nur in der Achtung steigen. Er wird auch gerne beraten, denn die Weinlandschaft der Provence ist vielfältig und nicht gerade übersichtlich. Hier soll jedoch schon ein roter Faden abgespult werden, und er soll, soweit möglich, den in diesem Buch ausgearbeiteten Routen folgen.

Arles besitzt kein eigenes Anbaugebiet, befindet sich aber in der glücklichen Lage zwischen mehreren Weinbaugebieten. Am nächsten liegt nordöstlich die Appellation d'Origine Contrôlée (AOC) der Coteaux des Baux. Nur neun Winzer bauen hier auf einem nur wenige Quadratkilometer großen, steinigen Terrain am Fuß der Alpilles einen noch kaum bekannten Wein an. Beim Roten werden hier die Traubensorten Syrah, Grenache, Carignan, Cinsault, Mourvèdre und Cabernet-Sauvignon zum jeweiligen Cuvée des Hauses komponiert. Bei den Weißen vermählt man Clairette, Ugni Blanc und Sauvignon.

Dazu gleich ein Wort: Auf französischen Weinetiketten wird eigentlich nur bei den Elsässer Erzeugnissen durchweg die Rebsorte hervorgehoben – Riesling, Sylvaner,

Ein Winzer von Tavel genießt seinen Rosé ▷

Traminer und andere, sonst wird überall die Lage betont und allenfalls ein zweiter, rückwärtiger Aufkleber nennt die verwandten Sorten, ihr Mischungsverhältnis bleibt meist das Geheimnis des Erzeugers. Erst neuerdings kommt beispielsweise auch ein Syrah pur, also nicht mit anderen Trauben verschnitten, auf den Markt. Ein großer Wein ist das nicht, aber so läßt sich einmal schmecken, welchen Part er spielen kann. Die meisten Sorten sind jedoch – zu mild oder zu herb – für einen solchen Alleingang nicht geeignet und gewinnen nur im Konzert mit anderen ihre Bedeutung. Frankreichs Winzer glauben an die Duft und Aroma verleihenden Kräfte des Bodens, der Lage, des Mikro-Klimas und des Winds, vor allem aber an ihr Wissen, wie sich all diese Komponenten so auswerten und ergänzen lassen, daß schließlich ein Tropfen ganz eigener Prägung die Flaschen füllt. Dazu wird noch von Fall zu Fall Erstaunliches zu berichten sein.

Auf dem anderen Rhôneufer, aber schon zum Languedoc gehörend, liegt zwischen Beaucaire und Aigues-Mortes das Weinbaugebiet der Costières-du-Gard mit robusten Tropfen. Im Rhônedelta selbst wächst ein *vin de sable* – und nur als *vin de table* eingestufter Sandwein – der, wie der weiter westlich wachsende, schon recht bekannte Listel am besten als *gris* ist, als kaum Farbe zeigender, »grauer« Rosé, der leicht und süffig ist und oft an Ständen längs der Straßen der Camargue direkt vom Erzeuger preiswert angeboten wird.

Rhôneaufwärts wird es spannend. Da beginnt die insgesamt wohl 200 Kilometer den Fluß säumende AOC Côtes-du-Rhône mit einem Paukenschlag: dem Châteauneuf-du-Pape. Hier, in den einstigen Weinfeldern der Päpste von Avignon, die keine Erde sehen

Bei der Weinernte packen alle an

Blick über Châteauneuf-du-Pape

lassen, nur das hitzespeichernde Geröll der urzeitlichen Durance, wurde 1935 zugleich mit Bordeaux der erste AOC-Distrikt geschaffen. Es heißt, daß hier schon 600 v. Chr. phokäische Griechen, die in Marseille ein Handelskontor unterhielten, die ersten zwei Rebsorten pflanzten, die noch heute den Charakter des Châteauneuf-du-Pape bestimmen. Normalerweise sind innerhalb der strengen Ursprungsbezeichnung nur zwei oder drei Rebsorten zugelassen, hier aber können – einzigartig in Frankreich – bis zu 13 verschiedene Traubenarten miteinander kombiniert werden: Grenache, die zuletzt geerntete, der man ein Pfeffer-und-Vanille-Aroma nachsagt, gibt dem Cuvée Vollmundigkeit und Struktur; der Cinsault verleiht ihm mit der Essenz von Provence-Kräutern Brillanz und Finesse; der Syrah erinnert im Duft an welkende Pfingstrosen und trägt Farbe und Herbheit bei; der samtige Mourvèdre bringt den Geschmack überreifer Früchte ein. So entstehen – je nach möglichen Anteilen von Clairette, Picpoul, Terret Noir, Counoise, Muscadin, Vaccarèse, Picardan, Roussane und Bourboulanc – schließlich Weine, deren Duft und Gaumenkitzel die feinen Nasen Frankreichs mit Nüssen, Johannis- oder Brombeeren, Pflaumen, Lorbeer, frisch geröstetem Kaffee, Zimt oder auch summarisch als »Bouquet der sonnendurchglühten Garrigue« zu definieren suchen.

Auch im äußerst seltenen, weißen Châteauneuf-du-Pape – nur etwa fünf Prozent der Produktion – machen die rothäutigen aber hellfleischigen Grenache-Trauben oft zwei Drittel der Mischung aus. Sie werden abgerundet durch Clairette, Bourboulenc oder Roussane, die nicht metertief in den dicken, roten Flußkieseln wurzeln, sondern in kalkreichen Sedimenten. Die Aromapalette dieses Weins umfaßt Weinblüte, Iriswurzel, Lilien, Geißblatt, Narzisse und geröstete Mandel.

Provence-Weine reifen in soviel Sonnenglut, daß sie keine »Nachbesserung« nötig haben. Im Gegenteil ist es oft schwierig, ihre Alkoholstärke zu begrenzen, und selbst den trockenen Weißen fehlt es oft an Säure, sie bestechen durch ihre Blumigkeit.

So gehört denn auch natursüßer Aperitif- oder Dessertwein zur provenzalischen Winzertradition. Er wächst als goldgelber Muskateller, als *muscat*, nur 20 Kilometer entfernt von Châteauneuf-du-Pape am Fuß der Dentelles de Montmirail um Beaumes-de-Venise. Etwas nördlicher keltert man in der Gemeinde Rasteau Grenache-Trauben erst mit Überreife.

Dem Châteauneuf ähnlich, aber doch mit eigenem Charakter und nicht ganz soviele Varianten nutzend, sind der Lirac auf dem anderen Rhôneufer bei Roquemaure und der Gigondas zu Füßen der Montmirail-Kalkzacken.

Um den fast 2 000 Meter hohen Mont Ventoux wächst ein als »Wein des Frohsinns«, *vin de gaité*, vermarkteter Wein mit feurig-nerviger Note, etwas runder sind die Weine des AOC um das Luberon-Massiv. Kaum bekannt sind die bislang nur vor Ort getrunkenen Tropfen der Coteaux-de-Pierrevert hinter Manosque.

Recht groß ist das Anbaugebiet der Coteaux d'Aix-en-Provence zwischen Durance und Étang de Berre bis Martigues, klein aber fein die AOC-Palette gleich bei Aix, also eine Qualitätsinsel zwischen den Côteaux d'Aix, denen bisher nur die Güteklasse eines VDQS (Vin Délimité de Qualité Supérieur) zugesprochen wurde, und dem sich nach Osten hin anschließenden AOC-Gebiet der Côtes-de-Provence, das sich an der Küste von Marseille bis Saint-Tropez und im Hinterland bis in die Höhe von Saint-Raphaël hinzieht. Das AOC-Siegel wird jedoch nur einem geringen Teil seiner Produktion zuerkannt, der Großteil der Ernte, oft ein charakterloser, ertragreicher Carignan, wird von nur am Verkauf, nicht an der Kelterung interessierten Weinbauern an die Genossenschaften geliefert, die ihn zu eben jenem Rosé zusammenschütten, der diesem Wein seinen schlechten Ruf eingebracht hat. Die besseren Tropfen findet man sicher unter den Roten, bei Les Arcs und hinter Saint-Tropez etwa kann man da noch Entdeckungen machen.

Von diesem Mischmasch grenzen sich am Meer zwischen Marseille und Toulon zwei kleine Appellations vorteilhaft ab. Um das idyllische Cassis wächst ein erstaunlich frischer Weißwein, ein Blanc de Blancs, der oft tropfenweise, nur von seinem eigenen Gewicht gepreßt, behutsam gekeltert wird. Im nahen Bandol ist dagegen der Rote König, beiden aber wird ihre Besonderheit von der Nähe des Meeres, der ständigen, salzhaltigen Brise verliehen. Vor allem der Mouvèdre, der dem Bandol mit einem Anteil von 60 bis 80 Prozent mehr als irgendeinem anderen Wein seinen Stempel aufdrückt, braucht diese Luftbewegung, woanders verderben seine Beeren leicht. Wer sich rühmen möchte, einen ganz, ganz seltenen Wein getrunken zu haben, kann es auch umgekehrt machen: In Cassis einen Roten kosten, bei Bandol einen Weißen.

Ein Aristokrat unter den Weinen der weiteren Provence ist schließlich noch zu nennen, der sich vornehm abseits hält im Hinterland von Nizza: der Bellet. Fast schon verschwunden, wird er noch auf einem schon von den Polyparmen der Rivierastadt bedrohten Hügelland angepflanzt, auf Terrassen aus einem »Beton« von Kieseln und Sand, der erst einmal aufgebrochen werden muß. Der Wechsel von Tramontane-Wind und Seebrise kühlt Boden und Reben, die – wie die Rolle für den Blanc de Blancs, Folle Noire und Braquet für den Roten – zu den äußerst selten gewordenen Rebsorten zählen. Mit Sicherheit kann man einen Bellet, Jahresproduktion gerade 1 200 bis 1 500 Hektoliter, nur im kleinen Ort Saint-Roman-de-Bellet trinken, den die antikisierende Französische Revolution zeitweilig in »Bacchus« umtaufte – so viel hielten die Citoyens von diesem Rebengarten am Rande der Provence, deren italienischen Teil sie sich damals schon einverleiben wollten. ❁

V Der Tanz mit dem Minotauros

An den antiken Arenen von Arles und Nîmes kleben sie oft nebeneinander – grelle Plakate, die wie Fanfarenstöße eine *corrida* ankündigen oder eine *course*. Auf der Werbung für den spanischen Stierkampf stechen in großen Lettern die Namen von drei Toreros hervor, die je zwei namenlose *toros* oder *taureaux* einer *manaderia* töten sollen, eines Stierzüchtergutes meist jenseits der Pyrenäen. Auf dem schrillen Anschlag für die provenzalische *course* – eine »Royale« oder gar »Super Royale« – sind die Stiere die Stars, sind ihre Phantasienamen fett gedruckt, nur klein darunter die der menschlichen Akteure. Sie aber sind es, die hier ihr Leben aufs Spiel setzen; ihre Gegner, die meist schwarzen, selten braunen *bious* mit ihren weit ausladenden, leierförmigen Hörnern, viel zu gefährlich für einen Torero, kehren stets in die Freiheit der Camargue zurück. Jahrelang, bis zu hundertmal, und sie werden immer klüger und gerissener.

Die jungen, weiß gekleideten Männer, die zu ihnen in die Arena steigen, haben nur ein Ziel: dem Stier die *cocarde* zu entreißen, ein briefmarkengroßes Stückchen rotes Tuch zwischen seinen Hörnern. Sie haben dazu nur eine »Waffe«, der *doigts de fer*, eine Eisen-

Der Stier bremst, der Mann in Weiß geht in die Luft

finger oder *razet* genannte, kurze Kralle. Und nach einem sekundenschnellen Auge-in-Auge mit dem Bullen bleibt ihnen nur eine Möglichkeit: vor dem wütenden Tier davonzurennen und über die Barriere zu hechten wie Zirkusartisten. Dieses Ballett von Schwarz und Weiß im rot gerahmten Oval, dieses rasante Spektakel von Licht und Schatten und Staub, knüpft direkt an antike Bräuche an. Kretische Vasen zeigen junge Männer und Frauen im tollkühnen Flick-Flack über den Hörnern von Stieren – nur noch hier um das Dreieck des Rhônedeltas, im Winkel zwischen den Autobahnen nach Spanien und Italien, ist der uralte Kult um den Minotauros lebendig.

Von seiner in Spanien entwickelten, dramatisch-tragischen Abart, der *corrida*, soll also nicht die Rede sein. Wenngleich es französische Matadore von Ruf gibt und auch spanische Toreros gerne in Arles und Nîmes kämpfen, weil sie die Sachkenntnis und die Begeisterungsfähigkeit des provenzalischen Publikums schätzen. Auch über die zwar unblutigen, aber Tier wie Mensch entwürdigenden Schaustellungen ist kein Wort zu verlieren, bei denen ein schon etwas mitgenommener Toro oder eine Kuh, Kugeln auf den Hörnerspitzen, in einem Plastikbecken, einer *piscine*, von »Mutigen« geneckt wird. Wohl aber braucht der Fremde einen Leitfaden, um sich im Labyrinth der *courses* zurechtzufinden, die für das Volk im Land um Arles Teil des sommerlichen Lebens sind.

Es gibt kleine und kleinste Orte, die sich eine bescheidene Betonarena hinstellten, bevor sie sich ein Fußballfeld anlegten. Dort sollte man hingehen, weil man da näher am Geschehen ist als in den großen, antiken Ovalen und weil der beschränkte Raum zu ständigen Attacken führt, das Tempo treibt.

Ganz unten auf der Skala dieser spielerisch-kämpferischen Begegnung zwischen Mensch und Tier steht die *course de rue*. Da wird irgendwo eine Straße mit ihren

Arlésiennes vor dem Wettkampf um die Cocarde d'Or ...

◁ *... und Gardians aus der Camargue*

Nebengassen abgesperrt, und dort läßt man dann ein paar eher verschreckte Stiere oder Kühe los, an denen sich die jungen Leute des Ortes als »Kämpfer« versuchen, aber meist schon stolz sind, eines der vorbeipreschenden Tiere am Schwanz zu erwischen. Die spitzen Hörner sind dabei *emboulées*, durch Lederpuffer von der Größe eines Pingpongballs entschärft.

Die nächste Stufe, erste Bewährungsprobe für junge *razeteurs*, ist dann die Konfrontation mit Jungstieren oder Kühen, die keine Kugeln mehr auf den Hörnern, aber schon eine *cocarde* tragen. Diese *taureaux neufs* oder *vaches cocardières* besitzen noch nicht die Erfahrung der berühmten Stiere, aber ihr Verhalten, ihre eventuellen Ticks sind auch noch unberechenbarer. Schließlich, mit vielen Zwischenstufen, was die Qualität und Auswahl von Stieren und die Klasse der *razeteurs* angeht, treffen sich die besten in Veranstaltungen, die dann in einer »Super Royale« oder einem »Super Concours des Manades« gipfeln, in einer Zusammenführung der besten Kampfstiere und *razeteurs* oder in einem Wettbewerb der Züchter.

Die Regeln für die Akteure sind stets gleich: Jeder Stier wird eine Viertelstunde in die Arena gelassen, in diesem Zeitraum haben die *razeteurs* die Möglichkeit, die winzige *cocarde* und die Bindfäden, mit denen sie an den Hörnern befestigt ist, abzureißen – und damit Geld zu verdienen. Eine Grundprämie wird jeweils beim Auftritt des Stieres ausgerufen und dann im Verlauf der *course* je nach den sich entwickelnden Schwierigkeiten durch Zuschläge erhöht. Da bietet

die örtliche Bar oder der Bäcker 100 Francs dem, der den nach zehn Minuten immer noch zwischen den Hörnern kaum sichtbaren Stoffetzen abreißt oder einen Bindfaden, der da baumelt. Nun ist das so eine Sache mit den dünnen Schnüren. Sie reißen erst bei einem Zug von 20 Kilo, und um jedes Horn sind sie vierfach geschlungen und mit einem Gummiband gesichert, damit sie nicht nach oben rutschen, sondern schön zusammenbleiben. Auch eine Wolltroddel hängt noch an jedem Horn und jedes Stück hat seinen Wert, der im Lauf des Spieles steigt.

Verwirrend ist zunächst auch die Vielzahl der weißen Figuranten. Nicht nur ein *razeteur* steht dem schwarzen *biou* gegenüber, mindestens zwei Konkurrenten sind auf dem Feld, meistens aber mehr. Dazu ihre Sekundanten, die *tourneurs*. Oft schon etwas ältere

Schneller als sein Schatten muß ein Razeteur manchmal sein

Kämpfer, die nicht mehr schnell genug sind, nach dem Hieb mit der Kralle dem Stier davonzueilen – aber sie haben das Gespür für seine Angewohnheiten und Schwächen, sie hampeln in einiger Entfernung vor ihm herum, um aus seinen Reaktionen abzuleiten, ob er ein *gaucher* oder *droitier* ist, einer, der auf dem linken oder rechten Auge besser sieht.

In diesem Gesichtswinkel gilt es fairerweise anzugreifen, denn das »Kuhauge« ist weitsichtig, es erkennt leichter einen etwas entfernt als einen näher stehenden Gegner, und es reagiert auf Helligkeitskontraste und auf schnelle Bewegungen. Es bedarf also nicht des sprichwörtlichen »roten Tuchs« – die Farbe ist gleichgültig. Erst die weiße Kleidung der Männer und ihre kalkulierte Bewegung bringen den Stier in Fahrt. Häufig »verschanzt« er sich nämlich in einer Zone des Ovals, wirft dort mit den Hufen die Erde auf, will nur dieses Gebiet verteidigen. Die *tourneurs* locken ihn heraus. Nicht irgendwie, sondern so, daß der von ihnen unterstützte *razeteur* den besten Anlaufwinkel findet – oder der gegnerische im letzten Augenblick den schlechtesten. Da gibt es Feinheiten, Berechnungen, elegante Parabeln und Tangenten, die erst nach dem Erlebnis vieler *courses* offenbar werden. Dann, wenn man sich *camariguo* nennen darf, so wie die kennerischen Fans der *corrida aficionados* sind.

Doch die Spannung des Spiels ergreift auch den Neuling sofort. Der lockere, immer bestimmtere Anlauf des weißen *razeteurs*, die Konfrontation mit dem schwarzen Stier auf Armlänge, der Hieb mit dem *razet* nach dem Stoffetzen, die sofortige Flucht, die langsamer in Gang kommende Masse des Bullen, wie er dann aufholt, den Schädel senkt, seine Hörner schon die weiße Gestalt vor ihm zu berühren scheinen und wie die dann über die rote Barriere zu fliegen scheint, haltlos, dann nach dem Geländer des Zuschauerranges greift ... Wie stark der Stier ist, wie maßlos seine Wut, zeigt sich, wenn er ein spitzes Horn in die dicken Planken der Absperrung schlägt, die schweren Hölzer meterhoch in die Luft wirbelt. Oder er setzt selber über die Bretterwand und alle, deren Wichtigkeit groß genug ist, daß sie sich hier in diesem schmalen Gang aufhalten dürfen, fegt er vor sich her, und wie Dominosteine kippen sie ihrerseits in die Arena, wo sie erst einmal sicher sind. Es gibt Stiere, die springen bis in die Zuschauerbänke, aber da werden sie auf einmal hilflos, sie sind froh, wenn sie den Weg zurückfinden auf den Sand der Kampfbahn.

Die weißen Männer kombinieren Mut und Vorsicht: Sie tragen keine Gürtel in den anliegenden Hosen, damit sie der Bulle nicht mit dem Horn packen und in die Höhe schleudern kann wie die Planken. Aber manchem, der strauchelt, fetzt der Stier doch das Tuch vom Leib. Was die *razeteurs* zwischen den Hörnern krallen können, signalisieren sie dem Präsidium mit einer Zeichensprache. Dort werden die gewonnenen Prämien verbucht. Am Ende, wenn der letzte von sechs Stieren durchs *toril* getrottet ist – manche finden den Ausgang nur mit Hilfe eines Leitochsens, des *simbeu* – kann sich ein As der Krallenkunst ein dickes Bündel Geldscheine in die Hosentasche schieben.

Liegt die Kampfstätte nahe den angestammten Weiden, den Wiesen der Crau oder den Marschen der Camargue, läßt der *manadier* die Stiere zuweilen nach der Veranstaltung vor den Toren der Arena einfach in einer *bandido* frei. Umgekehrt treiben umrahmende Reiter die Tiere manchmal vor dem Kampf auf einer abgesperrten Straße in einem *encierro* aus dem Transportwagen und wieder dorthin zurück. Oder die Bullen preschen in einem *abrivado*, von den Gardians mit ihren Pferden in die Mitte genommen, quer durch die Stadt. Was dagegen ein Außenstehender kaum zu Gesicht bekommt, ist das *encocardement*, das Befestigen des Tuchstückchens und seiner Schnüre. Dazu sondern die »Cowboys« die für die *course* bestimmten Stiere auf der Weide im wilden Ritt von der Herde ab und treiben sie dann in eine Art Reuse, die im Transportwagen endet. Dort werden ihre Köpfe mit dicken Stricken so fest nach oben an ein Gestänge gezurrt wie nur irgend möglich. Dennoch sind der *manadier* und seine Gehilfen urplötzlichen, kurzen Hörnerhieben ausgesetzt, wenn sie auf Planken über dem Wagengestell liegend, die Fäden nach den Regeln knüpfen. Manchmal kleben sie auch eine untertassengroße Rosette, mit bunten Schleifen auf den Rücken des Stieres, der dann keine *cocarde* zwischen den Hörnern trägt, obwohl wir gerade diesen Rückenschmuck als solche bezeichnen würden. Auch diese Rosette gilt es abzureißen.

Die *razeteurs* werden schließlich im Lauf der Saison nach den gewonnenen Punkten in einer Art Liga eingestuft. Doch nicht ihnen, sondern nur den berühmtesten der Stiere werden Denkmäler gesetzt. In Beaucaire, gegenüber Tarascon, stehen gleich zwei ... ✳

VI Die ruhige Kugel

> »Die pétanque ist das schönste Spiel, das Menschen je erfunden haben. Es ist unser ganz eigener Stolz, dieses entspannte, billige und pazifistische Spiel lanciert zu haben, das nun überall in der Welt in aller Bescheidenheit für die Annäherung der Völker und folglich für den Frieden arbeitet.«
>
> Marcel Pagnol

Um Annäherung geht es auch bei diesem Spiel selbst, das besser als Boule bekannt ist. Man wirft mit gewichtigen, eisernen Kugeln, den *boules*, nach einem leichten Kügelchen aus Buchsbaumholz, dem *cochonet*, Schweinchen.

Schon muß man zurück in die Geschichte. Die Marseiller, die über diesem Spiel alles vergessen können – Pagnol brachte ganz Frankreich zum Lachen, als er schilderte, wie dort eine Partie Boule den Verkehr zum Erliegen brachte – die Marseiller also bewahren in ihrem Musée d'Archéologie steinerne Kugeln auf, mit denen schon die Phokäer, die Gründer der Stadt, sich die Zeit vertrieben haben sollen. Das Schweinchen soll zu Römer-

Ein Pointeur konzentriert sich

191

zeiten einmal echt gewesen sein – wer mit seiner Kugel dem über der Glut bratenden Spanferkel am nächsten kam, hatte Anrecht auf die besten Happen.

Bis kurz vor dem Ersten Weltkrieg spielte man eine heute im Midi so gut wie vergessene Variante: die *longue* oder *Lyonnaise*, ein Spiel, das die Leute von Lyon erfunden haben wollen. Die Marseiller sagen, es hätte erst nach vielen, vielen Jahren den Weg rhôneaufwärts gefunden und sei dort pervertiert worden. Die *longue* ist kein Zeitvertreib mehr, sondern ein sportlich-pingeliges, geradezu hektisches Spiel im Vergleich mit der *pétanque*. Nachdem das *cochonet* geworfen ist, mindestens 12,5 Meter weit (beim alten *jeu provençal* sind es 15 Meter), nehmen die *pointeurs* zwei, die *tireurs* drei Schritte Anlauf, um ihre bis zu 1,4 Kilo schwere Kugel zu schleudern. Schon wieder ist hier etwas zu erklären: Der *pointeur* versucht, seine Kugel behutsam nahe an das *cochonet* heranrollen zu lassen, dem *tireur* geht es darum, eine dem *cochonet* nahe plazierte Kugel der gegnerischen Partei mit einem ballistischen Wurf von oben zu treffen, sie derart davon zu katapultieren und – Gipfel des Geschicks – mit seiner eigenen Kugel ihren Platz einzunehmen.

Die Legende: Ein Rheumatiker habe die kürzere, entspanntere Version erfunden, die heute in der Provence, besonders aber in ihren Küstenorten gespielt wird. Jules-le-Noir soll der Spitzname dieses einstmals großen Longue-Spielers gewesen sein. Er konnte kaum noch aufrecht stehen, geschweige denn mit einer schweren Kugel Anlauf nehmen. Aber auf die Faszination der *boules* wollte er nicht verzichten. Von einem Stuhl aus machte er sein eigenes, einsames Spiel. Aus Freundschaft leistete ihm Ernest Piliot, ein Aktiver, Gesellschaft. Schließlich schlug er vor: Statt Anlauf zu nehmen, werden wir aus dem Stand werfen, *les pieds tanqués*, die Füße nebeneinander! So wurde, heißt es, an der Uferpromenade von La Ciotat im Juni 1910 ein neues Spiel geboren. Aus *les pieds tanqués* wurde *pétanque*. Und aus diesem verkürzten Spiel mit einer leichteren, nur noch etwa 700 Gramm, höchstens 900 Gramm schweren Kugel wurde ein Nationalsport, ein Weltvergnügen.

Picasso spielte es und macht den *pétanque* von Vallauris in einem seiner Werke unsterblich. Der immer weiß gekleidete und ständig frisch verheiratete Musikkonserven-König Frankreichs, Eddi Barclay, vergaß über dem Spiel mit den Fischern von Saint-Tropez seine gerade Angetraute. Yves Montand, nach einem Krankenhausaufenthalt im Herbst 1989, bedauerte, nun eine Weile nicht auf dem Platz von Saint-Paul mitspielen zu können. *Pétanque* also. Mit der Fußspitze zeichnet ein Spieler einen Halbkreis – jeder einigermaßen ebene Boden ist recht, Wellen und Schrägen erhöhen durch ihre unvorhersehbare Einwirkung auf den Lauf der Kugel nur noch die Spannung. Dann wirft der erste Mann das *cochonet*. Zwischen 6 und 10 Meter weit. Diese kompakte, Tout-terrain-Spielart macht die Stärke von *pétanque* aus – es läßt sich überall spielen. Nicht nur auf fast wie Tennisplätze präparierten Bahnen wie die *Lyonnaise*.

Nun tritt ein Mitglied der gegnerischen Gruppe – man spielt jeweils zu dritt oder zu viert – in den Halbkreis, kneift ein Auge zu, visiert das Ziel an, hebt die Kugel mit der Handfläche nach oben in die Ideallinie, wirft sie mit der Handfläche nach unten und eventuell mit einem Dreh aus dem Gelenk. Ein *pointeur*. Sein ausrollender Wurf ist ein Test im Niemandsland. Der nächste Spieler, wieder von der Gruppe, die das *cochonet* plaziert hat – bei den nächsten Partien sind es jeweils die Verlierer – kann nun schon Rückschlüsse ziehen für seinen eigenen Versuch. Rollt seine *boule* – sie sind verschieden geriffelt – näher an das *cochonet*, ist wieder die andere Gruppe an der Reihe. Lag jedoch der gegnerische Wurf näher, darf er weitermachen. Hat er sein »Pulver« verschossen, macht ein Mitglied seines Teams weiter, bis dieses im Vorteil ist. Sofort kommt dann wieder die andere Mannschaft ins Spiel.

Die erste von sechs Kugeln eines Dreierteams ▷

An kritischen Zuschauern mangelt es nicht

Wenn schon einige *boules* das *cochonet* belagern, sind die *tireurs* gefragt. Sie versuchen, die am besten liegenden Kugeln des Gegners wegzuschießen und möglichst ihren Platz einzunehmen. Auf jeden Fall jedoch Platz zu schaffen für einen behutsamen *pointeur*. Sind alle *boules* geworfen, versammeln sich die Spieler um das Buchsbaumkügelchen, nehmen Augenmaß oder einen schnell abgebrochenen Zweig, um festzustellen, welches Team mit wieviel *boules*, gleich Punkten, dem Schweinchen näher ist. Wer zuerst 13 Punkte sammelt, hat die Partie für sich entschieden.

Darüber können ganze Nachmittage vergehen. Auch Zuschauen ist ein Vergnügen. Der nonchalante Stolz jener, deren Kugel auf Anhieb in »Tuchfühlung« mit dem *cochonet* gerät. Die Melodramatik jener, die das Augenmaß der anderen nicht teilen mögen oder das Pech haben, mit einem Teamkameraden zu spielen, der die eigene Kugel wegschießt. Die Nervosität des noch nicht zum Wurf gekommenen *tireurs*, der seine Kugeln gegeneinander klickt, bis er endlich sein Können zeigen kann. Der stille Typ, der seine *boules* mit gekreuzten Armen hinter dem Rücken hält, ein Tuch im Gürtel, mit dem er sie vor dem Wurf noch einmal säubert. Die große, alles dem Himmel zuschreibende Geste, wenn einer seiner Favoritenrolle nicht gerecht wird. Das befreiende Lachen nach einer heißen Diskussion, bei der man glaubt, gleich würden die Messer gezogen. Das Schulterklopfen auf dem Weg zum Pastis, wenn das Spiel zu Ende ist.

Glückliche, mediterrane Mentalität. Glückliche Frauen, deren Männer vor dem Abendbrot eine ruhige Kugel *pétanque* spielen. So werden Aggressionen abgebaut. Gelöst streckt der *pétanqueur* seine Beine unter den Tisch. Ob sein Team gesiegt oder verloren hat, ist nicht so wichtig, morgen wird Revanche genommen. Und übermorgen und immer wieder. *La vie est belle* – schön ist das Leben, und das Leben ist ein Spiel. ✳

VII Ein paar Tage baden

Wo immer man sich auch gerade aufhält in der Provence, es ist nie weit zum Meer. Die Stadt Arles, immerhin 45 Kilometer davon entfernt, rühmt sich sogar eines »eigenen« Strandes in der Camargue. Fast überall an der sehr abwechslungsreichen Küste gibt es schöne Hotels, Pensionen und Ferienwohnungen, von denen es nur Schritte sind zu einer Sandstrecke, kleinen Buchten oder einladenden Klippen. Im Gegensatz zur eigentlichen Riviera, die ja vor allem als Badeküste gilt, gibt es in der Provence vom Rhônedelta bis hinauf nach Saint-Tropez noch Badeorte und Strände ohne Trubel. Manche Hotels lassen sich natürlich gerade diese Ruhe gut bezahlen, sind allerdings dann oft auch wahre Oasen von Gastlichkeit und Kochkunst oder liegen in einem besonders schönen landschaftlichen Rahmen. Andere haben sich etwas landein etabliert, um Ruhe bieten zu können, so daß ein bißchen Gedränge am Wasser abends schnell vergessen ist. Es gibt außer den Hotels mit und ohne Restaurants auch Gaststätten, die ein paar Zimmer vermieten, jedoch nur, wenn man Vollpension nimmt – dann allerdings ist diese Version, in der Hochsaison auch von einigen Hotels praktiziert, oft recht preisgünstig und bequem.

Die hier empfohlenen Badegebiete sind von Westen nach Osten die Camargue, die fjordähnlichen Buchten bei Cassis, die Strände von La Ciotat und Bandol, die Inseln vor Hyères, ein paar Plätze an der Corniche des Maures und die Halbinsel von Saint-Tropez.

Abgehoben vom Alltag – aber wie landen?

Camargue

Entweder man mietet sich im etwas lärmigen Les Saintes-Maries-de-la-Mer ein, was ja nicht so stört, wenn man den Tag am Strand verbringt, oder in einem komfortablen Mas ein Stück landein. Auf jeden Fall ist es angebracht, Fahrräder auszuleihen. Zur Petit Rhône hin ist der Strand zwar nur 2,5 km lang, dafür zieht er sich ostwärts über 27 unbebaute Kilometer. Noch weiter der Grand Rhône zu, gelangt man von Salin-de-Giraud her an die »Plage d'Arles« von Pièmanson. Dort ist östlich vom Zugang ein Kilometer den Naturisten vorbehalten.

13460 Les Saintes-Maries-de-la-Mer

Mas de la Fouque
Route d'Aigues Mortes (D 38)
✆ 04 90 97 81 02, Fax 04 90 97 96 84 FFFF

Pont des Bannes
Route d'Arles
✆ 04 90 97 81 09, Fax 04 90 97 89 28 FFF

Mangio Fango
Route d'Arles
✆ 04 90 97 80 56 FF

Le Bleu Marine
Avenue Docteur Cambon
✆ 04 90 97 77 00 FF

Le Galoubet
Route de Cacharel
✆ 04 90 97 82 17 FF

Le Boumian
Route d'Arles
✆ 04 90 97 81 15 FF

Le Fangassier
Route de Cacharel
✆ 04 90 97 85 02 F

Lou Marqès
Rue Vibre
✆ 04 90 97 82 89 F

Pont de Gau
Route d'Arles
✆ 04 90 97 81 53 F

13230 Port Saint-Louis-du-Rhône

Hôtel Le Tamaris
Route Plage Napoléon
✆ 04 42 86 10 49 F

13260 Cassis

Außer der Plage de la Mer gleich am Hafen gibt es drei kleinere Strände am Ortsrand, leicht zu Fuß zu erreichen. Etwas steinig, aber höchst idyllisch ist ostwärts, von Felsen abgeschirmt, die Plage de L'Arène. Gleich unterhalb von Straße und Hotel-Restaurant liegt südwestlich vor der Hafeneinfahrt die Plage de Bestouan, noch ein Stück weiter hinaus an der Presqu'ile de Port-Miou die Plage Bleue. Aber am schönsten sind die schmalen Strände am Ende der Calanques – tiefe, schmale, fjordähnliche Einschnitte in der weißen Steilküste. Erreichbar nur nach längerer, wegen der Ausblicke aber sehr abwechslungsreicher Kraxelei – oder aber in Minutenschnelle mit einem der Boote, die vom Hafen her einen Pendelverkehr unterhalten. Am schönsten ist die Calanque d'En-Vau (zu Fuß hin und zurück ab Parkplatz Port-Miou immerhin 2 1/2 Stunden!), etwas näher liegt Port-Pin (1 Stunde hin und zurück). Sind die kleinen Buchten belegt, kann man sich auch in den Felsen eine stille Nische über dem Wasser suchen.

Les Roches Blanches
Route Port-Miou
✆ 04 42 01 09 30, Fax 04 42 01 94 23
FFF–FFFF

La Plage du Bestouan
Avenue de l'Amiral
✆ 04 42 01 05 70, Fax 04 42 01 34 82 FFF

Le Cassitel
Route Clemenceau
✆ 04 42 01 83 44 F

13600 La Ciotat

Eine Mischung von nun zur Industrieruine heruntergekommener Schiffsbau-Stätte und Sommerfrische. Aber der flache Sandstrand gleich an der Seepromenade ist weit genug entfernt von der Werft. Sie liegt vor einem rund aus den

Badebucht in der Calanque d'En-Vau ▷

Fluten steigenden Felsmassiv, auf dessen jäh abfallender Rückseite ein tiefer Einschnitt der Calanque de Figuerolles Schutz bieten. Die Bucht vor dem lebhaften Ort ist bei Windsurfern beliebt, ihnen ist am Boulevard Beau Rivage eine Einsetzzone vorbehalten. Noch weiter östlich liegen gleich an der Baie de la Vierge mehrere Campingplätze.

Ciotel-Le Cap
Corniche du Liouquet (6 km)
✆ 04 42 83 90 30
FFF

Hôtel Provence-Plage
3, avenue de Provence
✆ 04 42 83 09 61 F–FF

Auberge le Revestel
Le Liouquet
✆ 04 42 83 11 06 F

Camping Santa-Gusta
Quartier de Fontsainte
✆ 04 42 83 14 17

83150 Bandol

Die Bucht ist kleiner als die von La Ciotat. Besonders windgeschützt ist die Plage Renecros im Westen. Ein zweiter Strand breitet sich vor dem Kasino aus, ein dritter, der Lido, liegt östlich. Auf das vorgelagerte Felseneiland Bendor – die Überfahrt dauert nur Minuten – hat der Pastis-Fabrikant Ricard einen Freizeitkomplex geklebt, einen Cocktail aus künstlicher Provence, Kongreßzentrum und vielen Wassersportmöglichkeiten.

Le Delos
Ile de Bendor
✆ 04 94 32 22 23
FFF–FFFF

Golf Hotel
Am Strand Renecros/Boulevard Lumière
✆ 04 94 29 45 83 FF–FFF

Master Ker Mocotte
Rue Raimu
✆ 04 94 29 46 53 F–FFF

Hier kann man noch Pirat sein

Kartenspiel im Schutz der Kaimauer

La Réserve
Avenue de la Libération
℡ 04 94 29 30 00 FF

Le Provençal
Rue des Écoles
℡ 04 94 29 52 11 FF

83400 Iles d'Hyères

Die paradiesischen, der Stadt Hyères südöstlich vorgelagerten Inseln stehen unter Naturschutz. Sie werden mit Booten von Hyères-
Plage und Le Lavandou angelaufen, Porquerolles auch von Giens. Sehr schöne, kleine
Strände und Badeklippen. Die Ile du Levant
steht ganz im Zeichen der Freikörperkultur.

Ile de Porquerolles:
Le Mas du Langoustier
Westspitze
℡ 04 94 58 30 09 FFFF

Hôtel Sainte-Anne
Place d'Armes
℡ 04 94 58 30 04 FFF–FFFF (Halbpension)

Les Glycines
Place d'Armes
℡ 04 94 58 30 36 FFF (Halbpension)

L'Oustaù
Place d'Armes
℡ 04 94 58 34 93 FF

Ile de Port-Cros:
Le Manoir
℡ 04 94 05 90 52
FFF–FFFF (Halbpension)

Ile du Levant:
Héliotel
℡ 04 94 05 90 63
FFFF (Halbpension)

La Brise Marine
Héliopolis
℡ 04 94 05 91 15 FF

Corniche des Maures

Zwischen Le Lavandou und der Halbinsel Saint-
Tropez liegt eine Reihe kleiner Badeorte mit
schönen Stränden.

83980 Saint-Clair

Kleiner Ort 3 km hinter Le Lavandou, etwas abseits der Straße.

Belle Vue
✆ 04 94 71 01 06, Fax 04 94 71 64 72   FF– FFF

L'Orangeraie
✆ 04 94 71 04 25 FF *(cuisinette)*

83980 Aiguebelle

5,5 km von Le Lavandou, an einer kleinen, ruhigen Bucht.

Les Roches
1, avenue des Trois Dauphins
✆ 04 94 71 05 07, Fax 04 94 71 08 40 FFFF

Les Alcyons
✆ 04 94 05 84 18 FF

Plage
✆ 04 94 71 02 74 FF

83980 Cavalière

7 km von Le Lavandou, sehr schöner, windgeschützter Strand.

Cap Nègre
45, avenue du Cap Nègre
✆ 04 94 05 80 46 FF

83980 Pramousquier

Kleiner Ort, geschützter Strand.

Hôtel Beau Site
✆ 04 94 05 80 08 F

83240 Cavalaire-sur-Mer

Badeort auf einer Felsnase mit 4 km Sandstrand.

Hôtel de la Calanque
Rue de la Calanque
✆ 04 94 64 04 27, Fax 04 94 64 66 20
FFF

Abend an der Corniche des Maures

Badeglück in blauen Fluten

Halbinsel von Saint-Tropez

Unmittelbar vor der Stadt sollte man nicht baden. Strände, deren Namen die Südsee verheißen, liegen an der Bucht von Pampelonne auf dem Gebiet der Gemeinde Ramatuelle. Das sind zwar nur wenige Kilometer, doch die Zufahrten zu den meist gebührenpflichtigen Parkplätzen sind häufig ungenügend ausgeschildert und in der Hauptsaison oft verstopft. Die Strandetablissements sind Faulenzer-Paradiese mit Bistros, Mode-Boutiquen und sogar Friseursalons.

83350 Ramatuelle

Les Bergerettes
Route des Plages
℡ 04 94 97 40 22, Fax 04 94 97 37 55
FFFF

La Garbine
Route de Tahiti
℡ 04 94 97 11 84 FFF–FFFF

La Figuière
Route de Tahiti
℡ 04 94 97 18 21 FFF–FFFF

Dei Marras
Route des Plages
℡ 04 94 97 26 68
Für Tennis-Fans. FF–FFFF

83580 Gassin

Le Provençal
Chemin Sainte-Bonnaventure
℡ 04 94 97 00 83 FF–FFF

83420 Gigaro

Les Moulins de Gigaro
Place de Gigaro
℡ 04 94 79 71 11 FFF

Parc
An der D 93
℡ 04 94 79 64 04 FF

VIII SERVICETEIL

Reiseplanung

An- und Einreise

Lufthansa, Swissair, Austrian Airlines und Air France steuern den Flughafen Nice/Côte d'Azur an. Die Air France fliegt außer von Paris auch von Straßburg nach Nizza und Marseille, von Paris außerdem nach Avignon und Toulon. Mit dem Tages- oder Nachtzug braucht man von Straßburg rund 8 Stunden bis nach Arles. Mit dem Hochgeschwindigkeitszug TGV von Paris nach Avignon nur knapp 4 Stunden. Autoreisezüge verkehren in der Saison von Hannover, Köln, Frankfurt nach Avignon und Fréjus/St.-Raphaël.

Für die schnelle Anreise mit dem eigenen Wagen gibt es die durchgehende Autobahn vom Dreieck Neuenburg am Oberrhein über Mulhouse. Von der Grenze bis zur Abfahrt Nîmes/Arles – ab Orange also Richtung Espagne/Spanien – sind es immerhin rund 600 km. Die französische Autobahn ist abschnittsweise

gebührenpflichtig – man muß an einer Mautstelle, *péage*, wie in Parkhäusern durch Knopfdruck einen Einfahrtbeweis lösen und dann an Zwischenstationen oder bei der Ausfahrt seinen Obulus entrichten. Deshalb sollte man sich einen kleinen Vorrat an 10- und 5-Francs-Münzen zurechtlegen; einfacher ist die Bezahlung per Kreditkarte. Wer Zeit hat, wird in einer Richtung statt der *autoroute* lieber die Route Napoléon Grenoble-Sisteron-Cannes wählen. Durch das Durance-Tal hat man dann über ein Autobahn-Teilstück schnellen Anschluß zum oder vom Reisegebiet.

Die Haupt-Grenzübergänge sind durchgehend geöffnet. Für die Einreise genügt der Personalausweis, Kinder benötigen einen Kinderausweis oder die Eintragung im Paß der Eltern. Von Schweizern wird bei den selten gewordenen Kontrollen ein gültiger Reisepaß verlangt.

Für den Wagen braucht man Führerschein und Kfz-Papiere, eine grüne Versicherungskarte wird nicht gefordert, kann jedoch bei einem eventuellen Unfall Scherereien ersparen. Für die Ein- und Ausfuhr von Waren und Souvenirs gelten die jeweils aktuellen EU-Bestimmungen. Für Wein, den man mit nach Hause nehmen will, zahlt man nur unerhebliche Abgaben. Man sollte jedoch die Einkaufsrechnung vorlegen können.

Ärztliche Vorsorge

Vor der Abreise sollte man sich über Geltungsbereich und Erstattungsbedingungen der eigenen Krankenkasse bzw. -versicherung informieren. Für Bürger der EU gibt es einen internationalen Krankenschein E 111, der von den heimischen Krankenkassen ausgestellt und im Bedarfsfall der *Caisse Primaire d'Assurance Maladie* zugestellt wird, die nach den in Frankreich üblichen Sätzen vergütet. Falls man als Privatpatient nicht einen eventuellen Bonus aufs Spiel setzen möchte, empfiehlt sich der Abschluß einer meist sehr preiswerten Auslandskrankenversicherung.

Sowohl bei Ärzten (*médecin généraliste* = Internist, *chirurgien-dentiste* = Zahnarzt) wie in Apotheken *(pharmacie)* muß man gleich bezahlen. Beide schreiben als Quittung ein orangebraunes Formular aus, die Ärzte eine *feuille de soins*, die Apotheken ein *volet de facturation*, ein Erstattungsblatt der französischen Sozialversicherung.

Sollte man einen anderen Beleg für seine Versicherung benötigen, muß man rechtzeitig darauf hinweisen. Die Arzthonorare und Arzneimittelpreise sind recht niedrig.

Für Notfälle ist der mit Ambulanzen ausgerüstete S.A.M.U. *(Service d'aide médicale urgente)* zuständig, ein zentraler Hilfsdienst, der auch Notärzte benachrichtigt (Notruf 15). Bei Unfällen leiten auch Polizei bzw. Gendarmerie (Notruf 17) und Feuerwehr (Notruf 18) die Hilfsmaßnahmen ein. Auf den Autobahnen gibt es Notrufsäulen. Die besten Krankenhäuser der Provence gibt es in Marseille.

Auskunft

Kann man seine Reise längerfristig planen und will Schwerpunkte setzen, sollte man rechtzeitig die örtlichen Verkehrsämter *Syndicat d'Initiative* oder *Office de Tourisme* anschreiben. In kleineren Orten wird dies häufig ohne Resonanz bleiben – sie sind nur in der Hochsaison besetzt. Dagegen arbeiten die regionalen Touristik-Institutionen ganzjährig.

Für das Département **Bouches-du-Rhône:**
Comité Départemental du Tourisme
Le Montesquieu
13, rue Roux de Brignoles
F – 13006 Marseille
✆ 04 91 13 84 13, Fax 04 91 33 01 82

Für das Département **Vaucluse:**
Chambre Départemental du Tourisme
La Balance
Place Campana, B.P. 147
F – 84008 Avignon Cedex 1
✆ 04 90 80 47 00, Fax 04 90 86 86 08

Für das Département **Var:**
Comité Départemental de Tourisme Conseil Général
1, boulevard Foch, B.P. 99
F – 83003 Draguignan Cedex
✆ 04 94 50 55 50, Fax 04 94 50 55 51

Für das Département **Alpes-de-Haute-Provence:** Comité Départemental de Tourisme et des Loisirs
19, rue du Docteur-Honnorat, B.P. 170
F – 04005 Digne-les-Bains Cedex
✆ 04 92 31 57 29, Fax 04 92 32 24 94

Für das Département **Alpes-Maritimes:**
Comité Régional de Tourisme Riviera – Côte d'Azur
55, promenade des Anglais, B.P. 602
F – 06011 Nice
✆ 04 93 37 78 78, Fax 04 93 86 01 06

Auskünfte erteilt natürlich auch das Französische Fremdenverkehrsamt. Es hält die wichtigsten Broschüren bereit und gibt alljährlich ein aktuelles Heft »Tours de France« heraus, dazu Themenhefte wie z. B. »Kanu- und Radwandern«.

In Deutschland:
Maison de la France
Westendstr. 47
D – 60325 Frankfurt/Main
✆ 01 90-57 00 25, Fax 01 90-59 90 61
E-mail: maison_de_france@t-online.de
Internet: http://www.maison-de-la-france.com

In Österreich:
Maison de la France
Argentinier Str. 41a
A – 1040 Wien
✆ (01) 5 03 28 90, Fax (01) 5 03 28 71
E-mail: info@maison-de-la-france.at

In der Schweiz:
Maison de la France
Löwenstr. 59
CH – 8023 Zürich
✆ (01) 2 11 30 85, Fax (01) 2 12 16 44
E-mail: tourismefrance@bluewin.ch

Automiete

Mietwagen sind relativ preiswert geworden, ab ca. 1 400 Francs pro Woche. Preisvergleiche lohnen sich. Einen Sondertarif bekommt man eventuell bei Ferien in der Vor- und Nachsaison, *fortfait vacances*, sonst auch an Bahnhöfen und Flugplätzen bei Vorlage des Zugbilletts bzw. des Flugscheins von Air France. Auch Wochenendtarife sind günstig.

Geld/Devisen

Die Urlaubskasse führt man am besten in Form von EC-Karte, Reiseschecks oder als Post-Card mit sich. Dazu Bargeld für das erste Restaurant und die erste Übernachtung sowie genügend Münzen (10 und 5 Francs) für die zahlreichen Mautstellen (*péage*) auf der Autobahn. Franzö-

sisches Bargeld kann unbeschränkt eingeführt werden. Die Banken sind samstags, mancherorts auch montags geschlossen. Eurocheques, bis zu einem Höchstbetrag von 1 400 Francs, werden von den Banken nur noch ungern und nur bei gleichzeitiger Vorlage des Personalausweises oder Reisepasses eingelöst. Dafür kann man an Geldautomaten (*distributeurs de billets*) – auch vor einigen Postämtern angebracht – mit der EC-Karte und Geheimnummer bis zu 1 400 Francs täglich abheben. Einige Hotels, Restaurants und Geschäfte honorieren Eurocheques, sind aber nicht dazu verpflichtet. Die Kaufkraft der Mark bleibt innerhalb von Frankreich in etwa gleich, 100 Francs entsprechen 29,82 DM bzw. 15,25 Euro (Redaktionsschluß Frühjahr 1999).

Banknoten gibt es zu 500, 200, 100 und 20 Francs. Münzen zu 100, 10, 5, 2 und 1 Francs sowie zu 50, 20, 10 und 5 Centimes. Die silbermessingfarbenen 10-Francs-Stücke sind auch gefälscht im Umlauf und werden von Post und Banken ersatzlos einbehalten. Sie sind leicht mit den nur wenig größeren 20-Francs-Münzen zu verwechseln. Die 1-Franc-Stücke gibt es in verschiedener Prägung, auch aus Monaco.

In ländlichen Orten, auch im Umgang mit älteren Menschen, kann es passieren, daß die genannte Summe – nie für Kleinigkeiten, aber etwa für ein Kleid, eine Antiquität – die schwindelnde Höhe von ein paar Tausend oder gar Zigtausend annimmt, wenn nicht gar als Million erscheint. Dann ist die Rede von *anciens francs*, die es nach einer Währungsreform 1:100 seit 1960 nicht mehr gibt, aber mit denen trotz einer Reihe von weiteren Abwertungen hier und da noch jongliert wird. Sogar Zeitungen tun dies, wenn sie etwa die Bedeutung eines Diebstahls, Defizits oder Gewinns herausstreichen wollen – sie sagen allerdings dann nicht mehr »alte Francs«, sondern geben den entsprechenden Betrag als *centimes* an. Falls man also seinen Ohren nicht traut, sollte man sich die Summe aufschreiben lassen – dann erscheint sie stets als »neuer« Franc, der ja nun bald vom Euro abgelöst wird.

Die in Frankreich am meisten verbreiteten Kreditkarten sind Visa/Carte Bleue und Eurocard/Mastercard. American Express und Diners Club sind nicht so dicht vertreten. Mit Kreditkarten kann man auch an Geldautomaten der Banken und der Post Geld abheben.

Gepäck/Kleidung

Zum entspannten Dasein im Midi gehört ganz selbstverständlich Freizeitkleidung für den ganzen Tag. Allerdings sollte man sich einem gehobeneren Rahmen von Hotel oder Restaurant anpassen – also mit einem »südlichen«, vielleicht sogar vor Ort erworbenen Kleid oder einem leichten Sakko, zu dem man ohne weiteres auch in Nobel-Etablissements ein offenes Hemd oder statt Krawatte ein Halstuch tragen kann. Wo, wenn nicht hier, könnte man bewußt in Farben schwelgen? Da sich das Leben im Süden bis spät im Freien abspielt, man also abends auf der Terrasse diniert oder noch einen letzten Drink unter Platanen nimmt, gehört unbedingt ein Pullover oder eine Strickjacke in den Koffer, für die Frühlingsmonate vor allem außerdem Regenzeug oder Windjacke. Das schützt dann auch zusammen mit dem Wollzeug gegen den oft eisig durch das Rhônetal fauchenden Nordwind Mistral. Ein Sonnenhut oder eine Schirmmütze sind bereits ab Ostern angebracht, Sonnenbrillen schützen gegen das mittags oft gleißende, von den weißen Felsen und dem Mittelmeer noch verstärkte Licht. Kirchen sollte man nicht in Shorts und schulterfrei besuchen – hier und da erinnern auch andernorts Schilder daran, sich trotz Sonnenglut etwas zu bedecken.

Waschsalons, *laverie self-service*, gibt es nur in den größeren Orten, eher findet man da schon eine Reinigung, *blanchisserie*. Adapter, *adaptateur*, für französische Steckdosen sind dort, wo diese nicht geerdet sind, nicht notwendig, sonst passen nur Flachstecker. Die Stromstärke beträgt 220/230 Volt, selten noch 110 Volt.

Filme sind überall erhältlich, aber wesentlich teurer als in Deutschland, das gilt auch für das Entwickeln und für Abzüge. Auch Sonnenschutzmittel sollte man preiswerter mitbringen.

Reisegepäck nachts nicht im Wagen, tagsüber auch bei kürzerem Parken keine Wertsachen liegenlassen, die Autoknacker verlocken könnten. Besonders auf den Parkplätzen an der Küste beobachten »Spezialisten« gern, was ausgepackt wird und was im Kofferraum bleibt und räumen dann in Sekundenschnelle aus, während sich die Urlauber noch am Strand niederlassen oder im Hotel einchecken.

Landkarten/Stadtpläne

Die beste Landkarte für das Reisegebiet ist die gelbe *Carte routière et touristique* von Michelin, Nr. 245, Provence – Côte d'Azur, im Maßstab 1:200 000. Sie berücksichtigt stets den neuesten Stand des Straßennetzes und kennzeichnet touristische Sehenswürdigkeiten wie Ausgrabungsstätten, Fernblicke, Höhlen, Wanderwege und landschaftlich besonders schöne Strecken. Sie ist auch in der Bundesrepublik, der Schweiz und Österreich in Buchhandlungen mit Reisesparte erhältlich. Für die Anreise über die Autobahn genügt eine einfache Übersichtskarte. Will man die Route Napoléon befahren, ist die Anschlußkarte Michelin Nr. 244 nützlich. Von Avignon und Aix-en-Provence sollte man sich über das örtliche Office de Tourisme einen einfachen Stadtplan beschaffen, für Aix gibt er z. B. die wichtigsten Einbahnrichtungen an. Für die Küstenstrecke von Marseille bis La Napoule ist die grüne Michelin Nr. 114 im Maßstab 1:100 000 detaillierter.

Reisezeit

In die Provence kann man zu jeder Jahreszeit reisen. Abzuraten ist eigentlich nur vom hektischen Hochsommer während der französischen Schulferien, wenn alles überlaufen ist. Dann kann man weder entspannten Service erwarten noch im Gedränge die antiken Stätten mit Genuß erkunden – dazu lastet die Hitze oft tagelang unerträglich. Dagegen können schon Januar und Februar gute Reisemonate sein, wenn Mandeln und Mimosen blühen und von

Reiseplanung

ferne Schnee von den Bergen der Haute-Provence, der Seealpen oder gar vom Mont Ventoux schimmert. Die Anfahrt in diesen Monaten kann dagegen problematisch werden: Im oberen Rhônetal kommen immer wieder Schneeverwehungen vor.

Ab Mitte März ist es meist schon recht warm, Mai und Juni, September und Oktober sind ideale Monate, aber auch im November und Dezember kann man häufig noch mittags draußen sitzen. Die *courses* genannten proven-zalischen Stierspiele gibt es von der Oster-woche bis Mitte November. Im Dezember öffnen vielerorts Krippenschauen und Verkaufsausstellungen mit einer Riesenauswahl von *santons*, den Terracotta-Figürchen aus dem provenzalischen Alltag von einst. Im Mittelmeer kann man ganzjährig baden – und viele tun dies bei mindestens 13 Grad auch im Winter. Angenehm sind die Wassertemperaturen aber erst ab Mitte Mai und dann bis in den November hinein.

Reisedaten

Auskunft vor Ort

Besitzt man noch keinen Stadtplan, so helfen vor den Toren etwa von Arles, Avignon und Aix Informationstafeln, zunächst einmal den Weg zum Hotel zu finden. Dort gibt es dann meist wenigstens ein Faltblatt mit den wichtigsten Straßen und Sehenswürdigkeiten mit viel Werbung für Geschäfte und Restaurants.

Reichhaltiger ist das Informationsangebot bei den örtlichen Verkehrsämtern, die sich entweder als Organisation der Gewerbetreibenden *Syndicat d'Initiative* nennen oder als kommunale Institution *Office du/de Tourisme*. Manchmal schließen sich auch die beiden Organe zusammen. In kleineren Orten übernimmt zuweilen das Bürgermeisteramt *(mairie)* diese Funktion, in anderen ist das jeweilige Fremdenverkehrsamt nur zwischen Mitte Juni und Mitte September geöffnet, man kann dort also nur in dieser Zeit Auskünfte erwarten, nicht aber die Beantwortung brieflicher Anfragen außerhalb der Saison. In Hotels und Touristikämtern liegt auch viel private Werbung aus, etwa für Rundfahrten, Ausflüge, Weinfeste, Grillabende.

Bessere Hintergrundbroschüren sind meist kostenpflichtig, Bücher über Land und Leute bekommt man in der *librairie* oder in der *Maison de la Presse*.

Autofahren

Auf den Autobahnen Frankreichs besteht Tempo-Limit: 130 km/h, bei Niederschlag 110 km/h! Auf Landstraßen entsprechende 90 bzw. 80 km/h. In Ortschaften liegt die Begrenzung bei 60 km/h – oft ist hier jedoch ein Limit von 45 km/h oder gar 30 km/h gesetzt. Selbst in Dörfern trifft man zuweilen auf *ralentisseurs*, Holperschwellen unterschiedlicher Kennzeichnung und Höhe. Als Anfänger gelten Fahrer, die ihren Führerschein noch nicht länger als ein Jahr besitzen – sie dürfen auch auf Autobahnen nicht schneller als 90 km/h fahren.

Benzin und Diesel sind in Frankreich sehr hoch besteuert: 1 Liter Super kostet umgerechnet ca. DM 2,00, bleifrei *(essence sans plomb)* rund DM 1,85 pro Liter. Diesel kostet DM 1,25.

Einkaufen

Eine *épicerie,* einen Gemischtwarenladen, gibt es auch in kleinen Dörfern, mindestens einen *supermarché* findet man in größeren Orten. In den Städten außerdem den *traiteur* oft in Verbindung mit einer *boucherie, charcuterie*, wo man tagesfrische Gerichte – auch warme! – für ein Picknick kaufen kann. Die Läden schließen mittags spätestens um 12.30 Uhr und öffnen erst wieder ab 15 Uhr. Eine große Auswahl von Obst, Gemüse, aber auch Fisch, Backwaren, Aufschnitt, Oliven und anderen regionalen Produkten bieten die bunten Wochenmärkte, oft mit Schleuderpreisen kurz vor der Mittagsstunde, wenn die Stände abgebaut werden müssen. Bäcker öffnen ihre Läden schon um 7 Uhr, manche sogar noch früher. Auch an einigen Tankstellen kann man Wurst, Honig, Marmelade, Keks und gekühlte Getränke kaufen – zuweilen sogar Wein von sonst schwierig zu findenden Gütern, und das zum Produzentenpreis. An den Straßen weisen hier und da auch Schilder zu Obstbauern, Imkern und Winzern, man kann sie auch zur sonst heiligen Zeit der Siesta stören.

Auf den Wochenmärkten gibt es neben allem möglichen Plunder auch preiswerte Jeans, Pullover, Strümpfe. Oft nicht weit von einer Boutique mit der neuesten Mode aus Paris. Viele einheimische Modistinnen schneidern auch eigene Modelle, vor allem Aussteiger kreieren phantasievolle Fummel, bemalen Seide, schustern Sandalen. Traditionellen Vorbildern folgen die Stoffe und Kleider von Souleiado und Olivades mit zahlreichen Filialen. Als tragbare Andenken bieten sich die Wildlederstiefel der Gardians an, auch ihre schwarzen Hüte, gemusterten Hemden und etwas prahlerischen Ledergürtel.

Für Mitbringsel hat man nur die Qual der Wahl. Duftende Kräuter, Seifen, Kerzen und Essenzen. Olivenöl und Wein, Lavendelhonig, einen Knoblauchzopf, kandierte Früchte, die marzipanähnlichen Calissons d'Aix, weißer (harter) Nougat, *tapenade* (Olivenpaste) und *pistou* (Basilikum-Knoblauch-Pinienkern-Gemisch in Olivenöl für Pastagerichte).

Töpferwaren wie etwa die *gargoulette*, eine halb glasierte, halb poröse Kruke für Trinkwasser, die man zum Kühlen im Schatten in den Wind hängt. Bunte Fayencen, zum Teil mit traditionellen Szenen, Körbe, *paniers*, aus Olivenschößlingen, Binsen und Rohr. Ein *razet*, die Eisenkralle der provenzalischen Stierkämpfer, oder einen *trident*, die Dreizackspitze für die Lanze der Gardians. Ein Sack Ocker für den Verputz einer »mediterranen« Terrassenmauer daheim oder grobes Seesalz aus den Salinen von Giraud, eine Bruyère-Pfeife aus Cogolin.

Feiertage

Obwohl fast durchweg katholisch, nehmen die Franzosen ihre religiösen Festtage nicht so genau. Selbst am Karfreitag – mit vielen Prozessionen – wird gearbeitet, sind die Geschäfte und sogar die Banken geöffnet. Heiligabend, der 26. Dezember sind nur leicht verkürzte,»normale«Wochentage. Brot kann man auch am Oster- und Pfingstsonntagmorgen kaufen, nicht aber am darauffolgenden Montag. Je nach der Nähe zu einem Wochenende können Himmelfahrt und 1. Mai zu einem dreitägigen *pont* verschmelzen, da muß man sich rechtzeitig nach Öffnungszeiten erkundigen. Der 14. Juli, der Tag der Erstürmung der Pariser Zwangsfestung Bastille im Jahr 1789, wird als *fête nationale* mit Paraden, Feuerwerk und Tanz auf öffentlichen Plätzen begangen. Kranzniederlegungen und nationale Besinnung, aber in keiner Weise Ressentiments gegen die Deutschen als ehemalige Feinde, kennzeichnen den Waffenstillstandstag, den *armistice*, von 1918 (11. November) und 1945 (8. Mai). Am Freitagnachmittag und am Samstag vor Ostern und Pfingsten, ebenso vor einem *pont* oder zu Beginn der Sommerferien im Juli und der Wintersportferien im Februar sollte man die nach Süden führende Autobahn unbedingt meiden, sie ist dann oft hoffnungslos verstopft.

Kinder

Franzosen sind oft strenger und autoritärer ihren Kindern gegenüber, Provenzalen jedoch im allgemeinen sehr kinderfreundlich – und begeistert, wenn Ihre kleine Tochter oder Ihr Sohn blondhaarig ist. Seien Sie nicht überrascht, wenn so ein kleiner Strohschopf spontan von einer Schwarzhaarigen abgeküßt wird.

Hotels und Gaststätten sind nicht durchweg mit Kinderbetten und -stühlen ausgerüstet, aber das Personal ist meist sehr hilfsbereit und tolerant. Spezielle Kindermenüs haben sich noch nicht überall durchgesetzt, aber ein luftiges Omelett, eine Portion Pommes Frites oder Eis sind überall zu haben.

Das Besichtigen von Museen und Altertümern kann für Kinder anstrengend und langweilig werden, da sollte man lieber auf das eine oder andere verzichten. Andererseits sind Ausgrabungsstätten, Amphitheater, Verliese, Wendeltreppen und Wehrgänge natürlich »Abenteuerland« par excellence. Auch Ausstellungen wie das Muséon Arlaten in Arles mit Puppen und alten Gebrauchsgegenständen, die Schiffsmodelle in der Zitadelle von Saint-Tropez sowie in einigen Kirchen oder das kleine, aber pädagogisch erstklassige Historische Museum in Marseille können wohl jedes Kind begeistern. Ein Besuch bei einem *santonnier*, einem Modelleur von Krippenfiguren, natürlich auch.

Der spanische Stierkampf, eine *corrida*, die mit dem Töten des *toro* endet, ist sicher nicht empfehlenswert, bei einer *course*, dem provenzalischen Stierspiel, kann immerhin einer der menschlichen Akteure verletzt werden. Harmlos-spannend – sofern man sich einen sicheren Standort sucht – ist dagegen eine *abrivado*, wenn die schwarzen Bullen, eingekeilt von den *gardians* auf ihren weißen oder grauen Pferden, durch die Stadt preschen.

Die Flamingos und Reiher in der Camargue zu beobachten ist natürlich ganz etwas anderes als ein Besuch im Zoo, auch die Salzgewinnung aus dem Meer wird Kinder interessieren. Schließlich können sie überall Schafherden, im Frühjahr und Herbst mit zahlreichen Lämmern, sehen. Ab Juli wandern die Tiere allerdings meist in die Haute-Provence oder werden dorthin verfrachtet.

Notfälle/Konsulate

Notrufnummern:
Notruf/Polizei: 17
Feuerwehr: 18
Notarzt/Krankenwagen: 15

Nur in den Städten gibt es eine Polizei, die *police municipale*, auf dem Land und in kleineren Orten übernimmt die eigentlich zur Armee gehörende Gendarmerie Polizeifunktion. Bei Unfällen, Diebstahl und Verlust ist sie daher die Anlaufstelle. Falls Reisepapiere verlorengegangen sind, wendet man sich an das zuständige Konsulat:

Bundesrepublik Deutschland
338, avenue du Prado
13295 Marseille Cedex 8
✆ 04 91 16 75 20, Fax 04 91 16 75 28

Österreich
27, cours Pierre Puget
13006 Marseille
✆ 04 91 53 02 08, Fax 04 91 53 71 51

Schweiz
7, rue d'Arcole
13291 Marseille Cedex 6
✆ 04 91 53 36 65, Fax 04 91 57 01 03

Der **ADAC** hat eine Vertretung in Avignon:
Zone Industrielle (Z.I.)
Courtine Ouest
185, route des Remouleurs
✆ 04 90 86 16 09

Presse/Radio/TV

Die wichtigsten Regionalzeitungen des Reisegebietes sind *Le Provençal, Le Méridional, Vaucluse Matin* und *Nice-Matin* mit seinen Nebenausgaben. Sie unterrichten auf den jeweiligen Lokalseiten auch über Veranstaltungen: *Le Provençal* widmet den Stierspielen und -kämpfen viel Raum. Natürlich bekommt man auch schon am frühen Morgen Pariser Tageszeitungen wie *Le Figaro* und *Libération*, am Nachmittag dann die aktuelle *Le Monde*.

Regelmäßig gelieferte deutsche Zeitungen sind *Frankfurter Allgemeine, Die Welt, Süddeutsche Zeitung, Bild, Bild am Sonntag* und *Welt am Sonntag*, hier und da auch andere

Tagesblätter und dazu die wichtigsten Illustrierten, *Der Spiegel* und *Focus*.

Der landesweite Sender *France Inter* gibt stündlich Nachrichten, sein Konkurrent im Midi ist *Radio Monte Carlo* (RMC) mit seinem fast durchgehenden Musikprogramm und Kurznachrichten. In den dunklen Stunden sind, je nachdem ob Berge abschirmen, der deutsche *RTL*-Sender, der *Bayerische Rundfunk, Saarbrücken, Südwestfunk* und mit großer Sicherheit die *Deutsche Welle* zu empfangen.

Die Fernsehprogramme Frankreichs heißen TF 1, A 2, FR 3, La Cinq, M 6 und Canal + (Code-Zugang nur gegen Gebühr). Über die Programme unterrichten verschiedene Fernsehzeitschriften, aber meist auch die Tageszeitungen. Auch deutsche Sender können nun in vielen Hotels empfangen werden.

Von der mittleren Preisklasse an sind Hotelzimmer meist mit TV-Geräten ausgerüstet. Will man sich unterwegs etwa ein internationales Sportereignis ansehen (an dem auch die Franzosen interessiert sind), setzt man sich am besten in eine Bar mit einem großen Apparat.

Sportmöglichkeiten

Detaillierte Informationen zu den einzelnen Sportmöglichkeiten erhält man am besten von den örtlichen Verkehrsämtern, die die aktuellen, nächstgelegenen Anlaufadressen vermitteln. Dort findet man oft auch thematische Sammelbroschüren. (Adressen siehe unter »Auskunft« S. 203.)

Bergsteigen und Wandern: Die Provence ist von Wanderwegen durchzogen, einige werden als *grandes randonées*, als Trekking-Pfade für Geübte bezeichnet und sind in detaillierten Topo-Guides beschrieben. Sie durchqueren mit Variationsmöglichkeiten das ganze Gebiet und sind wohl die beste Art, die Lebensräume von Hirten, Lavendel- und Olivenbauern, verlassene Orte und Klöster und die schönsten Winkel der regionalen Naturparks von Camargue und Luberon kennenzulernen.

So führt etwa der GR 9 mit seinen zweistellig numerierten Seitenpfaden von Grimaud bei St.-Tropez über die Bergketten von Ste.-Baume, Ste.-Victoire und Luberon bis zum Mont Ventoux.

Bergsteiger und Freunde extremen Kletterns brauchen nicht einmal die Küste zu verlassen. Auch in den schroffen, weißen Felsen der Calanques bei Cassis finden sie hoch über dem transparenten Meerwasser alle Schwierigkeitsgrade.

Boule-Spiel: Das zum entspannten Rhythmus der Provence passende Boule-Spiel wird so gut wie überall ausgeübt, und wenn man sich dafür interessiert und hinterher eine Runde, eine *tournée*, Pastis ausgibt, kann man sich manchmal in eine dieser Gruppen einklinken (siehe Kapitel VI »Die ruhige Kugel« S. 191).

Golf/Tennis: Golfplätze lagen bisher meist am Meer, so bei Mandelieu/Cannes, seit kurzem gibt es einen 18-Loch-Parcours auch bei Mouriès und einen kleineren, mit neun Bahnen, schon etwas länger bei Les Baux.

Nur wenige Hotels haben eigene Tennisplätze, aber immer mehr Gemeinden schaffen sich solche Anlagen an.

Reiten: Auch hoch zu Roß kann man die Provence erkunden. Das beginnt mit geführten Exkursionen in der Camargue – der einzigen Möglichkeit sich den dort frei lebenden schwarzen Stieren und weißen Pferden zu nähern – und führt über Ausritte rings um mehrere Ortschaften zu tagelangen *randonnées équestres* in die Berglandschaften bis in die Ausläufer der Alpen.

Wassersport: In einer Landschaft zwischen Gebirge und Meer gibt es natürlich eine ganze Palette von Sportgelegenheiten. An der Küste – mit Wassertemperaturen über 17 Grad zwischen Mai und Oktober, im Winter selten unter 13 Grad – kann man schnorcheln und tauchen, Surfbretter und Segelboote mieten und sich von einem Paraglider hinter einem Motorboot in die Höhe lupfen lassen.

Kajak- und Kanufahrer finden zahlreiche Wildwasser, auf den wildesten kommt auch Rafting in Mode, das Passieren der Stromschnellen mit großen, von erfahrenen *moniteurs* gelenkten Schlauchbooten. Die träge Rhône wird für Wassersport kaum genutzt.

Reisedaten

Wintersport: Schließlich lohnt es sich bei einer Winterreise in die Provence sogar, die Ski auf den Wagen zu schnallen. Von Nizza sind es nur 65 km bis Gréolières-les-Neiges, knapp 90 km bis Isola 2000 und Auron. Von den Gorges du Verdon nur 70 km zum Wintersportort Allos-le-Seignus und nochmal 50 km nach Pra-Loup und Super-Sauze. Regelmäßig lädt sogar der Mont Ventoux, immerhin fast 2000 Meter hoch, nur eine Autostunde von Avignon entfernt, zum Skilaufen ein.

Sport für Zuschauer schließlich gibt es auch zur Genüge. Die Rallye Monte Carlo im Januar und der Grand Prix von Monaco der Formel 1 im Mai. Internationale Segelregatten vor Monaco, Nizza, Cannes, St.-Tropez, Hyères und Marseille. Triathlon in Nizza. Die Tour de France der Radrennfahrer berührt oft den Midi, die Fußballklubs von Monaco und Marseille spielen in der *Première Division*, vergleichbar unserer Bundesliga.

Telefonieren/Post

Die Einführung der *télécarte* für Telefonzellen (*cabines*) ist so gut wie abgeschlossen. Man bekommt diese Plastik-Kreditkarten für 50 und 120 Einheiten (*unités*) in den Büros von France Télécom, an den Schaltern der Post und der Eisenbahn SNCF, in Geschäften mit dem Zeichen »Tabac« oder dem Hinweis *Télécarte en vente ICI*.

Auf die öffentlichen Münzapparate in Gaststätten und anderen privaten Etablissements wird mit dem Schild »Point Phone« hingewiesen. In allen öffentlichen Zellen, selbst in kleinsten Dörfern, kann man sich zurückrufen lassen, darauf weist auch ein Symbol mit einer schwingenden Glocke hin, die Nummer ist im Inneren angegeben. Außerdem sind dort die wichtigsten Vorwahlnummern und Tarife auch für Gespräche ins Ausland angeschlagen. Schließlich kann man sich, wenn man weder Kleingeld noch eine *télécarte* hat, im Postamt eine *cabine* geben lassen und nachher am Schalter bezahlen.

Innerhalb Frankreichs gibt es drei nach Entfernungen gestaffelte Tarifzonen. Von 19 Uhr bis 8 Uhr früh und von Samstag mittag bis Montag früh um 8 Uhr gelten ermäßigte Preise – auch ins Ausland.

Für ein Gespräch mit einem Teilnehmer aus Deutschland wählt man zunächst die 00 49 (für Österreich 00 43, für die Schweiz 00 41) und dann die Ortswahl ohne Null. Seit Oktober 1996 sind die französischen Anschlüsse zehnstellig, die Rufnummern im Südosten des Landes, also auch für das Reisegebiet Provence, beginnen seitdem alle mit 04. Bei einem Anruf aus dem Ausland fällt jedoch, wie umgekehrt auch nach Deutschland, die Null weg. Pariser Nummern beginnen nun mit 01, die zweistelligen Notrufnummern blieben unverändert. Von den europäischen Nachbarländern her erreicht man das französische Netz mit der Vorwahlnummer 0033. Darauf folgt dann die nationale Rufnummer ohne Null, also nur neunstellig.

Gelb wie die Briefkästen ist auch das Aushängeschild der Postämter mit einem blauen La Poste darauf – ein *bureau de Poste* gibt es auch in sehr kleinen Orten. Auf den größeren Postämtern kann man – je nach Hinweis am Schalter – Geld mit einer deutschen Post-Card abheben. In größeren Postbüros fand man bisher außer dem örtlichen Telefonbuch (*annuaire*) meist auch die Verzeichnisse benachbarter Regionen. Sie verschwinden jedoch immer mehr und werden durch den in Frankreich sehr verbreiteten Bildschirm Minitel ersetzt, von dem die Post offenbar glaubt, daß nunmehr jedermann damit umgehen und den gefragten Anschluß abrufen kann.

Für Briefe in die Heimat muß man mit zwei bis drei Tagen rechnen, Postkarten brauchen länger. Briefmarken heißen *timbres*.

Trinkgeld

Die auf der Theke oder auf dem Tellerchen mit der Rechnung (*l'addition*) zurückgelassenen Münzen oder Scheine spielen für die im Dienstleistungsgewerbe Tätigen noch immer eine große Rolle. Einige von ihnen fordern auch mehr oder weniger diskret einen Obolus – so steht nicht nur in öffentlichen Toiletten eine Untertasse am Ausgang, sondern oft auch neben der Kasse von Selbstbedienungsrestaurants. Sogar dem Postangestellten schieben einige Kunden Kleingeld zu. Und manches, was offiziell nicht mehr möglich war, geht dank eines zugesteckten Scheins dann doch noch. *On s'arrange* und man legt Wert auf guten *service*. Denn so und längst nicht mehr *pourboire* nennt sich das Bedienungsgeld, das heute meist im *prix net* inbegriffen ist oder mit 10–15% auf der Rechnung oder dem Kassenzettel als *service compris* ausgewiesen wird. War die Bedienung ohne Tadel, rundet man dennoch knapp auf. Waren Ober oder Kellnerin besonders zuvorkommend, kann etwas mehr auch nicht schaden, so wird man schnell zum *habitué*, zum Stammgast, den man an einen besonders guten Tisch führt.

In den kleinen Orten merkt man sich Gesichter – im Jahr darauf wird man als guter Kunde wie ein alter Freund begrüßt. Die gerne jede Münze umdrehenden, ständig Preise vergleichenden und erörternden Deutschen gelten bei den viel mehr und selbstverständlicher »außer Haus« lebenden Franzosen als knauserig und genießen deshalb hier und da wegen dieses Rufs nicht die Zuvorkommenheit, die sie sonst erwarten könnten.

Unterkunft/Restaurants

Es gibt moderne, zweckhaft-nüchterne Hotels in der Provence, Glieder nationaler und internationaler Ketten, sachlich-praktische Motels auch, aber das ist ja eigentlich nicht das, was man hier sucht. Eher doch ein Haus mit Atmosphäre, mit dem Flair der Landschaft, in dem man spürt: Hier bin ich im Midi! Das kann ganz luxuriös ein ehemaliges Kloster sein oder das einstige Stadtpalais, die *demeure* einer Adelsfamilie, ein weitläufigeres Herrenhaus, ein *manoir* auf dem Land, ein *oustaù* genannter Gutshof, eine *magnanerie*, das Haus eines Seidenraupenzüchters oder einfach ein gemütlicher *mas*, ein Bauernhof, oder ein älteres Haus

in der Stadt. Einige sind mit charmant-genialen Improvisationen behaftet, vor allem was elektrische und sanitäre Installationen in solch oft meterdicken Natursteinmauern angeht – aber das gehört dazu.

Einige neue Herbergen ergänzen topmodernen Komfort mit ausgewählten Möbelstücken *d'époque*, viele Häuser haben von Bäumen beschattete Terrassen, einen windgeschützten Patio oder einen lauschigen Garten und – wenn das Meer weit ist – eine *piscine*, einen Swimmingpool. Klimaanlagen sind zum Glück die Ausnahme, außer in den Städten. Wie sollte man sonst nachts die Zikaden hören, sich mit dem Duft von Geißblatt und Lavendel in den Schlaf atmen? Gegen die sommerliche Hitze schließt das Zimmerpersonal schon früh die Läden, läßt die Luft dort durch die Rippen oder ausklappbare Teile zirkulieren und setzt, wo notwendig, Fliegendraht in die Fensterrahmen.

Wenn man seinen Reiseplan im voraus festlegen kann, empfiehlt sich eine Reservierung. Die meisten Hotels erwarten dann eine Anzahlung, *arrhes*, von etwa einem Drittel des Betrages. Ratsam ist auch, eine Ankunft spät am Tage mitzuteilen. Einige Hotels vermieten in der Hochsaison nur inklusive Halbpension – was zwar meist sehr preisgünstig ist, aber auch die Freude nimmt, ein Restaurant »um die Ecke« zu entdecken. Sollten Hotels, für die man sich entscheidet, schon belegt sein, vermitteln die örtlichen Fremdenverkehrsämter (Syndicat d'Initiative oder Office de Tourisme) Zimmer – jedoch meist nicht früher als fünf Tage vor der Anreise.

Außerhalb der Saison – zur Saison gehören nicht nur die französischen Sommerferien im Juli und August, sondern auch schon die Osterzeit, Himmelfahrt und der 1. Mai sowie Pfingsten – gibt es im allgemeinen keine Probleme, ohne Voranmeldung ein Zimmer zu finden. Man tut jedoch sicher gut daran, wenigstens am Ankunftstag telefonisch zu reservieren.

Die amtliche Einstufung der Hotels mit einem bis fünf Sternen (plus einem L für die Luxuskategorie), so wie sie in Verzeichnissen und am Hoteleingang angegeben wird, ist nicht unbedingt ein sicherer Maßstab für den tatsächlichen Komfort. Ein Zwei-Sterne-Haus

Reisedaten

neueren Datums oder in den letzten Jahren renoviert kann eventuell wesentlich mehr Annehmlichkeiten bieten als ein schon etwas gealtertes Drei-Sterne-Hotel – und auch mehr kosten als dieses.

Wo immer man Zweifel hat, sollte man sich das oder die Zimmer ansehen – oft bekommt man dazu einfach die Schlüssel in die Hand gedrückt.

Die in den Routeninformationen angegebenen Übernachtungspreise gelten meist für ein Doppelzimmer *(chambre à deux personnes)*, Einzelreisende kommen etwas billiger weg, der Zuschlag für ein drittes Bett im gleichen Raum ist meist gering.

Das *grand lit* für eine oder zwei Personen, etwa 1,60 m breit und oft sehr weich mit einer »Kuhle« in der Mitte, ist noch in vielen Häusern Standard. Will man auf zwei Matratzen nächtigen *(deux lits),* muß man das unbedingt kundtun.

Die Preisspannen sind verschieden weit. In manchen Hotels kosten alle Zimmer gleichviel. Andere machen Unterschiede von ein paar hundert Francs. Teilweise ist das Frühstück eingerechnet, meist aber muß man dafür zusätzlich zahlen. Die in diesem Buch empfohlenen Hotels wurden in vier Preiskategorien zusammengefaßt:

F   – 150 bis 350 Francs
FF   – 300 bis 600 Francs
FFF – 400 bis 850 Francs
FFFF – 600 bis 3 000 Francs

Die Kategorien bei den Restaurants stehen für den Preis eines Menüs ohne Getränke. Die Preise der Gerichte à la carte liegen höher:

F   – unter 120 Francs
FF   – 100 bis 150 Francs
FFF – 150 bis 350 Francs
FFFF – über 350 Francs

Frühaufsteher, die sich vor 7 Uhr auf den Weg machen möchten, sollten sich versichern, ob das *petit déjeuner* dann schon serviert wird. Das ist selten der Fall oder wird doch mit Verspätung gebracht, weil man ja erst die Baguette beim Bäcker holen muß. Da ist es schon besser, man zahlt am Vorabend und frühstückt in einem Café, wo die örtlichen Handwerker und Geschäftsleute am *comptoir*, an der Theke, mit einem Espresso und einem Croissant den Tag beginnen.

Camping: Wildes Campen ist verboten. Gut ausgerüstete Plätze gibt es vor allem in der Nähe größerer Orte, Land und Leuten aber kommt man näher beim *camping à la ferme*, dem Zelten oder Wohnwagen-Abstellen auf einem Bauernhof mit Einkaufsmöglichkeiten oder preiswerter, deftiger Verpflegung. Einen *Guide des camping à la ferme* verschickt:

Gîtes de France
59, rue Saint-Lazare
F – 75009 Paris
✆ 01 49 70 75 75, Fax 01 42 81 28 53

Über die offiziellen Camping-Anlagen unterrichten die stets aktualisierten *Michelin du Camping-Caravaning.* Informationen halten aber auch die Syndicat d'Initiative oder Offices de Tourisme vor Ort bereit.

Sprachhilfen

Gepflogenheiten

Englisch ist uns Deutschen immer noch weit geläufiger als die Sprache unserer direkten Nachbarn, der Franzosen. Dies gilt jedoch nicht für jene – für sie sind Englisch wie Deutsch rätselhafte Zungenbrecher. So bleibt nichts übrig, als sich auf sein karges Schulfranzösisch zu besinnen, will man nicht auf alles nur mit dem Finger zeigen. Die Franzosen sind für jedes Wort in ihrer eigenen Sprache dankbar, bringt man es gar fertig, sich gewandt auszudrücken, sparen sie nicht mit Komplimenten. Mit den hier folgenden Sprachhilfen will das Buch Ungeübten unter die Arme greifen, die Aussprache allerdings können sie nicht vermitteln – wenigstens rudimentäre Kenntnisse werden schon vorausgesetzt.

Zu den Gepflogenheiten des täglichen Umgangs gehört stets die höfliche Anrede mit Madame, Mademoiselle und Monsieur, auch in Verbindung mit dem Gruß zur jeweiligen Tageszeit, also *»Bonjour Monsieur«, »Bonsoir Madame«, »Bonne nuit Mademoiselle«.* Man wird Ihnen auch beim Verlassen des Hotels eine *bonne journée* wünschen, einen schönen Tagesverlauf, oder eine *bonne soirée,* wenn Sie abends ausgehen. Leute, die sich näher kennen und öfter begegnen, fragen den anderen anstelle eines Grußes *»Ça va?«,* ohne die Antwort abzuwarten, ob es wirklich (gut) geht: *»Ça va!«.* Wird ein länger nicht Gesehener dagegen gefragt: *»Comment allez-vous?«,* so ist der Angesprochene schon eine Erklärung schuldig oder wenigstens die Gegenfrage *»Et vous Madame/Monsieur?«.* Wer das gleiche in der Du-Form tut, *»Comment vas-tu?«,* geht meist auch noch einen Schritt weiter und gibt dem Freund oder der Freundin und auch dem (selbst um Ecken) Verwandten (und auch Männer untereinander) die *bise,* den je nach Person und Zuneigung angedeuteten, gehauchten oder genossenen »Schmatz« links und rechts auf die Wange oder dicht daran vorbei. *»Je t'embrasse«* heißt das im Brief, aber auch am Telefon – dort allerdings nur als Abschiedsformel. Einige Einheimische nutzen diesen auch in Deutschland mehr und mehr Anhänger gewinnenden Brauch als reines, oft sogar wortloses Kürzel: Sie begegnen sich, plazieren stumm ihre Kußversion und eilen weiter.

Der Tourist indessen muß seine Wünsche kundtun, und wenn er ein paar Jahre Französisch gepaukt hat, so findet er oft Gelegenheit, sich der Höflichkeit halber an das gehaßte *conditionel* zu erinnern. Das beginnt schon bei der Zimmersuche. Nicht *»je veux une chambre«,* sondern *»je voudrais«* oder noch besser *»j'amerais bien avoir une chambre à deux personnes«*

oder auch umgekehrt *»est-ce que vous auriez une chambre?«.* Es folgt die Erklärung *»pour une nuit«* oder länger, *avec grand lit* oder *deux lits* und eventuell einem *lit supplémentaire* für das Kind. *Une chambre qui donne sur le jardin* ist natürlich ruhiger als eins, dessen Fenster sich zur Straße öffnen. Einige Hotels vermieten in der Hochsaison nur mit *demi-pension,* meist Frühstück und Abendessen. Der Preis, *»combien me couterait cette chambre?«,* richtet sich meist, ungeachtet der Lage, nach der sanitären Ausstattung, einem *salle de bain/wc,* einer *douche* oder ganz schlicht mit einem *cabinet de toilette,* das – da führt der Name leicht irre – selten mit *(avec)* einem WC ausgestattet ist, nur mit einem *lavabo,* sprich Waschbecken. Ein Bidet dagegen fehlt fast nie.

Das Frühstück, *petit déjeuner,* im Gegensatz zum *déjeuner,* dem Mittagessen, kann à *la chambre* oder *au salon* eingenommen werden. Es ist – da hat das Gewerbe von den Fremden gelernt – nicht mehr ganz so karg wie noch vor ein paar Jahren, als man sich oft mit aufgebackener Baguette vom Vortag begnügen mußte. Ein *croissant* oder ein *pain au chocolat* gehört heute fast überall dazu. Aber noch immer gibt das Getränk, das man bestellt, dem ganzen Frühstück seinen Namen, also als *café* oder *thé complet.* Alles, was über *baguette, croissant, beurre* und *confiture* hinausgeht, muß man meist mit der Bedienung aushandeln. Häuser mit ausländischer Stammkundschaft stellen allerdings auch schon Mischbrot, Knäcke und Saft auf den Tisch, in anderen bedient man sich an einem *buffet.*

Das Wörtchen *pardon* wird viel und auch dort gebraucht, wo es eigentlich gar nicht so gemeint ist. Also nicht nur sehr höflich, wenn eine Tür zu eng für zwei ist oder man etwas quer über den Tisch reichen muß, sondern auch beim ungenierten Vordrängeln. Franzosen hassen es, ordentlich Schlange zu stehen, vor Bank- oder Postschaltern bildet sich meist ein Knäuel, in dem jeder seine Chance sucht.

Dagegen setzt man sich im Restaurant nicht ungefragt an einen Tisch, sondern wendet sich an den meist an der Kasse postierten *patron* oder die *patronne* oder läßt sich von der

Sprachhilfen

Bedienung einweisen. »*Trois couverts*« oder »*quatre personnes*« nennt man seinen Bedarf, auch bei der oft empfehlenswerten telefonischen Reservierung: »*J'amerais retenir une table pour ...*« Wenn der *garçon* oder die *servitrice* (die man jedoch im Gegensatz zu unserem »Kellner« heute nicht mehr so ruft, sondern »*Monsieur*« oder »*Mademoiselle*«), wenn also die Bedienung *la carte* bringt, fragt sie oft »*vous désirez un apéritif?*«, mit dem man sich dann die Qual der Wahl vertreibt. Nicht nur in Nobel-Restaurants offeriert *la maison* diesen Drink manchmal gratis, dazu ein paar Appetitmacher, deren Zweck mit *amuse-gueules* oder feiner mit *amuse-bouches* treffend umschrieben wird. »*Vous avez choisi?*« wird sich nach einer Weile der Kellner melden und notieren, was man sich als *entrée* und *ensuite* als Hauptgericht ausgesucht hat. Käse und *dessert* bestellt man erst später. »*Et comme boisson?*« wird der Kellner noch fragen – in sehr guten Restaurants hat sich der *sommelier* schon mit der bestellten Speisefolge vertraut gemacht und wird eventuell dazu etwas Passendes vorschlagen. Fragen Sie ihn aber unbedingt nach einem *vin de la région*, den Sie woanders vermutlich nicht bekommen.

Von der Suppe bis zum Käse

Selbst die als Feinschmecker gerühmten Franzosen sind gegen *fast food* nicht gefeit, allerdings läuft bei ihnen immer noch das *bifteck-frites* einem »hämbürgär« den Rang ab. Aber um sich so zu ernähren, fährt man ja schließlich nicht in ein Land, das sich mit Recht so viel auf seine Kochkunst zugute hält. Die Küche des Midi hat jedoch ihr ganz eigenes Gepräge. Der heute international übliche Zusatz *à la provençale* – also mit aromatischen Kräutern, Knoblauch, Olivenöl – gibt schon die Richtung an. Das gilt für Fisch wie Fleisch, die Region profitiert sowohl vom nahen Mittelmeer als auch von den Almen der begrenzenden Gebirge. Bindeglied ist oft der eigene Reis, auf den Schwemmfeldern der Camargue angebaut. Die traditionellen Eßgewohnheiten und

Grundrezepte sind frugal bei aller Köstlichkeit, man beläßt die Ingredienzen so natürlich wie möglich.

Da mag der Besucher erst Hemmungen überwinden müssen angesichts eines riesigen *plateau de fruits de mer*, mit nicht nur selbstverständlich rohen Austern *(huîtres)*, sondern dito Miesmuscheln *(moules)*, Venus- *(praires)*, Herz- *(coques)* und Teppichmuscheln *(clovisses)* sowie Napfschnecken *(arapèdes)*. Dazu gehören – gekocht – auch andere Seeschnecken, Krebse und Crevetten. Roh verzehren die Einheimischen auch die angeblich die Liebeskraft steigernden, orangen Drüsen *(corail)* von Seeigeln *(oursins)* sowie faustgroße, nur von einem weichen Perlmuttsack umhüllte, innen gelbfleischige Meeresveilchen *(violets de mer)* – aber da muß man schon selbst zum Fischhändler gehen oder sich im improvisierten Bistro eines Fischers direkt am Strand bewirten lassen. Dagegen wird man selbst an der Küste selten Hummer *(homard)* finden, dafür Langusten und große, ebenfalls köstliche Spinnenkrebse *(araignées)*. Sardinen gibt es reichlich und preiswert, sie sind – gegrillt und mit Zitrone beträufelt – auch ein ideales Picknick-Gericht. In Restaurants bekommt man sie auch mit Mangold und Sellerie gefüllt *(farcie)* und überbacken. Die etwa halb so großen Anchovis *(anchois)* ißt man mariniert und gratiniert oder legt sie eingesalzen nicht nur auf Pizza und *pissaladière*, sondern »spickt« damit auch größere Fische oder Hammelkeulen. Ebenso winzig sind allerlei Fische, die man als *friture* ausgebacken mit Kopf und Schwanz verzehrt, mit Zitrone und einem kühlen *blanc* oder *rosé*.

Der wohl köstlichste, allerdings wegen seiner kurzen Gräten etwas schwierig zu essende Fisch ist die Streifenbarbe *(rouget)*. Am besten schmeckt sie in etwas mehr als Sardinengröße und über Fenchelzweigen gegrillt. Puristen verlangen, daß sie zuvor nicht ausgenommen wird, oder aber der Koch gibt sich die Extra-Mühe und verrührt die würzige Fischleber in etwas Mayonnaise. Im Ofen *(au four)* zubereitet, auf einem Bett von Tomaten, Zwiebeln, Fenchel und deshalb nicht so trocken wie gegrillt, werden

Goldbrassen *(daurade)*, Rotbrassen *(pageot)*, rote Rascasse *(chapon)*, Meru *(mérou)*, Meeräsche *(mulet)*, Wolfsbarsch *(loup)* und Petersfisch *(Saint Pierre)*. Der wegen seiner Häßlichkeit enthauptete, aber köstlich feste Teufels- oder Anglerfisch *(lotte)* wird meist gedünstet, aber auch als *gigot* wie eine »Keule« gebraten. Auch Krake *(poulpe)*, Tintenfisch *(seiche)* und Kalmar *(encornet)* werden auf die verschiedensten Weisen zubereitet, Seezungenfilet oft auf frischen Nudeln *(pâtes)* serviert.

Fischsuppe *(soupe de poissons/soupe du pêcheur)* bekommt man auch im Binnenland. Meist schnell gebracht, tröstet sie besonders hungrige Mägen als Vorgericht – mit gerösteten Brotscheiben, die man mit Knoblauchzehen einreibt, mit geriebenem Käse und mit *rouille*, einer Safran-Knoblauch-Cayennepfeffer-Olivenöl-Mayonnaise. Eine *bouillabaisse* sollte man dagegen nur in einem Hafenort essen. *Rascasse, Saint Pierre*, Petermännchen *(vive)* und allerlei Felsenfische sind dazu unerläßlich. In einem Sud mit Zwiebeln, Knoblauch, Kräutern, Kartoffeln und Tomaten gekocht, wird sie zur *royale*, wenn noch Languste dabei ist – und dementsprechend teuer. Weniger bekannt ist die *bourride*, meist aus *loup, lotte, merlan, grondin* (Knurrhahn) und *congre* (Seeaal) zubereitet, in einer hellen, cremigen Suppe aus Fischbouillon, Aïoli und Eigelb. Vor allem in der Camargue ißt man als kaltes Vorgericht *tellines*, winzige Dreieckmuscheln, gekocht und mariniert.

Eine deftige, fischfreie Suppe ist die einer italienischen Minestrone ähnliche *soupe au pistou* mit Zucchini *(courgettes)*, roten oder weißen Bohnen, Tomaten, Kartoffeln, Nudeln, dem allgegenwärtigen Knoblauch *(ail)* und dem namengebenden Basilikum *(basilic oder pistou)* sämig gekocht.

Zu Fleischgerichten werden vor allem Rind *(bœuf)* und Lamm *(agneau)* verarbeitet, seltener Schwein *(porc)*, recht häufig Kaninchen *(lapin)* oder Wildkaninchen *(garenne)*. Im Herbst steht öfter Wildschwein *(sanglier)*, auch als Frischling *(marcassin)*, auf der Karte. Rind ist populär, als *daube provençale*, ein in Rotwein, Olivenöl und Kräutern mariniertes Ragout, oder

als *bœuf gardian*, noch mit Oliven und durchwachsenem Speck *(petit salé)*. Lamm wird als Keule *(gigot)*, Doppelkeule *(baron)*, Sattel *(selle)* oder in schmalen Kotelettes *(côtes)* serviert, der Hinweis *agneau des Alpilles*, … *de Sisteron* oder … *des Alpes de Haute-Provence* unterstreicht, daß diese Tiere nicht auf irgendeiner Wiese grasten, sondern an den Hängen der genannten Gebirge würzige Gewächse naschten.

Eine nicht allen Mägen zusagende Besonderheit der Provence ist das meist mittags angerichtete *aïoli*. Auf einer großen Platte liegen Stücke von pochiertem Stockfisch *(morue)*, harte Eier, gekochte neue Kartoffeln, kleine Artischocken und eventuell noch Schnecken *(escargots)*. Dazu wird eine Saucière mit einer gesalzenen und gepfefferten Knoblauchmayonnaise gereicht, von der sich jeder eine Portion auf seinen Teller tut, um dann Fisch und Gemüse hineinzutippen.

Typische Beilagen sind *tomates à la provençale*, gegrillte Auberginen, Zucchini *(courgettes)* als Gemüse oder als *beignets* fritiert, gefüllte Zucchini-Blüten *(fleurs de courgettes farcies)* oder Zucchini und Auberginen mit Tomaten, Paprikaschoten, Zwiebeln und natürlich Knoblauch als Mischgemüse *ratatouille* oder *bohémienne*. Reis *(riz)* wird auch gemischt mit Frühlingszwiebeln, Pistazien *(pistache)* oder Pinienkernen *(pignons)*. À la farigoule bedeutet: mit Thymian gewürzt.

Käse *(fromage)* gehört in Frankreich zum Abschluß eines Menüs. In der Provence sollte man unbedingt die einheimischen Schafs- *(brebis)* oder Ziegenkäse *(chèvre)* probieren, die es von mild *(doux)* bis kräftig *(fort)* gibt und die auch in dieser Steigerung gegessen werden wollen.

Ob man danach noch ein *dessert* schafft? Fast immer gibt es in diesem Sättigungsstadium aber auch als Alternative frisches Obst *(fruits)*. Und wenn man glaubt, einen *digestif* nötig zu haben, sollte man sich einen *marc*, einen Trester, einschenken lassen, vielleicht hat man das Glück, einen rosaschimmernden aus der Region Châteauneuf-du-Pape zu bekommen. Der paßt hier besser als jeder Cognac. ✿

Orts- und Sachregister

(Die *kursiv* gesetzten Begriffe bzw. Seitenzahlen beziehen sich auf Angaben im Serviceteil, **fette** Ziffern verweisen auf ausführliche Erwähnungen.)

Namenregister

Bildnachweis

Bibliothèque Municipale, Avignon: S. 17
Mara K. Fuhrmann, Monreal/Eifel: Haupttitel, Umschlagrückseite, S. 23
Friedrich Gier, Bonn: Umschlaginnenklappe, Schmutztitel, S. 6 o., 6 u., 7, 8, 9, 10 o., 10 u., 11, 29,
33, 34/35, 36, 37, 38, 42, 43 u., 44, 45, 46, 49, 50, 51, 53, 54, 55, 57, 58, 59, 60/61, 62, 63 o.,
63 u., 64/65, 74, 76/77, 80, 82, 83, 84/85, 86 o., 86 u., 87, 88 o., 88 u., 89, 90, 91, 92, 93 o.,
93 u., 94 o., 94 u., 95, 96, 97, 104, 108/109, 110, 111, 112 o., 112 u., 112/113, 114/115, 117,
118/119, 120, 121, 122 o., 122 u., 123, 124, 125, 126, 127, 129, 130, 137, 140, 143, 144, 145,
147, 148, 149 o., 149 u., 150/151, 152, 153 o., 153 u., 154/155, 156, 159, 160, 165, 168, 170,
171, 172, 181, 182, 183, 185, 186, 187, 191, 193, 194, 195, 197, 198, 200, 201, 216/217
Tina Herzig Fotodesign, Groß-Gerau: Titelbild
János Kalmár, Wien: S. 162, 169, 173, 174/175, 178/179, 199
Musée du Vieil Aix, Aix-en-Provence: S. 18 o., 18 u.
Alphons Schauseil, Ville-di-Paraso: S. 12/13, 40, 43 o., 167, 176, 177, 188/189
Vista Point Verlag (Archiv), Köln: S. 19, 47
Ernst Wrba, Sulzbach: S. 146

Umschlagvorderseite: Lavendelfeld. Foto: Tina Herzig Fotodesign, Groß-Gerau
Vordere Umschlagklappe (innen): Übersichtskarte von der Provence und Côte d'Azur mit den eingezeichneten Routen
Vordere Umschlagklappe: Straßenszene in Aix-en-Provence. Foto: Friedrich Gier, Bonn
Schmutztiteldia: Boule-Kugeln. Foto: Friedrich Gier, Bonn
Haupttitel (S. 2/3): Der Papstpalast von Avignon im Abendlicht. Foto: Mara K. Fuhrmann, Monreal/Eifel
Umschlagrückseite: Ausblicke: der Pont du Gard. Foto: Mara K. Fuhrmann, Monreal/Eifel

© 1999 Vista Point Verlag, Köln
Alle Rechte vorbehalten
Reihenkonzeption: Horst Schmidt-Brümmer, Andreas Schulz
Lektorat: Şebnem Yavuz
Layout und Herstellung: Kerstin Hülsebusch, Andreas Schulz
Reproduktionen: Fischer Repro, Essen; ceynowa lithographie, Köln
Kartographie: Berndtson & Berndtson Productions GmbH, Fürstenfeldbruck
Gedruckt auf chlorfrei gebleichtem Papier

Printed in Spain
ISBN 3-88973-204-6